Eberhard Achterberg
Die Kraft, die uns trägt

Teile von deinem geistigen Wesen denen,
die mit dir auf dem Wege sind, soviel mit,
wie du kannst, und nimm als etwas Kostbares hin,
was dir von ihnen zurückkommt.

Albert Schweitzer

Eberhard Achterberg

Die Kraft, die uns trägt

Suche nach Sinn in einer bedrohten Welt

Herausgegeben von
Bernhard Achterberg und Christel Schmidt

Verlag Deutsche Unitarier

Umschlaggestaltung: Edda Greif, München
Satz und Druck: Druckerei Hans Kluth, Bad Marienberg
Bindearbeiten: Druckerei Hachenburg GmbH, Hachenburg
Printed in Germany
ISBN 3-922483-05-4

Inhalt

Dritter Teil: Werte als Orientierungshilfe

I. Nachdenkliches zu Fragen der Ethik

II. Mitmenschlichkeit als Erziehungsauftrag

Vierter Teil: Erntezeit ist

Zum Geleit

Eberhard Achterberg hat Jahrzehnte seines Lebens der selbstgestellten Aufgabe gewidmet, einen tragfähigen Weg zu einer religiösen Erneuerung zu finden. Die Suche nach einem neuen Glauben führte ihn auf die Spuren der ältesten Religionen der Menschheit. Die zeitlos gültigen Weisheiten der alten Kulturen machte er sich ebenso zu eigen wie die Gottesvorstellungen der christlichen Mystik, die Lebensregeln der Edda oder die Werke der großen Philosophen und Dichter des Abendlandes.

Vielfach fand er bestätigt, was ihm an persönlichem Erleben und Erkennen begegnet und auch im unitarischen Weltbild enthalten war: die Idee der Einheit des Seins. »Wenn alle Dinge und Wesen Erscheinung und Gestaltwerdung ein und derselben schöpferischen Urkraft sind«, folgerte er aus diesem Gedanken der All-Einheit, »dann ist auch der Mensch Teil eines Allumfassenden und somit Teilhaber an dessen Sein und Wirken.«

Aus dieser Teilhabe am Ganzen läßt sich die Verantwortlichkeit des Menschen für seinen Lebensbereich mit allen ethischen Folgerungen ableiten.

Das immer wache Interesse Eberhard Achterbergs am Zeitgeschehen hat seinen Niederschlag in manchen wegweisenden Äußerungen zu aktuellen Anlässen gefunden. Mehr als ein Weg-Weisender wollte er aber auch als Sprecher der Religionsgemeinschaft Deutsche Unitarier nicht sein, weil niemand sagen könne: »Wir haben *den* Weg.«

»Freie Religion ist Liebe zum Leben«, war einer seiner Leitsätze. Er wurde nicht müde, auf die Schönheiten des Lebens, auf die Freude – auch an kleinen Dingen – und auf unsere Verpflichtung dem großen All-Leben gegenüber hinzuweisen. Als Richtschnur für sein Denken und Handeln wählte er sich die Forderung Albert Schweitzers nach der »Ehrfurcht vor dem Leben«.

Das vorliegende Buch kann nur eine Auswahl der Arbeiten von Eberhard Achterberg bieten. Ich hoffe, daß Sie dennoch einiges darin finden werden, was Ihnen wertvoll ist.

Christel Schmidt

Vorwort

Es war wohl zu Anfang der sechziger Jahre, als mein Vater, Eberhard Achterberg, auf einem der häufigeren gemeinsamen Spaziergänge mich darauf hinwies, daß kaum noch Schmetterlinge zu sehen seien. In anderen Jahren hatten wir am selben Ort eine große Zahl und Artenvielfalt gesehen. Seine Trauer, aber auch Wut über dieses Dokument rücksichtsloser, unbedacht zerstörender Tätigkeit von Menschen drückte er aus, indem er mich an eine kleine Geschichte erinnerte: Als der liebe Gott (so berichtete er im Stil des Originals) endgültig genug hatte von der Bosheit und Unbelehrbarkeit der Menschen, beschloß er, nun doch die Erde zu vernichten. Gerade streckte er seine Hand aus, um das endgültige Feuer zu entfesseln, da stockte er: Nein, sagte er, es wäre doch schade um die Schmetterlinge. »Diesen Grund hätte er heute nicht mehr«, fügte Eberhard betroffen hinzu.

Ich habe ihn später an jenen Spaziergang erinnert. Inzwischen hatten es die Schmetterlinge tatsächlich geschafft, sich wieder zu vermehren. (Auch im Umgang mit Gift ist man in der Landwirtschaft inzwischen etwas achtsamer geworden). Es fiel ihm leicht, diese positive Änderung zu sehen und einzugestehen. Denn obwohl er oft mit Sorge, mit Kritik, mit Trauer und Wut auf Dummheit, Gewalt und Achtlosigkeit reagierte, – nie verharrte er in Hoffnungslosigkeit und Lähmung.

Ich setze diese kleine Geschichte an den Anfang, weil sich in ihr, wie ich meine, einige Züge zeigen, die sowohl seine Person wie auch sein Werk prägten:

– »Eins-sein mit der Natur« war für Eberhard Achterberg nie nur geistiges Erleben und religiöses Bekennen, sondern immer auch praktische Aufforderung und Kritik, zu einer Zeit, als »Umweltschutz« als zentrales Problem noch in weiter Ferne lag. Zugleich ging seine Haltung deutlich über das hinaus, was sich als »Umweltschutz« entfaltet. Dabei ist man immer noch in Gefahr, funktionalistisch zu denken, die Welt eben doch vor allem als Nutzgarten für den Menschen zu sehen. Solcher Haltung, die auch im biblischen »Macht euch die Erde untertan« eine Entsprechung findet, setzte Eberhard Achterberg die von Albert Schweitzer formulierte Ethik der

»Ehrfurcht vor dem Leben« entgegen. Mit vielen anderen engagierte er sich dafür, daß sich das ethische Bewußtsein der Unitarier an nichts Geringerem als diesem Maßstab orientiere. Dabei war ihm bewußt und wurde von ihm immer wieder vertreten, daß zur Erfüllung dieser Forderung gehört, sich ständig bewußt und aktiv verantwortlich zu wissen für das gesamte Leben um uns und in uns.

– Aus dem Gesagten wird deutlich, und auch das ist in jener kleinen Geschichte enthalten, daß jener intensive und bewußte Bezug zur Natur als Ganzheit keineswegs zu einem geringeren Engagement für den Menschen, für die Menschheit führt. Im Gegenteil: Der Mensch als einzelner und als Menschheit standen für Eberhard Achterberg immer im Mittelpunkt seines Denkens und Empfindens. Allerdings gilt dies in mehrfacher, deutlich unterschiedener Weise. Der Mensch ist der bewußte (und wohl einzige seiner selbst bewußte) Teil der Natur und des Lebens. Seine Entfaltungsmöglichkeit, sein Recht auf Liebe, auf Nähe, auch auf Versorgung sind unabdingbarer Wertmaßstab. Zugleich ist der Mensch Verursacher und Träger einer Bedrohung und Gefährdung der gesamten Welt, zumindest der gesamten belebten Natur dieses Planeten, einschließlich der Menschheit selbst. Der Hinweis auf die Gefahr atomarer Vernichtung oder schleichender ökologischer Verseuchung, das Mahnen zum Engagement angesichts solcher Bedrohung waren für Eberhard Achterberg schon sehr bald wichtiger praktischer Teil seiner Ethik. Drittens aber ist der Mensch eben auch Subjekt aller ethischen Prozesse und Postulate. Er ist mündig und verantwortlich. Daß wir uns dessen innewerden, war eines der Grundanliegen, war immer wiederkehrendes Thema dessen, was Eberhard Achterberg auf zahlreichen Wegen und in vielfältiger Form vermittelte.

– Ein weiterer bedeutsamer Zug fällt mir ein, auch er klingt vielleicht in der kleinen Episode an. Dort, wo ihm etwas wesentlich war, war Eberhard Achterberg unerbittlich. Ja, er, der immer den Wandel betont hat, der stets bereit war, immer neue Positionen zu beziehen, jede liebgewordene Vorstellung zu überdenken, konnte, wo es ihm not war, auch unerbittlich, auch hart und offen in der Auseinandersetzung sein.

Es war wohl vor allem die Achtlosigkeit gegenüber Mitmenschen und gegenüber der Natur, erst recht natürlich in der Form offener und roher Gewalt gegen Mensch oder Natur, aber auch die Dummheit, Unbelehrbarkeit und Intoleranz, die seine Bereitschaft und Fähigkeit zur Konfrontation, zum geistigen Kampf wachrief. Gerade das Ringen um Toleranz prägt große Teile seines Schaffens, zahlreiche Vorträge und Schriften. Und oft mahnte er Toleranz dort an, wo sie seinen Hörern am schwersten fiel, oft vielleicht auch nicht behagte.

Es ist klar, Eberhard Achterberg war oft unbequem. Er war wie mir seine zahlreichen Freunde immer wieder vermittelten, ein sehr guter und treuer Freund, nie aber ein bequemer. Und Gegner hatte er sicher auch genug. Ich habe allerdings auch oft erlebt, daß er sich mit Gegnern, die selbst zur offenen Auseinandersetzung bereit und fähig waren, nach gutem und klarem Streit ausgesöhnt hat und ihnen jahrzehntelang freundschaftlich verbunden blieb.

Hinter all den Gesichtspunkten, die hier genannt werden, steht letztlich ein großer Gedanke: Für Eberhard Achterberg war das Prinzip der Liebe eine der großen kosmischen Urkräfte. Liebe als ganz persönliche Wahl, Liebe als Fundament ethischer Entscheidung, Liebe als Wesen des Lebens, des Kosmos, des Seins – all dies war für ihn eine Einheit. Sein Schauen und Denken, auch sein persönliches Leben waren letztlich immer an diesem Sinn orientiert. In jenem Vortrag, den Eberhard Achterberg am ehesten als ein Vermächtnis hinterlassen hat, in »Geburt eines Mythos«, spricht er dies noch einmal besonders offen und zugleich umfassend aus. Es scheint uns in seinem Sinne, das Buch mit jenem Text zu beschließen.

Bei der Auswahl der Texte wurde versucht, alle genannten Aspekte von Eberhard Achterbergs Schaffen und Wirken in möglichst angemessenem Gewicht zum Tragen kommen zu lassen. Ich selbst war überwältigt von der Fülle an Material, an unveröffentlichten Manuskripten, an längst vergessenen Schriften und Vortragstexten, die er uns hinterlassen hat.

Es war eine schier unmögliche Aufgabe, für den begrenzten Raum dieses Buches eine angemessene Auswahl zu treffen.

Ein Aspekt, der mir bei dieser Sichtung noch einmal deutlich wurde, mir allerdings auch in den letzten Jahren zunehmend bewußter geworden ist, sei angesprochen: Eberhard Achterberg war nie nur der Redner, der Gestalter von Feiern, der Autor von Liedern, Gedichten und Besinnungstexten. Er war immer auch engagierter und vielseitiger Wissenschaftler. Daß dieser Bereich seiner Fähigkeiten und Neigungen lange

Zeit zuwenig Raum fand, hat ihn oft bekümmert. Auch im Feld seiner Freunde und Zuhörer ist dieses Moment vielleicht oft zuwenig gesehen worden, zuwenig zum Tragen gekommen.

Ich selbst war, obwohl gerade in den letzten Jahren unser Gedankenaustausch diesen Teil seines Wirkens besonders berücksichtigte, doch noch einmal überrascht, erstaunt und begeistert von der Vielfalt philosophischer, historischer, religionswissenschaftlicher und pädagogischer Forschungen und Ausarbeitungen. Ich hoffe, daß sich etliches davon den Interessierten noch wird zugänglich machen lassen.

Immerhin war es uns wichtig, auch in diesem Band wenigstens einige Schlaglichter seiner wissenschaftlichen Tätigkeit aufleuchten zu lassen.

Das engagierte Interesse und die bereitwillige Zusammenarbeit der Religionsgemeinschaft und des Verlags Deutsche Unitarier waren Anlaß und Anregung, daß dieser Band überhaupt erscheinen, so relativ rasch erscheinen und für einen so breiten Leserkreis gestaltet werden konnte. Den Berichterstattern des »Geistigen Rates« der Religionsgemeinschaft, Oskar Hegels und Hans-Dietrich Kahl, sei für ihre zahlreichen Anregungen gedankt.

Herausragenden Anteil an der Sichtung des Materials und der Zusammenstellung der Texte hat Frau Christel Schmidt, die sowohl für Eberhard Achterberg wie für unsere ganze Familie in langen Jahren enge und gute Freundin, engagierte Gesprächspartnerin war. Ihr ist der Hauptteil der Gestaltungsarbeit zu danken, und ich bin froh, daß ich die Herausgabe mit ihr gemeinsam bewerkstelligen konnte. Frau Vera Krug hat uns beim Sichten und Katalogisieren von Eberhard Achterbergs Schriften sowie bei der Koordination der Arbeitsschritte engagiert und sorgsam unterstützt.

Ich denke – wenn es dem Sohn erlaubt ist, dies voller Stolz von seinem Vater zu sagen –, daß die Fülle der Gedanken und Anregungen von Eberhard Achterberg ihre volle Tragweite erst noch entfalten, ihre volle Aktualität erst noch gewinnen werden. Möge dieses Buch ein erster Beitrag dazu sein, zum Nutzen und im Interesse von uns allen.

Bernhard Achterberg

Erster Teil

Vom Wesen des Religiösen

Das Sein aber ist von Gott allein,
und er allein ist das Sein.

Meister Eckhart

I. Religion des Einsseins

»Gott ist das Sein«

Aussagen aus fünf Jahrzehnten

1943

Uralt heilige Sehnsucht geht durch Zeit und Raum,
ist im All-Einen geborgen, sinnet der Ewigkeit Traum.

1953

Unsere Naturfrömmigkeit, die zum inneren Wesen unseres All-Einheitsglaubens gehört, erlebt und verehrt in der Natur und ihrem Geschehen die sichtbarste und anschaulichste Offenbarung des Göttlichen. Ein solches religiöses Erleben ist mythischer Art; denn im Mythos, das heißt in Gleichnissen und Sinnbildern sprechen wir vom Göttlichen ... Was immer in Jahrzehntausenden fromme Menschen aller Völker, Kulturen und Religionen »Gott« nannten, war eine Dichtung, eine Ver-Dichtung aus der Inbrunst ihrer Herzen. Durch den Menschen wurde »Gott« erschaffen.

1963

Wenn alle Dinge und Wesen Erscheinung und Gestaltwerdung ein und derselben schöpferischen Urkraft sind, dann sind sie eben dadurch auch Teile eines allumgreifenden Ganzen. Dann ist auch der Mensch gliedhafter Teil eines Allumfassenden und somit Teilhaber an dessen Sein und Wirken.

1973

»Gott ist das Sein und das Sein ist Gott« – das ist die Grundoffenbarung einer dogmenfreien, einer natürlichen Religion; das ist die befreiende, freimachende Erfahrung eines Glaubens, der mutig neue Wege geht; das ist die ursprüngliche und unmittelbare Begegnung mit dem Göttlichen in seiner Allgegenwart. Jedem Suchenden kann sie zuteil werden, wenn er in innerer Bereitschaft für solche Begegnung offen ist.

1983

Diese All-Einheit ist geworden, wird getragen von einer Kraft, die ich göttlich nenne, weil sie allmächtig, unermeßlich und geheimnisvoll ist. Sie ist das Heilige.

Alles Geschehen ist Werden und alles Geschehen ist auch Vergehen, aber es gibt kein Werden aus dem Nichts und es gibt kein Vergehen in ein Nichts, sondern alles vollzieht sich wieder und wieder im Kreis des Alls, im Urgrund des Seins.

Religion als das geistige Reich der höchsten Wertschätzung [1)]

»Religion« ist kein Wort der deutschen Sprache. Wäre es das, so könnten wir die deutsche Sprachwissenschaft nach der Entstehung und Bedeutung dieses Wortes befragen und würden eine Auskunft bekommen, die uns den dunklen Sinn des Wortes erhellt, also hell und klar macht. Dies ist nun leider nicht möglich. Das Wort »Religion« ist im Gefolge des Christentums etwa im 8. Jahrhundert zu uns gekommen, und obwohl wir das Wort in unseren allgemeinen Wortschatz und den täglichen Sprachgebrauch aufgenommen haben, ist es ein Fremdling bei uns geblieben. Es ist ein lateinisches Wort und kam mit den lateinisch sprechenden Missionaren nach Germanien. Über die Bedeutung des Wortes streiten sich die Kenner der lateinischen Sprache. Uns geht dieser Philologenstreit nichts an. Wir halten uns an die Sache, die gemeint ist, und nehmen das Wort nicht so wichtig. Die Sache aber, die mit dem Fremdwort »Religion« bezeichnet wird, ist älter als das Wort. Als Ergebnis der Erkenntnisse vieler Wissenschaften können wir Menschen des abendländischen Kulturkreises heute wissen, daß die Sache fast so alt ist wie der Mensch. Spätestens in der ausgehenden Steinzeit und in der Eiszeit finden wir in der Hinterlassenschaft jener Menschen Dokumente, die eindeutig das Vorhandensein dessen bezeugen, was wir heute mit dem Wort »Religion« bezeichnen. Ich denke dabei nicht nur an die großartigen Zeugnisse der Höhlenmalereien, sondern auch an die Fülle anderer Fundstücke. Spätestens seit der Entwicklung der Religionswissenschaft im 19. Jahrhundert ist es für uns selbstverständlich geworden, das Wort »Religion« nicht nur für das Christentum und die anderen Hochreligionen wie Islam, Jahwismus, Buddhismus und Hinduismus – um nur diese zu nennen – zu gebrauchen, sondern auch für die Götterwelt der Sumerer, Ägypter, Griechen, Germanen, Slawen usw. und eben auch für die verschiedenen Kulte der ältesten Naturvölker der Menschheit. Das aber hat notwendigerweise zur Folge, daß der Inhalt dessen, was mit dem Wort »Religion« gemeint wird, vielfältig schimmert und glitzert und in mannigfachen Farbtönungen aufleuchtet.

Das heißt, was Religion ist, ist nicht mehr eindeutig bestimmbar. Dies wird sehr anschaulich bewiesen durch die große Fülle der Versuche, mit denen viele sehr gelehrte Leute sich bemüht haben, den Begriff »Religion« zu definieren. Definieren heißt begrenzen, abgrenzen, einzäunen. Religion aber ist dem Wesen nach grenzenlos. Selbst der größte Ozean stößt irgendwo an Festland und findet dort seine Grenze. Religion aber und andere in ähnlicher Weise abstrakte, also nicht gegenständliche Begriffe, wie zum Beispiel Geist, Seele, Ewigkeit, Liebe, sind grenzenlos, weil es Grenzen nur in der dinglichen Welt gibt, aber nicht im geistigen Bereich.

»Der Geist wehet, wo er will«, heißt ein bekanntes Wort, und die Tiefe der Seele hat noch niemand ausgelotet. Ewigkeit ist in ihrer Anfang- und Endlosigkeit für uns unfaßbar, und Liebe ist so schillernd in vielen Farben wie Religion. Alle diese Begriffe müssen streng genommen ohne Artikel gebraucht werden, und ich bemühe mich, diese Forderung einzuhalten, soweit es die Gesetze der Grammatik zulassen.

Angesichts der Vielfalt, die in dem Wort »Religion« beschlossen liegt, hat nun schon Schiller aufmerksam gemacht auf einen bedeutsamen Unterschied, der sowohl in der Religionswissenschaft als auch in unserem täglichen Sprechen unbedingt beachtet werden sollte. Wenn auch dieses Distichon allgemein bekannt ist, so kann es meiner Meinung nach gar nicht oft genug wiederholt werden.

»Welche Religion ich bekenne? Keine von allen,
Die du mir nennst. – Und warum keine? Aus Religion.«

Schiller hat mit einem bewundernswert feinen Gespür gemerkt, daß das Wort »Religion« spätestens seit der Aufklärung einen doppelten Sinn bekommen hat. Einmal meinen wir alle mit dem Wort »Religion« eine ganz bestimmte, geschichtlich in Erscheinung getretene Form von Religion, also etwa das Christentum. Dies ist im allgemeinen in Deutschland gemeint, wenn jemand von Religion spricht. Oder man meint die jüdische Religion oder den Islam oder die unitarische Religion. Oder sonst eine. Dieses Wort »Religion« muß den Artikel haben und kommt auch im Plural vor; etwa die monotheistischen Religionen oder die Religionen der Naturvölker.

Schiller selbst will sich zu keiner dieser Religionen bekennen. Er bekennt sich also eindeutig auch nicht zum Christentum, und er würde sich auch nicht zur unitarischen Religion bekannt haben, hätte er sie gekannt. Seine Antwort ist klar: »Keine von allen!« – In der Begründung für seine Entscheidung erwähnt er nun den neu entdeckten zweiten Sinn, den das Wort »Religion« haben kann. Er lehnt alle Religion ab »aus Religion«. Das erscheint zunächst paradox, ein Widerspruch. Schiller hat aber entdeckt, daß allen Religionen ein Gemeinsames zugrundeliegt, etwas Gemeinsames sie alle verbindet, und das eben ist der neue, zweite Sinn im Wort »Religion«. Dieses Wort »Religion« hat keinen Artikel, kann keinen Plural bilden. Eben dieses Wort »Religion« ist jenes Grenzenlose, das als Religion in allen Religionen wirkt; es ist älter als alle Religionen, und es ist die Voraussetzung für alle Religionen.

Gedanken zur All-Einheit

Das *All-Eine* (oder die All-Einheit) ist der Kern unitarischer Religion und ein sehr alter religiöser und philosophischer Grundbegriff. (»Grundbegriff« nennt man etwas, von dem andere Begriffe abgeleitet werden.) In der abendländischen Philosophie taucht er schon rund ein halbes Jahrtausend vor unserer Zeitrechnung bei den Vorsokratikern auf. So zum Beispiel sieht schon Anaximandros das »Unendliche« als den »Urgrund«, damit »das Werden nicht aufhöre«. Xenophanes erklärt dann: »Wohin ich auch meinen Sinn richte, er löste sich mir stets in ein und dasselbe Allwesen auf. Das All aber, das ewig ist,... offenbarte mir immer wieder ein einziges gleichartiges Wesen.« Und Xenophanes erklärt, das Eine sei die Gottheit. Dann kommt Heraklit und behauptet, »daß das All eins ist: getrennt, ungetrennt, geworden, ungeworden, sterblich, unsterblich...« Hier klingt schon an, was später Nikolaus von Kues die »coincidentia oppositorum« genannt hat, den Zusammenfall aller Gegensätze in der Einheit. Für dieses Eine führt Heraklit den Begriff des Logos ein. »Alles geschieht nach dem Logos.« Aber Heraklit erkennt auch schon, daß aus der Einheit allein kein Werden geschehen kann. Es müssen Gegensätze, Polaritäten dasein, in deren Spannungsfeld, durch deren Kräfte der Anziehung und Abstoßung alles Geschehen erst möglich wird. »Alles Geschehen erfolge infolge eines Gegensatzes.« »Das Widerstrebende vereinige sich und aus den entgegengesetzten Tönen entstehe die schönste Harmonie, und alles Geschehen erfolge auf dem Wege des Streites.« Heraklit ist es auch, der erstmals die menschliche Vernunft als Teil des Logos, also als Teil der Weltvernunft, der »göttlichen« Vernunft erklärt.

Beides ist deshalb so wichtig, weil aus der Behauptung, daß die menschliche Vernunft ein Teil der Allvernunft sei, die Möglichkeit gefolgert werden kann, daß dann der Mensch das All erkennen könne, nach dem Grundsatz, Gleiches wird nur durch Gleiches erkannt. Eine Einsicht, die dann über Plotin zu Goethes bekanntem Wort führt: »Wär' nicht das Auge sonnenhaft...« Die Erkenntnis von der Notwendigkeit der Gegensätze ist von entscheidender Bedeutung, weil – wie schon gesagt – aus der Einheit an sich nichts werden kann. Dieses Problem macht später noch Aristoteles viel zu schaffen, weil auf keine Weise erklärt werden kann, wie das Werden der Welt entstanden sei, wenn das All-Eine als Zustand der – qualitätslosen – Ruhe aufgefaßt wird. »Leben ist Bewegung«, sagen wir heute; aber genau das hatte schon Heraklit erkannt. Setzt man aber bei »Bewegung« einen »Beweger« voraus, so gelangt man wieder zu Schöpfer und Schöpfung. Deshalb muß man die Bewegung in den Begriff des All-Einen hineinnehmen. Hier gibt Nietzsche das großartige Bild von dem »aus sich rollenden Rad«. So ist auch der Kosmos als Begriff ewiger Harmonie nicht haltbar. Harmonie, Gleichgewicht, ist immer nur ein augenblicklicher, vorübergehender Zustand. Die Grundbefindlichkeit ist Unruhe, Bewegung. Nietzsche: »Nur das Chaos kann einen tanzenden Stern gebären!«

Für die vorsokratischen Philosophen gibt es noch keine Trennung in »Weltliches« und »Göttliches«, daher sind für sie alle diese Aussagen zugleich religiöse Aussagen. In manchen uns überlieferten Aussprüchen wird das ausdrücklich gesagt.

Noch älter ist der Gedanke der Allheit oder All-Einheit in der indischen Religion des Hinduismus. Die Quellen hierfür sind viele der Upanischaden, so vor allem die Chandogya-Upanischad. Die hier gebrauchten Worte sind vor allem »tat« (das Das) und »eka« (das Eine). Das bekannteste Wort ist »brahman«, das man mit großer Vorsicht mit dem Logos des Heraklit vergleichen kann und mit dem Gedanken der »arche«, des »Urgrundes«. Die im Sanskrit immer wieder gebrauchten Formulierungen, um diese Einheit auszudrücken, sind: »tat tvam asi« (»das, das bist du«) und »aham brahmasmi« (»Ich bin das brahman«). Die Folgerung daraus ist: »atman«, das Wesen, das Selbst des Menschen, und »brahman«, das Wesen, das Selbst des Alls, sind eines.

Was die indische Auffassung von der All-Einheit von der abendländischen grundlegend unterscheidet, ist die Frage der Realität. Für den Hinduismus sind alle Wesen und Dinge »Erscheinungen« (Schein, maya) des Einen; für die Vorsokratiker und für die Unitarier sind alle Wesen und Dinge aber »Verwirklichungen« (Offenbarung, Gestaltwerdung) des Einen. Für den Hindu ist diese Welt keine »wirkliche« Welt, wirklich ist nur brahman. Für den Abendländer, den Unitarier ist dies die »wirkliche« Welt, und das Eine ist nur wirklich in seinen »Wirkungen«.

Für uns als Unitarier ergeben sich daraus einige bedeutsame Folgerungen:

1. Das All-Eine ist nur in dem Augenblick zwischen den Wandlungen im Momentzustand der Ruhe. Praktisch gesehen ist das All-Eine ewig in Bewegung, es ist also kein »Ort der Ruhe«.
2. Das All-Eine ist qualitätslos, trägt aber *alle* Qualitäten in sich. Das All-Eine ist also nicht das Gute. Die Gleichsetzung von göttlich = gut kann es in der unitarischen Religion nicht mehr geben. (Diese Einsicht hat am schärfsten Jakob Böhme herausgearbeitet.) Auch »das sogenannte Böse« ist göttlich.
3. Das All-Eine ist in sich polar, ist in einem ständigen Spannungsfeld der Gegensätze, die es nur in sich vereint, um sie immer wieder freizulassen. Im ständigen Geschehen der Wirklichkeit herrschen die Gegensätze »nach dem Gesetz der Notwendigkeit«. Der »Zusammenfall der Gegensätze« ist nur ein gedachter, nur ein im Denken des Menschen vorgestellter Augenblick. Wichtig aber ist für uns das ständige Bewußtsein, daß alle Gegensätze zusammengehören und alle gemeinsam erst dem Begriff der All-Einheit Wirklichkeit geben.
4. Das bedeutet praktisch für uns Menschen: Wir sind stets in die Polarität der Gegensätze, in die »Notwendigkeit des Streites« hineingestellt und haben an *allen* Gegensätzen auch Anteil. »In uns ist alles!« (Hölderlin)

Des Menschen Weg zu Gott ist der Weg in seine eigene Mitte

Leben ist Bewegung

Im »grenzenlosen All« gibt es keinen Punkt der Ruhe. Ellipsen, Parabeln und Hyperbeln sind gleichsam »die Kegelschnitte Gottes«, auf denen Sonnen, Galaxien und Spiralnebel sich bewegen. Ein Kosmos, der in Bewegung ist, »ein aus sich rollendes Rad«, das immer wieder vergehende Welten in werdende Welten verwandelt.

Ein universeller Lebenswille beseelt den kosmischen Weltstoff. Jahrmilliarden sind nur kurze, überschaubare Ausschnitte aus dem Ablauf der Prozesse; Lichtjahrmilliarden – der Versuch, nicht mehr vorstellbare Tiefen benennbar zu machen. Materie ist, als Ur-Stoff, die Magna Mater, die Große Mutter, aller Welten. Der Hylozoismus, der belebte Stoff der Vorsokratiker, kehrt wieder als kosmischer Weltstoff bei Teilhard de Chardin, beides entspricht dem indischen ekatâ des Rigweda, das sich zum alles durchdringenden, alles umfassenden brahman entfaltet. Indisches brahman und chinesisches tao sind als mystischer Urgrund des Seins dem Astrophysiker von heute vertrauter als dem Theologen von gestern.

Bildeten sich bereits im Urgrund des Seins, dem mythischen Ginnunga-gap, die Keime des Lebens? Flogen sie, gleich den Funken aus Muspellheim, durch interstellare Räume, bis sie hier und da Gebilde fanden, sich bildende Welten, deren Oberflächen den geeigneten Nährboden abgaben, auf dem sich die Lebenskeime wie eine Bakterienkultur entwickeln konnten? Kam das Leben aus dem Weltraum auf die Erdensterne – wie Pollen, vom Wind über weite Meere getragen, auf einsamen Inseln keimen? Bildeten sich die entscheidenden Übergänge aus Anorganischem zu Organischem als Voraussetzungen des Lebendigen erst auf den Erdensternen in einer bestimmten Phase ihrer eigenen Entwicklung?

Wie auch immer: es war da, das Leben; – war keimhaft verborgen im Urstoff, darin noch alles eins war, was sich dann in langen Prozessen immer differenzierter ausfaltete. Es war da, und darum mußte es irgendwann einmal werden, um sich zu haben. Die Frage: Warum *ist* überhaupt Etwas? Warum *ist* nicht Nichts? halte ich für eine philosophische Scheinfrage;

denn Etwas war immer, wird immer sein; anfanglos-endlos treibt es im Kreise den Wandel des Seins.

»Nichts« als »Nicht-Sein« ist nur von einer freischwebenden, irrealen Gedankenakrobatik formuliert, aber nicht ernsthaft gedacht; »Nichts« als »Nirwana« ein Aufhören aller Formen und Gestalten, ein Zusammenfallen aller Gegensätze aber ist identisch mit dem Sein in jenem nur vom Denken her anzunehmenden Augenblick *vor* aller Entfaltung, das heißt in jenem Wendepunkt zwischen Vergehen oder Einrollen des Universums und neuem Werden oder Ausdehnen des Universums.

Leben ist Entwicklung, Evolution

Entwicklung geht in viele Richtungen. Wege werden rückschauend erkennbar, – aber ist vorausschauend auch ein Ziel zu sehen? – Ein Drang ist da und ein Trieb, ein Treiben und Drängen zu immer neuen Formen, zu Gebilden, die immer komplizierter werden, – darin könnte man eine Richtung erkennen. So stellt auch Teilhard de Chardin neben das unendlich Kleine und das unendlich Große als drittes das unendlich Komplexe. – Sieht man die Wege, Umwege, Irrwege und Sackgassen, so erscheint alles wie ein großes Spiel, ein Würfelspiel, ein Experimentieren mit immer neuen Möglichkeiten. Zwar ist die Zahl der Bau-Elemente erstaunlich klein; die Fülle der Kombinationsmöglichkeiten aber nicht überschaubar.

Das Leben – einsamer Same in den Tiefen des Alls, »gesät auf einen rollenden Stern« –, ging auf, blühte, entfaltete sich und trug mannigfache Früchte: Eine davon ist der Mensch.

Der Mensch – eine Frucht des Lebens

Der Mensch, ein Gewordener im Entwicklungsprozeß des Lebens auf der Erde, bleibt gebunden an die Herkunft des Lebens aus dem kosmischen Urgrund des Seins, ist durch alle Zwischenstufen seines Werdens wie durch Glieder einer Kette verknüpft mit dem Urstoff, daraus die Welten werden.

Tiefste Schau der Mystik, die es ahnend aussprach: »Als die Welt wurde, da wurde auch ich«, verbindet sich mit heutiger naturwissenschaftlicher Einsicht, wie sie zum Beispiel in den

Worten des amerikanischen Anthropologen Prof. Loren Eiseley zum Ausdruck kommt: »Vor einigen Tagen erhielt ich, auf einen Aufsatz über das ungeheure Alter des Lebens auf diesem Planeten hin, den empörten Brief eines Mannes, dessen Zeitvorstellungen sich verwirrt hatten. 'Waren Sie dabei?' fuhr er mich an. Jawohl, dachte ich beim Lesen dieses Briefes mit leisem Seufzer, jawohl, ich war dabei – etwas verändert vielleicht, aber das warst auch du, mein Freund, mit einem Antlitz, das du heute nicht wiedererkennen würdest. Man kann den Bericht in den Steinen lesen, und der Erforscher radioaktiver Gesteine kann die Zeit messen. Das Leben ist Historie, und die Spur der ununterbrochenen genetischen Folge führt zurück über den Affen, die Pfote und die Flosse bis zu einem dampfenden Tümpel im Watt auf einem Planeten, den noch weder Bäume noch grünes Gras bedeckten. In unseren eigenen Knochen steht die Geschichte geschrieben, und das Salz in unserem Blut entstammt einem Urmeer. So lebt die Vergangenheit unter uns fort.« – (»Das Beste aus Reader's Digest«, 5/1962.)

So in aller Wirklichkeit alle Vergangenheit, alle Stufen seines Werdens in sich tragend, kommt mit dem Menschen wieder etwas ganz Neues ins Spiel: das Erwachen des Bewußtseins. Im Menschen wird sich das Leben seiner selbst bewußt, durch ihn betrachtet es sich selbst, durch ihn denkt es über sich selbst nach. Der Gießener Zoologe Prof. Ankel hat diesen Sachverhalt in folgende Worte gefaßt, die wir »Glaube und Tat«, Heft 8/9-1963, S. 277, entnehmen:

»Wir Biologen haben gelernt, daß wir, wenn wir Historiker des Lebens sein wollen, nicht in dem menschlichen Zeitmaß der Jahrhunderte, sondern in dem Sternenzeitmaß der Jahrmillionen denken müssen. Wir blicken dann von der Fläche des ständig steigenden Ozeans der Zeit, der uns trägt, in seine Abgründe hinunter und sehen dort das ungeheuerliche, atemraubende Schauspiel der Entfaltung des Lebens vor uns, von dem einen Anfang her, an dem es einmal irgendwie entstand. Wir werden mit unseren etwa 50 Jahren, in denen wir einzelnen versuchen können, davon etwas zu begreifen oder wenigstens uns vorzustellen, wir werden ganz klein, und wir wissen doch, daß einer der Äste des phantastischen Baumes, der in ununterbrochenem Zusammenhang der Grundsubstanz des Lebendigen, des Protoplasmas, entstanden ist, auch uns trägt, den Menschen. Auch der Mensch ist ein protoplasmatisches Wesen wie alle Kreaturen von heute und von ehedem, und er steht mit ihnen im protoplasmatischen Zusammenhang seines Werdens. Wir können die Frage nicht beantworten, ob den Kräften des Lebendigen das Ziel des Menschen gesetzt war, wir können nur sagen, daß sie es erreicht haben. Und wir stellen ohne Selbstüberschätzung, nach objektiven Maßstäben, fest, daß der Mensch ein Gipfel dieses Werdeprozesses und etwas Einmaliges ist, insofern, als bei ihm ein lenkendes, nicht ein handelndes Organ zur höchsten Vollendung entwickelt wurde, das Gehirn. Das Gehirn des Menschen ist das unwahrscheinlichste, das unerhörteste Produkt der Geschichte des Lebendigen auf der Erde. Mit den Kräften des Geistes, die mit dem Gehirn nachweislich, aber unfaßbar verbunden sind, vermag sich der Mensch dem Lebendigen, das ihn ohne sein Zutun hat werden lassen, gegenüberzustellen, mit dem Versuch, es zu deuten. Da auch der Mensch eine der millionenfältigen Manifestationen des Lebens auf der Erde ist, so betrachtet das Leben sich selbst, so interpretiert es sich selbst durch den Menschen. Nur durch ihn freilich, durch ihn allein: Der Mensch ist das einzige Lebewesen, das sich selbst zur Diskussion stellt.«

Das ist das Ungeheuerliche, das Neue, das Gewaltige, das vor rund 1 bis 2 Millionen Jahren mit der Menschwerdung in Erscheinung trat, *dieses,* daß von nun an neben die schaffende Natur – die natura naturans – der Mensch als Schaffer und Schöpfer tritt. Daß er, der Mensch, mit »Denkhirn« und »Greifhand«, mit den neuen Fähigkeiten, die das Leben in ihm entwickelt hat, in die geschaffene Natur – die natura naturata – seine eigene Welt der Kultur als eine zweite Schöpfung hineinstellt.

Das Erwachen des Menschen

Was sich da im Schutze der Primaten und mitten unter ihnen langsam und allmählich entwickelte – gesteuert wohl durch Mutation und Selektion, vielleicht auch beschleunigt durch ein sprunghaftes Umschlagen von Quantität in Qualität –, war am Ende ein neues Wesen: ein Wesen, das selbständig denken konnte. An vielen Stellen der Erde tauchte das neue Wesen auf; denn »der erste Mensch ist eine Menge«. – Eben aus dem Traum des Werdens erwacht zu neuer Gestalt, fühlte der Mensch, um sich schauend, sich zunächst noch allen Wesen und Dingen, den Pflanzen und Tieren, innig verbunden. War es doch die Welt, aus der er kam. Noch hielt sie ihn mit tausend Banden fest, noch wirkte sie in seinem Wesen weiter. Doch mehr und mehr nahmen die Millionen kleinen Zellen in seinem Großhirn ihre Arbeit auf: Der Mensch begann sein eigenes Leben.

Er begann zu staunen und zu erleben, zu denken und zu planen, zu begreifen und zu erkennen, zu lieben und zu hassen, und er begann zu sprechen.

Aus Warn- und Lockrufen, aus Lauten der Freude und Überraschung, des Staunens und Erschreckens, aus dem Stöhnen des Schmerzes und der Lust formte er nachsprechbare Wortbilder. Mit ihnen gab er den Dingen und Wesen Namen, und erst was der Mensch benannt hatte, machte er sich zu eigen. Er fand Bezeichnungen für sein Tun und machte seine Gedanken mitteilbar. Auch für die ihn bedrängende Welt des Erlebens, deren ungeheure Mannigfaltigkeit seine junge Seele noch gar nicht fassen, geschweige denn bewältigen konnte, schuf er sich Wortbilder, die »Fülle der Gesichte« zu bannen und zu ordnen.

Der Mensch war erwacht; – der Schlafwelt der Pflanze, der Traumwelt des Tieres für immer und unwiderruflich entrissen, begann er sich zu lösen aus der Umwelt, spürte er sein Eigendasein, seine besondere Art. Damit aber begann nun seine Umwelt für ihn eine Welt voller Rätsel, eine Welt des Geheimnisvollen zu werden. Er spürte nun in allen Dingen und Wesen die geheimen Kräfte, die in ihnen wirkend waren; Kräfte, die ihm freundlich und feindlich waren, Kräfte, die auch in ihm wirkten. Er nannte sie in seinen Sprachen: orenda, mana, brahman oder hamingja und noch auf vielerlei Weise.

Sie alle kennen den Mythos, der in einem wunderbaren Bild das Erwachen des Menschen schildert und sein Heraustreten aus der Umwelt. Dieser Mythos wird im Alten Testament als sogenannter »Sündenfall« überliefert, aber von »Sünde« ist dabei keine Rede. Das mythische Bild vom Griff nach der Frucht am Baum der Erkenntnis ist eben das Erwachen der Menschheit, ist die Sternstunde in der Geschichte der Erde, da das Leben im Menschen zum Bewußtsein erwacht. Die Vertreibung aus dem Paradies der Unschuld ist das Heraustreten des Menschen aus dem vegetativ-animalischen Sein in die neue Sphäre eines geistigen Seins. Das Erkennen dessen, was gut und böse ist, bedeutet, daß nun der Mensch handelnd und gestaltend, verändernd und zerstörend in die weitere Entwicklung des Lebens auf der Erde eingreifen wird. Die »Unschuld des Werdens« ist vorbei. Und auch die berühmte Prophezeiung: »Ihr werdet sein wie Gott« war die hellsichtige Ahnung, daß mit dem Auftreten des Menschen auch die Epiphanie, das Erscheinen Gottes auf der Erde, begann.

Das Werden der Religion

So durchstreift nun der Mensch, am Anfang seines Weges noch klein und unbedeutend, die Urwälder und Steppen, steht an den breiten Strömen und weiten Wasserflächen, und seine Seele weitet sich in ehrfürchtigem Staunen vor allem Erhabenen, Großartigen, Herrlichen in der Natur, *aber* sie zieht sich auch vor Angst zusammen vor allem Grausigen, Schrecklichen, Entsetzlichen, das ihn täglich bedroht, ihn bis in den Schlaf hinein verfolgt und in seiner Seele Bilder furchtbarer Dämonen und schreckenerregender Ungeheuer entstehen läßt. Er sinnt auf Mittel, die Dämonen zu bannen, die Ungeheuer freundlich zu stimmen, das Grausige zu versöhnen. Und wie man Menschen sich geneigt macht durch Gaben, so bringt er den Bildern seiner Angst Spenden und Opfergaben dar, trennt sich vom mühsam Erworbenen, von einem Beutetier, von Schmuck, von Früchten des Feldes und Tieren seiner Herde, ja, er bringt den dämonischen Mächten seiner Seele sogar seinesgleichen, das Höchste, was er kennt, zum Opfer. Er will sich stark machen gegen all die ständig lauernden Gefahren und nimmt von wilden Tieren und von Menschen die Körperteile in sich auf, in denen er den Sitz der Kraft vermutet. Diese Kräfte gehen in den über, der sie als Speise in seinen Körper aufnimmt. – Tief prägen sich in jenen Jahrhunderttausenden der Frühe, gleichsam den ersten Lebensjahren der Menschheit, diese Erlebnisse in seine Seele ein, werden eingeschliffen und hinterlassen Spuren in seinem Großhirn, so daß wir Menschen noch heute, da wir in das Stadium des Erwachsenseins eingetreten sind, noch immer diese Kindheitseindrücke unverlierbar in uns tragen.

Aber neben dem »mysterium tremendum«, dem Erleben des Schrecklichen, war auch immer das andere, das wunderbare »mysterium fascinans«, das Erleben des Erhabenen, das die Seele des Menschen mit Bildern des Schönen, Glänzenden,

Majestätischen, Großartigen überwältigend erfüllte. Im staunenden Aah-Erleben spürte der Mensch auch, wie ihn ein Unnennbares, ein Etwas, für das er keinen Namen wußte, ergriff und packte, und wie ein unsagbares Gefühl des Glückes ihm die Brust zu sprengen schien. – Und seine schöpferische Phantasie, die immer neue Werkzeuge und Geräte ersann, schuf sich auch Bilder jener Mächte und Kräfte, die in seinem Herzen als Liebe und Schönheit, Freude und Güte, Mitleid und Ehrfurcht lebendig wurden. Alles Erleben, das ihn übermächtig überfiel und überwältigte, bannte er in Bilder und stellte die Bilder um sich herum und gab ihnen Namen. Indem er so das innerseelische Geschehen nach außen verlegte, befreite er sich von der Fülle der Gefühle und machte Hirn und Sinne frei für die Gestaltung der Umwelt, für die Bewältigung der Außenwelt. Aber was Bild inneren Erlebens gewesen war, wurde zum Sinnbild äußerer Mächte und Kräfte; die Bilder begannen ein Eigenleben zu führen, und der Mensch nährte dieses Leben durch die Inbrunst seiner Gefühle, die sich nun den Bildern und Gestalten zuwandten. Das große Geheimnis, das bedrohliche und doch auch wieder verlockende Rätsel des Lebens, das Unheimliche und das Gar-Heimliche in den Erscheinungen der Natur belegte der Mensch mit vielen Namen, um es zu bannen und um es sich vertraut zu machen; denn mit dem Namen gewann ja der Mensch Macht über das Fremde.

Die Welt der Götter

Als »Herrin oder Herr der Tiere« geschaut, als »Große Mutter« und »Spender der Fruchtbarkeit« in den Symbolen der Zeugung und des Gebärens verehrt, als »Gott oder Göttin der Liebe« geliebt und als »Gott des Todes und des Krieges« gefürchtet und in vielen anderen Bildern und Gestalten angebetet, wuchsen die geheimen, inneren Kräfte über den Menschen hinaus zu immer größerer Macht. In seinen verschiedenen Sprachen schuf der Mensch sich ein Symbolwort für das Unerforschliche und nannte es: El und Allah, daeva und ahura, theos und deus, manitu und Gott und noch auf mancherlei Weise. In Furcht und Zittern vor den höheren Gewalten, die über Tod und Leben zu bestimmen schienen, stammelte er demütig: Baal, Adonai, Kyrios und Herr.

Je mehr der Mensch dank der ständig stärker werdenden Tätigkeit seiner Gehirnzellen und mit Hilfe der Technik die Welt nach seinen Bedürfnissen gestaltete, Tiere zähmte, den Boden bearbeitete, Städte baute, je größer also der Bereich wurde, den der Mensch in seinen Griff nahm, um so ferner rückten die verehrten Mächte, doch um so größer wurde ihre Macht über den Menschen. Vom nahen Hain und der Quelle, von Baum und Tier zogen sich die Götter auf ferne, unbesteigbare Bergeshöhen zurück und ließen den Menschen in den Tempeln ihr Bild. Der Mensch brachte nun seine Gebete und Opfer vor dem Bild der Götter dar, die anwesend waren, weil sie in seiner Seele lebten.

Der Mensch, das einzige Wesen, das aufrechten Ganges über die Erde schreitet, schaute in die Weite bis an die Grenzlinie des Horizontes und erhob seinen Blick nach oben und baute aus seinen Gedanken das feste Himmelsgewölbe, das einer Kuppel gleich die ganze Erde umspannte. – Nicht mehr nur Stein, Pflanze und Tier, auch Sonne, Mond und Sterne traten, von geheimen Kräften erfüllt, machtvoll in seine Erlebniswelt ein.

Im hohen Himmel droben war nun der Wohnsitz der Götter, und die Unsterblichen nahmen Heroen in ihren Kreis auf, deren Namen als Sternbilder wie eine Leuchtschrift durch die Jahrhunderte strahlen. – Doch diese Phase der innerseelischen Entwicklung ist noch ganz jung, gleichsam erst von vorgestern, sie mag etwa 8000 bis 10000 Jahre her sein.

Die Entdeckung des Gewissens

Ebenso jung oder ein wenig jünger ist auch die Entdeckung des Gewissens. Damit erschloß sich dem Menschen ein neuer Bereich seines innerseelischen Geschehens. Das Erwachen des Gewissens ist darum so bedeutsam, weil sich in ihm eine neue, innere Kraft im Menschen meldet, die ihn befähigt und ihm Mut macht, sich gegen die nach außen projizierten höheren Gewalten und ihre wachsende Macht zu wenden. – Doch stehen die zehntausend Jahre des Gestern noch ganz im Zeichen jener hohen Himmelsmacht, die nach und nach alle Bilder und Gestalten in sich vereinigt hatte. Voll Vertrauen wandte der Mensch die Inbrunst seines Herzens dem hohen Himmelsherrn zu und sagte: »Vater!« Er richtete seine flehenden Bitt-

Gebete nach oben, als wenn »dort wär' ein Ohr, zu hören seine Klage, ein Herz, dem seinen gleich, sich des Bedrängten zu erbarmen«, wie es in Goethes »Prometheus« heißt. Aber anders als jener Goethesche Prometheus hatte sich der Mensch von der Erde, seiner Heimat, abgewandt und suchte das Ewige, sein Heil, über den Sternen. – Doch in aller Stille hatte sich hier und dort auf der Erde gegen Ende des Gestern, im Laufe der letzten Jahrhunderte, also gleichsam in den Nachtstunden des gestrigen Tages, im Menschen etwas vorbereitet. Da sich dies in sogenannter »geschichtlicher« Zeit vollzog, können wir diesen Vorgang der »Geburt Gottes im Menschen« ziemlich gut verfolgen. Zunächst sind es die großen Einzelnen, die als Fackelträger durch die Zeit schreiten, die sich des Gottes in ihrer Brust bewußt wurden. Sie gaben ihre Erkenntnis weiter; Völker, Religionen nahmen dieses Wissen auf, aber die Menschen wagten noch nicht, der Kraft Gottes *in sich* zu vertrauen. Zu fest hatte sich in Jahrhunderttausenden in ihnen das Empfinden eingeprägt, daß die Kraft dem Menschen *von außen* zukommt, als daß sich diese eingeschliffenen Verhaltensweisen leicht ändern ließen. Die innere Erfahrung allein genügte nicht, ihr mußte das Wissen zu Hilfe kommen gegen das Außen. Von seiner Erkenntnis her mußte der Mensch nach und nach all die Bilder und Gestaltungen auflösen, zerstören, vernichten, die sein Erleben einst geschaffen hatte. Anders ausgedrückt: Die Menschheit mußte erst die Kindheit und Jugendzeit hinter sich lassen und in die neue Phase der Mündigkeit, der Reife, des Erwachsenseins eintreten. Wieder anders ausgedrückt: Nach dem Verklingen und Vergehen des gestrigen Tages muß der neue Tag, das Heute anbrechen. Die Morgenröte, die dem Anbruch des Tages vorausgeht, war für das Abendland das Erwachen des Denkens bei den Vorsokratikern. Der Anbruch des neuen Tages begann etwa mit der Renaissance.

Der Mensch entdeckt sich selbst

Die neuen Entdeckungen über die Bewegungen der Himmelskörper allein hätten noch keine so tiefgreifende Wandlung zur Folge gehabt, wenn nicht, und dies ist das so oft übersehene Bedeutsame, wenn nicht auch der Mensch gleichzeitig neue Entdeckungen über sich selbst gemacht hätte. Der Mensch entdeckt plötzlich, daß er mündig ist. Er beginnt, »sich seines

Verstandes ohne Anleitung eines anderen zu bedienen«, er beginnt, selbständig zu denken. Das apollinische »Erkenne dich selbst!«, das vorsokratische »Der Mensch ist das Maß aller Dinge!«, das sophokleische »Vieles Gewaltige lebt, aber nichts gewaltiger als der Mensch!« werden als neue Dimensionen des Menschseins in ihren Gipfeln und ihren Abgründen beglückend und erschreckend, immer aber vorwärts treibend, erfahren. Der junge Reichsgraf Pico della Mirandola veröffentlicht 1486 seinen Traktat »De dignitate hominis« (»Von der Würde des Menschen«); hundert Jahre später verkündet Giordano Bruno an den hohen Schulen des Abendlandes die kühnen, aber unausweichlichen Folgerungen, die aus dem Wandel des Welt- *und* Menschenbildes gezogen werden müssen. Im Februar des Jahres 1600 wird dieser Wahrheitskünder auf einem Platz in Rom zur brennenden Fackel, deren Feuerschein noch bis in unsere Tage leuchtet. Er hatte die Wahrheit zu laut und zu früh gesagt; denn die Massen der Menschen waren noch nicht einmal dabei, sich den Schlaf aus den Augen zu reiben. Rund vierhundert Jahre dauert dieser Vorgang des Aufwachens; jetzt aber, da die Sonne des neuen Tages höher und höher steigt, kann man die Augen nicht länger verschließen. Wir erleben dieses Erwachen der Menschheit als große Zeitenwende; eine neue Windung der Spirale des Lebens hat begonnen. Vor dieser Helle des aufsteigenden Tages verlieren alle alten Bilder von Gott ihren Glanz, in dem sie in der Menschheit Kindertagen geleuchtet hatten. Der mündig gewordene Mensch begreift – oder beginnt zu begreifen –, daß alle Eigenschaften Gottes diesem nicht aus sich selbst zukommen, sondern daß er, der Mensch, sie einst seinem Gottesbild angehängt hatte. Der wissend gewordene Mensch erkennt – oder beginnt zu erkennen –, daß alle seine Vorstellungen von Gott inhaltsleer geworden sind und im Unendlichen vergehen.

Die große Wende

So reift in den Menschen die Einsicht, daß sie im Bereich der Religion, daß heißt dort, wo sich der Mensch gebunden fühlt, ebenfalls eine Wende zu vollziehen haben: die Wende von außen nach innen. Eine solche Wende in ihrer Notwendigkeit – die Not des Menschen wendend – zu begreifen und zu vollziehen aber vermag nur *der* Mensch, der sich seiner Geschichte, seiner Herkunft, seiner Abstammung bewußt geworden ist. Mit Herkunft sind hier nicht die paar überschaubaren Generationen der Vorfahren gemeint. Bei Geschichte ist hier nicht an die Geschichte eines Volkes oder einer Kultur gedacht, sondern, worauf das Wort »Abstammung« hindeutet, es ist die Herkunft aus dem Urgrund des Seins gemeint, es ist an die Geschichte des Lebens auf der Erde gedacht. Nicht die Abstammung von einer menschlichen Herrenrasse, sondern die Abstammung von den Primaten, den Herrentieren, ist es, wovon in diesem Zusammenhang allein die Rede sein kann. Nur *der* Mensch, der sich als eine Erscheinungsform des kosmischen Lebensstoffes, des universellen Lebenswillens, als Produkt der Evolution begreift, kann diese Wende vollziehen. *Warum nur er?* Weil *nur er* in wachsendem Erschrecken, in tiefen Erschütterungen dies beides zu denken *wagt:*

Ich war dabei, als die Welt wurde! und: *Ich* schuf alle Götter aus meinem Erleben!

Mit der Menschwerdung zugleich regte sich in den Tiefen seines Selbst das große Geheimnis; aber der Mensch konnte es noch nicht fassen, noch nicht begreifen, daß all das, was da scheinbar von außen auf ihn einstürmte, ihn erhob und beglückte, ihn niederwarf und bedrückte, daß dies alles sich in seinem Innern abspielte. – So hat der Mensch Jahrhunderttausende lang das Göttliche – Gott – das Geheimnis außerhalb seines Selbst gesucht. Und der Mensch fand, was immer er suchte, weil er vorher das zu Suchende – ihm selber unbewußt – erst dort versteckt hatte, wo er es dann fand.

Schon Xenophanes, einer der Vorsokratiker, hatte erkannt, was dann später Schiller in die Worte faßte: »In seinen Göttern malet sich der Mensch!« – Aber an dieser Stelle ist jetzt vor der Auffassung zu warnen, als sei dann Gott oder das Göttliche eine Illusion, eine Täuschung, eine Einbildung, eine Halluzination des Menschen. Wie immer man es benannt hat, unter welchen Bildern man es auch schaute, *es war da,* es *ist* Wirklichkeit, das große Geheimnis des Lebens.

Täuschung war nur der Ort, Einbildung nur das Bild, aber das Göttliche selbst hatte der Mensch wirklich geschaut, gehört, erlebt, erfahren. Doch die »Stätte der Begegnung« war sein inneres Selbst. Aber da der Mensch sich selbst noch nicht kannte, noch nichts wußte von der Vielschichtigkeit seines Wesens, dem Aufbau seiner Person, verlegte er das Geschehen seiner Innenwelt als Vorgänge in die Außenwelt.

– So wie ein Mensch mitunter meint, daß der Traum, den er gehabt hat, gar kein Traum gewesen sei, sondern wirklich Erlebtes; so wie es Menschen gibt, die zwischen ihren Tagträumen und den Tatsachen nicht immer klar unterscheiden können, oder wie – um ein drittes Beispiel zu gebrauchen – auch viele Märchen tatsächlich Schilderungen seelischer Vorgänge sind.

Und noch etwas muß an dieser Stelle gesagt werden: Wir wissen es heute – und diese Erkenntnis gilt rückwirkend bis zu den Anfängen der Menschheit hin – wir wissen es heute, daß die einzige Realität, die letzte unbezweifelbare Wirklichkeit *allein das ist,* was wir in uns selber erfahren und erleben. Da wir keinen direkten Zugang zur Außenwelt haben, sondern alles Außen immer erst in uns hineinnehmen müssen, um es zu verstehen, haben wir von allem, was außer uns ist, keine unbezweifelbare Gewißheit. Die Welt der Erscheinungen wird in uns zur Welt unserer Wirklichkeit. Daß wir uns dennoch bis zu einem gewissen Grade mit dem anderen Menschen über unsere erlebte Welt verständigen können, liegt in der gemeinsamen Abstammung begründet, die in jeden von uns die Möglichkeit zu ähnlichem Erleben legte. Dieses gemeinsame Erleben war in den Jahrhunderttausenden menschlicher Frühe noch wirklich »gemeinsames Erleben« von unvorstellbarer Stärke. – Die Differenzierung als Begleiterscheinung der Persönlichkeitsbildung ist ganz jung. – Dieser Entwicklung entspricht auch der Weg von dem *gemeinsam* erlebten Gott des Stammes, des Volkes, einer Religion bis zu dem *persönlichen* religiösen Erleben des einzelnen in unserer Zeit. *Das ist* eben die Wende von außen nach innen, vom jenseitigen Gott zum Göttlichen in mir. Dieser weite Weg des Menschen zu Gott mußte gegangen werden, weil für das »Erwachen Gottes im Menschen« erst in einem langen Reifeprozeß die vielen Voraussetzungen geschaffen werden mußten. Das Mündigwerden des Menschen ist zugleich der Vorgang des Bewußtwerdens. Mit dem Erstarken des selbständigen Denkens nimmt er alle Bilder wieder an sich, die er auf seinem langen Wege vor sich, um sich und über sich hingestellt und aufgehängt hatte. Er hat erkannt, daß die Güte Gottes seine Güte, die Liebe Gottes seine eigene Liebesfähigkeit, die Gerechtigkeit Gottes sein eigenes Rechtsempfinden, der Zorn Gottes seine eigene Zerstörungswut und die Rache Gottes seine eigene Grausamkeit ist.

Und immer weiter geht der Weg

»Vor undenklichen Zeiten«, schreibt der Anthropologe Eiseley, »machten sich Geschöpfe mit Knüppeln und einfachen Steinen in der Hand auf den Weg zu uns. Hätte es in ihnen nicht Spuren von Anstand und Liebe gegeben, geringe, sehr geringe vielleicht, wir wären heute nicht hier.« So wird der Mensch, meine ich, immer wieder und unbeirrbar das ungeheure Wagnis des Glaubens unternehmen, das heißt: hoffend und vertrauend in die Zukunft schauen. Und aus solchem Hoffen und in solchem Vertrauen wird er den Weg weiter gehen, den er vor einer Million Jahren begann. Und ich füge hinzu: Hätte es in dem Menschen der Frühe nicht Spuren, sehr geringe gewiß, des Staunens und der scheuen Ehrfurcht vor dem Geheimnisvollen gegeben und die Angst vor dem Unheimlichen, es hätte Gott niemals gegeben.

Er wurde einst geboren im Herzen der Menschen, trat – wie das Kind aus dem Mutterleibe – aus ihren Herzen heraus und wuchs und »nahm zu an Alter, Weisheit und Stärke«, wie es in einem alten Text heißt, und die Menschen behielten sein Bild in ihren Herzen. Aber je mehr in letzter Zeit Gott aus den Herzen der Menschen verschwand – Nietzsches erschütternder Ruf: »Gott ist tot!« stellte diese Tatsache nur fest –, um so mehr schwand auch das Bild Gottes, Gott selbst, wie er geglaubt worden war, und löste sich schließlich in der unendlichen Tiefe des Raumes auf, von dem der erste Raumfahrer sagte: »Es ist dort oben sehr dunkel, Genossen!« So wird den Menschen heute in dieser Zeitenwende bewußt, daß sie die Gottheit, die sie in Stein, Pflanze und Tier verehrt, auf Bergeshöhen und in Tempeln angebetet und über dem Himmel geglaubt haben, nur finden können in der Tiefe ihres eigenen Wesens. Hier, im Selbst des Menschen, in diesem innersten Kern seines Wesens, in dem der Mensch nach der Aussage des Yoga, der Tiefenpsychologie, des Existentialismus und nach ungezählten persönlichen Erlebnissen ein Unerschütterliches erfahren hat in äußerster Bedrohung, angesichts der Vernichtung, in den Grenzsituationen seines Lebens, hier in diesem Unerschütterlichen, in seinem Selbst, ist der einzige Ort im ganzen All, da der Mensch dem Göttlichen noch begegnen kann *als* der letzten Wirklichkeit seines Seins, *als* dem tragenden Grund seiner Existenz, *als* der Wirkkraft seines Lebens. Jahrhunderttausendelang hat der

Mensch den Widerschein des eigenen Lichtes für die Lichtquelle gehalten. Nun aber hat der Mensch heimgefunden zu sich selbst, indem er sich selbst entdeckte und dabei zugleich Gott fand als etwas, das er auf diesem jahrhunderttausendelangen Wege *immer* in sich getragen hatte als *die Mitte seines Wesens.*

So gesehen ist Unitarismus zugleich ein neuer Humanismus! Unitarische Religion die Kunde von der Würde des Menschen und von seiner möglichen Zukunft.

Glaube im Atomzeitalter?

Das 20. Jahrhundert begann nicht in der Silvesternacht des 31.12.1899. – Als im großen Zählwerk der Zeiten gleich drei Zahlen umsprangen und mit dem neuen Jahr 1900 auch ein neues Jahrhundert begonnen hatte, da war dieser Ziffernwechsel ohne tiefere Bedeutung. Der Sommer 1900 unterschied sich in nichts vom Sommer 1899; nur fern in China tobte der Boxeraufstand, und in Südafrika sperrten siegreiche englische Truppen die weiße Burenbevölkerung in Konzentrationslager. Seit dreißig Jahren war Friede in Deutschland; die Wirtschaft blühte. Ohne Paß, mit einer Visitenkarte als Ausweis, reiste man von Stockholm nach Stambul, von St. Petersburg nach Monte Carlo, von Königsberg nach San Franzisko, und das Buch einer Schwedin gab der Zeit den Namen »Das Jahrhundert des Kindes«. Aber schon anderthalb Jahrzehnte später verbluteten die Kinder dieses Jahrhunderts auf den Schlachtfeldern zweier Weltkriege. Gewaltiges an Leid, Not und Grauen geschah, und die Landkarte Mittel- und Osteuropas wurde zweimal gründlich verändert. Aber im Wesen der Menschen änderte sich nichts. Als die Fluten der Kriege sich verlaufen hatten, bauten sie das Zerstörte wieder auf und gingen ihren Geschäften nach.

Nein, was die Welt veränderte, das geschah nicht im lauten Lärm des Tages, sondern in der Stille der Laboratorien. Unbemerkt von allem, was an der Oberfläche brandet und braust, vollzog sich der Wandel in der Tiefe, und seit langem hatte er sich vorbereitet. Dies sind seine Schritte: 1895 – Röntgen entdeckt die X-Strahlen; 1896 – Becquerel findet die radioaktive Strahlung; 1897 – Rutherford schreibt »Über die Kernstruktur der Atome«; 1898 – Marie und Pierre Curie entdecken das Radium; 1900 – Planck begründet seine Quantentheorie; 1905 – Einstein veröffentlicht seine Relativitätstheorie; 1913 – Niels Bohr verbindet Atomlehre und Quantentheorie; 1919 – Rutherford gelingt die erste Atomzertrümmerung; 1925 – Heisenberg begründet die Quantenmechanik; 1927 – Houtermanns und Atkinson erkennen die Entstehung der Sonnenenergie aus der Verschmelzung leichter Atome; 1934 – Joliot-Curie erzeugen erstmals künstlich Radioaktivität; 1938 – Otto Hahn gelingt die Zertrümmerung von Uran-Atomen; 1942 – erste Energiegewinnung infolge Kettenreaktion; 1944 – V-Raketengeschosse werden eingesetzt, und endlich ist es soweit: Am 6. August 1945 fallen völlig überraschend und ohne vorherige Warnung die ersten Atombomben auf volkreiche Städte; das wissenschaftliche Experiment hat seine Probe bestanden. Wie mit ungeheurem Paukenschlag einer gewaltigen Schicksalssymphonie ist das Atomzeitalter sichtbar geworden. Hatte 1921 der Physiker und Nobelpreisträger Nernst noch schreiben können: »Wir leben sozusagen auf einer Insel aus Schießbaumwolle, für die wir Gott sei Dank das anzündende Streichholz noch nicht gefunden haben«,[2)] so war es schließlich den vereinten Bemühungen in den Laboratorien von Kopenhagen und Cambridge, von Paris und Göttingen gelungen, auch dieses Zündholz herzustellen.

»Was war denn eigentlich geschehen? Die von Nachkriegswehen geschüttelte Welt fand mitten in ihren Revolutionen und Inflationen kaum die Zeit, die Geduld oder vielleicht einfach nicht die Kraft, die tiefste aller Umwälzungen, die bedeutsamste aller Abwertungen zu begreifen: den tiefen Wandel des Weltbildes. Planck hatte die seit Jahrtausenden als selbstverständlich geltende Behauptung erschüttert, daß die Natur keine Sprünge mache, Einstein hatte die als feste Größen angesehenen 'Tatsachen' Raum und Zeit für relativ erklärt und Materie als 'festgefrorene' Energie erkannt, die Curies, Rutherford und Bohr aber zeigten nun, daß das Unteilbare teilbar, daß das Feste, wenn man ganz genau hinsah, nicht stabil, sondern in ständiger Bewegung und Veränderung war«.[3)]

In diesem ungeheuren Wandel eines Weltbildes, der die Kopernikanische Zeitenwende bei weitem übertraf, sollte ausgerechnet der Glaube von allem unberührt geblieben sein? Dieser christliche Glaube, dessen sittliche Grundlagen und mythische Vorstellungen im Alten Testament bis in die Jungsteinzeit zurückreichen, dessen Stifter ein Zeitgenosse jener Legionen des Augustus war, welche die Grenzen des römischen Weltreiches in Germanien und Britannien, in Mesopotamien und Nordafrika verteidigten? Kann diese Religion, in der sich spätjüdische Glaubensvorstellungen, wie sie vor allem im Kloster von Qumram gehütet wurden, der sittliche Dualismus Zarathustras, Platons Gegensatz von Geist und Körper, vorderasiatische Auferstehungsmysterien und die tiefsinnigen Spekulationen der Gnosis vermischt hatten, kann eine solche Religion den Menschen im Atomzeitalter noch Halt und Kraft geben?

Und wie steht es mit diesem Religionsstifter selbst? Was wissen wir von Jesus? – Es war der Professor für orientalische Sprachen Hermann Samuel Reimarus, der in Hamburg lebte und dort 1768 starb, der zum ersten Male das Leben Jesu geschichtlich zu behandeln versuchte. Mit ihm begann die wissenschaftliche Bibelkritik. Vorher hatte sich kein Mensch darüber Gedanken gemacht. Reimarus hatte sein großes Werk nur als Manuskript unter Freunden herumgereicht. Einer davon war Lessing. Er begann 1774 bedeutende Teile daraus zu veröffentlichen. Albert Schweitzer, der sich Anfang Dezember 1961 öffentlich zum unitarischen Glauben bekannte, hatte 1906 sein großes Werk »Geschichte der Leben-Jesu-Forschung« veröffentlicht, in dem er das Auf und Ab der Forschung in Kritik und Verteidigung zusammenfassend darstellte. Das Ergebnis dieser vielfältigen Bemühungen faßt der evangelische Theologe Günther Bornkamm in die Worte: »Niemand ist mehr in der Lage, ein Leben Jesu zu schreiben. Dies ist das heute kaum noch bestrittene, überraschende Ergebnis einer Forschung, die fast 200 Jahre lang eine außerordentliche und keineswegs fruchtlose Mühe darauf verwandte, das Leben des historischen Jesus, befreit von aller 'Übermalung' durch Dogma und Lehre, wiederzugewinnen und darzustellen. Am Ende dieser Leben-Jesu-Forschung steht die Erkenntnis ihres eigenen Scheiterns.«[4)] Nichts steht mehr fest. Über schwankendem Grunde erhebt sich das stolze, gewaltige Dogmengebäude der Kirchen, Mythen und Legenden umranken farbig seine Fundamente.

Zweifelnd, irre geworden an dem, was jahrhundertelang sichere Überlieferung war, erhebt der Mensch suchend seinen Blick zu den Sternen, als wäre da droben »ein Ohr, zu hören seine Klage«, »ein Herz, sich des Bedrängten zu erbarmen«. Aber der Blick »nach oben« findet auch dort keinen Halt, das Firmament löst sich auf, das Feste schwindet auch hier, und der wissend gewordene Blick schaut in die unendliche Tiefe des Weltenraumes, darin Milliarden Sonnen, Millionen Milchstraßen durcheinanderwirbeln. Ihre Lichter sind wie Blinkzeichen einsamer Schiffe auf dem Weltenmeer. Tief dunkel ist der Raum, und das Licht leuchtet weit durch die Finsternis: Viereinhalb Lichtjahre bis zum Nachbarstern Alpha Centauri, doppelt so weit zum strahlenden Sirius, nach dem Völker der Frühzeit ihre Zeitrechnung bestimmten. Aber das ist ja alles noch Nachbarschaft. Hell leuchtet Antares, doch vierhundert Lichtjahre dauert es, bis sein Glanz in unsere Augen fällt. Vierhundert Jahre – 1560: Tycho Brahe beobachtet die Bahnen der Gestirne, da verließ das Licht den Antares, das uns erreicht. Das kann man sich noch sehr gut vorstellen; jedoch bis zum Andromedanebel sind es siebenhunderttausend Lichtjahre! Verloren im grenzenlosen All schwimmt unsere winzige Erde dahin. Sind wir im All verloren? Sind wir im All geborgen? Was sind wir überhaupt, wir Menschen?

In der Zeitspanne zwischen einer Million Jahren und rund 600000 Jahren betrat der Mensch die Erde und machte sie zum Schauplatz seiner Taten. Wo kam er her, nachdem vor rund zwanzig Millionen Jahrhunderten die Erde ihre feste Gestalt gewonnen hatte? 1856 – also vor rund hundert Jahren – geschah es, daß im Neandertal bei Düsseldorf Knochenstücke gefunden wurden, die schließlich als Zeugen menschlicher Frühformen erkannt werden konnten. Damit begann das Wissen um die Abstammung des Menschen aus höheren Säugetierformen und die Lehre von der Entwicklung des Lebens. Es war »eine der größten geistigen Erschütterungen in der zweiten Hälfte des vorigen Jahrhunderts«.[5)]

Drei Buchtitel stehen als Marksteine dieses geistigen Erdbebens am Beginn der neuen Erkenntnisse: 1859 veröffentlicht Charles Darwin sein Werk »Über die Entstehung der Arten durch natürliche Zuchtwahl«, 1868 erscheint Ernst Haeckels Buch »Natürliche Schöpfungsgeschichte«, 1871 kommt das zweite Werk Darwins heraus: »Die Abstammung des Menschen«. Die Erregung war ungeheuer! Der Schöpfungsbericht der Bibel war radikal in Frage gestellt, damit aber auch die Geltung der Heiligen Schrift als »Gottes Wort«. Der Mensch ist nun nicht mehr »Ton in des Töpfers Hand«, ist nicht mehr unmittelbar von der Hand des göttlichen Schöpfers geformt worden, sondern erscheint auf der Erde als späte Blüte und Frucht einer langen, langen Entwicklung, die mit der ersten Entstehung des Lebens auf der Erde begann. Ist sein Erscheinen Zufall, oder war es angestrebtes Ziel? Sind wir Geworfene in den Abgrund des Seins oder Getragene von der Ordnung des Alls? Oft kann man die törichte Meinung hören, daß das Erscheinen des Menschen gewissermaßen »in letzter Minute«, in den letzten Sekunden des Erdzeitalters, seine Bedeutungslosigkeit bezeuge. Aber ist das richtig gesehen? Wie bedeutungsvoll muß ein Lebewesen sein in seinen

Anlagen und Möglichkeiten, wenn die ganze Entfaltung des Lebens auf der Erde nötig war, um es hervorzubringen!

Aber dieser Mensch, dieses herrliche Kunstwerk der Natur steht gegenwärtig am Rande eines Abgrundes. Er ist sich selbst zum größten Feind geworden, nachdem er in Jahrzehntausenden alle seine anderen Feinde auf der Erde besiegt hat. Durch viele Verwandlungen ist der Mensch auf dem Wege seiner Entfaltung gegangen. Wird ihm die neue, die rettende gelingen? [6)]

Die junge Generation ist sehr skeptisch, kritisch und zweifelnd. Sie hat sich an Sartre und Camus, an Heidegger und Borchert ausgerichtet, und die Botschaft der christlichen Kirchen findet in ihren Herzen wenig Widerhall. Wird sie den Mut zu einem neuen Glauben finden? Zu einem Glauben ohne Christus und ohne Fragwürdigkeiten? Zu einem Glauben ohne Kirche und Priestertum, ohne Heilige Schrift und ohne Religionsstifter?

Gehen wir durch die Straßen unserer Städte, so ruft es uns von den Plakatsäulen zu: »Niemand kommt an Christus vorbei!« Hoch über unseren Köpfen brummt ein Flieger, der eine Reklameschrift im Schlepp hat, und wir lesen: »Auch DU brauchst Christus!« Schlagen wir daheim eine illustrierte Zeitschrift auf, so preist eine ganzseitige Anzeige Christus als Retter und Erlöser.

Wenn so den Menschen unserer Tage eindringlich zum Bewußtsein gebracht werden soll, daß es ohne Christus nicht geht, wie soll dann ein *religiöser* Weg ohne Christus möglich sein? Steckt dahinter nicht die Behauptung, daß ein Glaube ohne Christus für den europäischen Menschen auch ein Glaube ohne Gott ist? Und ein Glaube ohne Gott, ist das noch Glaube, ist das noch Religion? Ist das nicht in Wahrheit nur Atheismus, Gottlosigkeit, Nihilismus? Und gehen nicht Tausende heutzutage diesen Weg des Atheismus und Nihilismus? Beweisen sie nicht durch ihr Dasein, daß es ein sehr gangbarer, ja, ein sehr bequemer Weg ist? Ist es nicht sogar der einzige ehrliche Weg, nachdem ein Glaube an Gott auf Grund unserer wissenschaftlichen Erkenntnisse für redliches Denken nicht mehr möglich ist?

»Halt! Nicht so voreilig!« möchte man da rufen. Die Christusgestalt gehört nur zum Wesen und Kennzeichen *einer* Religion, und zwar eben der christlichen. Gott aber ist Anfang, Mitte und Ziel *jeder* Religion. Aber die Vorstellungen, die sich die Menschen von Gott machen, sind verschieden, und noch die Atheisten, die nicht an Gott glauben, haben bestimmte Vorstellungen dessen, was sie leugnen.

So wie viele und sehr verschiedene Wege auf den Gipfel eines Berges führen können: steil ansteigend, in sanften Windungen, in scharfen Serpentinen, auf breiten, geschützten Pfaden oder einsamen, ungesicherten Steigen –, so führen auch viele Wege zu Gott. Einer davon, eben ein Weg ohne Christus, ist der Weg der Deutschen Unitarier. Es ist ein neuer Weg und ein neuer Glaube, es ist der Glaube einer nachchristlichen Zeit. So müssen sich auch die unitarischen Gottesvorstellungen von den christlichen Gottesvorstellungen radikal, also grundlegend, unterscheiden.

Gedanken über Religion

oder Wenn sommerabends die Sonne versinkt

Ich gehöre zu den Menschen, die sich mitunter Gedanken über etwas machen. Sehr laienhafte Gedanken allerdings. Wie den meisten Menschen, so fehlt auch mir das nötige Fachwissen. So kann ich mich bei den Betrachtungen, die ich anstelle, weder auf Autoritäten berufen, noch kann ich wissenschaftliche Werke zitieren. Der Kenner wird dennoch unschwer erkennen, wo ich jeweils bejahend oder verneinend fremden Gedanken folge, denn meine Gedanken sind nicht original, und meine Überlegungen nicht originell.

In letzter Zeit bin ich in besinnlichen Augenblicken wiederholt auf eine Frage gestoßen, die mich auch früher schon beschäftigt hat, die Frage nämlich: Was ist das eigentlich, ein religiöses Erlebnis?

Bei dem Versuch, darauf eine Antwort zu finden, gehe ich von der Annahme aus, daß die durch Darwin begründete und dann weiter entwickelte Evolutionstheorie eine zureichende Erklärung liefert für die Entfaltung des Lebens auf der Erde. Es ist mir bekannt, daß es da noch Lücken und schwache Stellen in der Beweisführung gibt, aber ich kenne bislang keine bessere Erklärung. Weiterhin gehe ich von der Annahme aus, daß sich das Weltall aus einer Urmaterie – wahrscheinlich Wasserstoff – entwickelt hat. Das soll heißen, daß dabei Prozesse abgelaufen sind, die wir als physikalische, chemische und biologische Gesetze zu erkennen meinen. Damit ist auch klargestellt, daß ich als entschiedener Nichtchrist und überzeugter Unitarier keine Schöpfung durch Gott annehme. Auf diesen Voraussetzungen aufbauend, bin ich der Ansicht, daß der Mensch eine verhältnismäßig späte Erscheinungsform der Entfaltung des Lebens auf der Erde ist und daß somit seine körperlichen Merkmale und Eigenschaften, seine geistigen Fähigkeiten und seine seelischen Möglichkeiten samt und sonders durch diese Entwicklung in ihm angelegt sind. Ich kann also, wenn ich den Menschen meine, nicht von Körper, Geist und Seele sprechen. Da alles anlagebedingt ist, hat auch alles – Körperliches, Geistiges, Seelisches – sowohl die Fähigkeit, sich zu entfalten, als auch die Möglichkeit zu verkümmern. Hinzu kommt das Auftreten körperlicher, geistiger oder seelischer Mißbildungen. Dies ist also der Unterbau, auf dem ich mein Gedankengebäude errichte.

Die Frage, was ein religiöses Erlebnis ist, gliedert sich für mich in vier Einzelfragen:

- Was nenne ich ein Erlebnis?
- Was ist ein religiöses Erlebnis?
- Wann geschieht mir ein solches Erlebnis?
- Was wird in einem religiösen Erlebnis erlebt?

Was nenne ich ein Erlebnis?

Unter einem Erlebnis verstehe ich eine von außen (aus der Umwelt) oder von innen (aus meinem Innenleben) kommende Einwirkung, die in mir Gefühle auslöst. Eine von außen kommende Einwirkung kann alles sein, was mir widerfährt. Es erübrigt sich, dafür Beispiele zu nennen. Damit daraus ein Erlebnis wird, muß ich die Einwirkung nicht nur wahrgenommen und mit meinem Verstand verarbeitet haben, sondern sie muß in mir Gefühle ausgelöst haben. Eine von innen kommende Einwirkung wird im allgemeinen fälschlich ein »inneres« Erlebnis genannt. Fälschlich, weil ein Erlebnis immer ein innerer Vorgang ist. Solche von innen kommenden Einwirkungen entstehen durch meine Gedanken oder meine Erinnerungen. Gedanken an Katastrophen, Bedrohungen, menschliches Leid, meine Kinder in Afrika oder an mein Enkelkind lösen in mir Gefühle aus und werden so zu Erlebnissen. Selbstverständlich werden nicht alle Katastrophenmeldungen, wie ich sie täglich aus Zeitung und Tagesschau erfahre, zu Erlebnissen! Das würde ich nicht lange aushalten! Nur *die* Meldung löst Gefühle in mir aus, die sie gegebenenfalls bis zu starker Erregung steigern könnte. Andere Meldungen lassen mich »kalt«. Innere Einwirkungen erfolgen aber auch durch Erinnerungen. Erinnerungen zum Beispiel an meine Kindheit, an meine kürzlich verstorbene Mutter, an meine Frankreichreise u.a.m. Solche Erinnerungen können fallweise Gefühle auslösen und so zum Erlebnis werden. Mancher könnte versucht sein, hierbei von einem »nachträglichen« Erlebnis zu sprechen. Ich meine aber, so etwas gibt es nicht. Ein Erlebnis ist immer »gegenwärtig«. Die durch die unterschiedlichen Einwirkungen ausgelösten Gefühle sind ebenfalls von unterschiedlicher Art. Sie können heiter, fröhlich, belustigend, Freude weckend oder ernst, traurig, beängstigend, Schrecken weckend sein. Ob ich überhaupt mit Gefühl und wenn, mit welchem Gefühl auf die Einwirkung reagiere, hängt grundsätzlich von meiner Wesensart, im Einzelfall von meiner Stimmung ab. Stimmung ist der Gefühlszustand, in dem ich mich gerade befinde. Dieser Gefühlszustand, der meine Stimmung bestimmt, ist wiederum durch vorhergehende Einwirkungen, zum Beispiel die ganze Atmosphäre meiner Umgebung, bewirkt worden. Der Charakter des Erlebnisses wird also durch mein Gefühl bestimmt, und meine Art zu fühlen ist bestimmt durch meine Wesensart.

Was ist nun für mich ein religiöses Erlebnis?

Ich habe das Erlebnis zurückgeführt auf das Gefühl, und ich habe ausgeführt, daß das Gefühl durch Einwirkungen ausgelöst wird, und schließlich habe ich behauptet, daß die Art des Erlebnisses durch die Art des Gefühls bestimmt wird. Wenn ich also ein Erlebnis, das ich habe, ein religiöses Erlebnis nennen will, dann muß das Gefühl, das dieses Erlebnis prägt, ein religiöses Gefühl sein. Das würde bedeuten: Nicht das Erlebnis als solches ist schon religiös, es wird erst religiös durch das ausgelöste religiöse Gefühl. Die Frage stellt sich folglich: Was verstehe ich unter einem religiösen Gefühl?

In dem breiten Spektrum aller möglichen Gefühle muß das religiöse Gefühl als solches bestimmbar sein durch kennzeichnende Eigenschaften, die es unterscheidbar machen von ästhetischen, ethischen, erotischen, rechtlichen und anderen Gefühlen. Die Festsetzung dieser kennzeichnenden Eigenschaften erscheint willkürlich. Für das wichtigste Kennzeichen eines religiösen Gefühls halte ich seine grenzüberschreitende (transzendierende) Eigenschaft. Es ist dies ein in Worten nur schwer ausdrückbares Empfinden des »Aus-sich-Heraustretens«, des »Die-Grenzen-des-Ichs-Überschreitens«, ein Empfinden, als hätten alle Sinneswahrnehmungen aufgehört. Es ist das Empfinden eines »Raumlosen«, in das ich versinke. Ein Zustand jedenfalls, während dessen Dauer kein Denken geschieht. Ein solches Gefühl, das auch noch gekennzeichnet wird durch außergewöhnliche Tiefe und Stärke (Intensität), ruft aber in mir nicht den Eindruck hervor, ich würde in ein Leeres, ein Nichts, ein Unbekanntes fallen oder gar stürzen. Vielmehr läßt es in mir ganz nachhaltig den Eindruck entstehen, ich sei mit einem Übermächtigen, Allgewaltigen eng verbunden, ich sei in einen Zusammenhang des Ganzen eingefügt. Das als religiös zu bestimmende Gefühl erhält so neben seinem transzendierenden Charakter auch die kennzeichnenden Eigenschaften der Einung (Zusammenhangserlebnis) und des Geborgenseins.

Wenn die äußere oder innere Einwirkung Gefühle des Schreckens hervorruft, dann erhält das als religiös zu erklärende Erlebnis den Charakter der Angst. In mir selber sind allerdings bisher Gefühle der Angst noch nie zu einem religiösen Erlebnis geworden. Ich wage daher die Behauptung, daß es zum Wesen eines religiösen Erlebnisses gehört, Vertrauen zu wecken, und daß daher die Angst ein religiöses Erlebnis gar nicht aufkommen läßt. Ich räume aber ein, daß dies bei den einzelnen Menschen unterschiedlich sein kann. Es würde also von der Wesensart des jeweiligen Menschen abhängen, inwieweit die Angst ein Teil seines religiösen Gefühls ist. – Zusammenfassend möchte ich sagen: Mein Gefühl ist ein religiöses Gefühl, wenn in ihm die Empfindungen des Transzendierens, der Einung (des Zusammenhangs) und der Geborgenheit wirksam sind. Ein Erlebnis wird mir zu einem religiösen Erlebnis, wenn es von diesem religiösen Gefühl geprägt wird.

Wann geschieht mir ein solches, als religiös bestimmtes Erlebnis?

Die Antwort hierauf ist leicht. Ein Erlebnis ist an keine Stätte und an keine Zeit gebunden. Es kann überall und zu jeder Zeit sich ereignen, wie es ebenso überall und jederzeit sich nicht ereignet. Ich kann zum Beispiel achtmal einen farbenprächtigen Sonnenuntergang sehen. Aber nur zweimal wurde er mir zum Erlebnis, und nur das eine Mal steigerte es sich in mir zu einem religiösen Erlebnis. Die Einwirkungen sind unzählig und mannigfaltig und höchst unterschiedlich, und es gibt für mich keine Trennung in einen sakralen und einen profanen Bereich. Da aber, wie ausgeführt, ein Erlebnis erst durch das Wecken des religiösen Gefühls zu einem religiösen Erlebnis wird, ist entscheidend allein die Erlebnisbereitschaft des jeweiligen Menschen. Anders ausgedrückt: Es kommt auf die innere Gestimmtheit des betreffenden Menschen an, ob er überhaupt etwas erlebt und ob dadurch sein religiöses Gefühl angesprochen wird. Ich gehe zum Beispiel oft im Walde spazieren. Aber nur hin und wieder geschieht es mir, daß ich ganz plötzlich stehenbleibe und mich einer Einwirkung hingebe, die tiefe und starke Gefühle in mir hervorruft. Durch mein Gefühl kann dann diese Einwirkung zu einem religiösen Erlebnis werden. Dies führt nun zu der vierten und schwersten Frage:

Was wird eigentlich bei einem religiösen Erlebnis erlebt?

Mit dieser Frage meine ich nicht den Gegenstand oder das Geschehen, der oder das als Einwirkung ein Gefühl auslöst und so zu einem Erlebnis führt, sondern ich versuche dahinterzukommen, was das Religiöse dabei ist. Als Beispiel wähle ich eine Erscheinung, die von sehr vielen Menschen durch die Zeiten hin immer wieder mit einem religiösen Erlebnis in Verbindung gebracht wird, nämlich das Abendrot.

Immer hat die Abendröte Menschen fasziniert. Aus Kindertagen klingt in mir das Lied von der goldenen Abendsonne, und der kleine Prinz liebte die Sonnenuntergänge, wenn er traurig war. Zwar ist die Morgenröte die gleiche Naturerscheinung, aber der Mensch ist morgens in einer anderen Gestimmtheit als abends. Das Morgenrot, das zum frühen Tod leuchtet, setzt eine Gestimmtheit voraus, die nur unter außergewöhnlichen Umständen vorhanden ist. Im allgemeinen ist Morgenstimmung lebensbejahend, hoffnungsvoll. Ein neuer Tag beginnt! Wohingegen Abendstimmung verbunden ist mit Feierabend, Ruhe, Müdigkeit, Entspannung, Ende des Tages, Beginn der Dunkelheit, Lebensabend. Ich schaue aus dem Fenster und sehe den westlichen Horizont zu dieser Stunde eines winterlichen Spätnachmittags rot erglühen wie ein Flammenmeer. Dieser Eindruck wird hervorgerufen durch die Brechung der Lichtstrahlen, die in einem bestimmten Winkel die Wolkenränder treffen. Es ist ein physikalischer Vorgang, der wissenschaftlich beschreibbar ist. An dem Vorgang selbst ist nichts schön, erhaben oder gar göttlich. Nur der Mensch kann im Anblick dieses physikalischen Geschehens darin etwas Schönes, Erhabenes, Göttliches sehen. Das Schöne, Erhabene, Göttliche liegt also nicht im Sonnenuntergang, sondern im Gefühl des Menschen, der durch dieses Schauspiel angesprochen, angerührt, bewegt, erregt wird. Der Mensch legt seine Empfindungen in die Erscheinungen hinein und gibt ihnen die Prädikate, die in seinem Gefühl ausgelöst wurden.

Was ist nun das Religiöse bei diesem Vorgang?

Bevor ich das hier angesprochene Problem zu erhellen versuche, will ich kurz darlegen, was ich mit den Wörtern »Religion« und »religiös« meine. Ich beziehe mich hierbei auf das am Anfang Ausgeführte. Religiös, musisch, technisch, mathematisch u.a.m. sind darnach anlagebedingte Fähigkeiten des Menschen. Grundsätzlich hat jeder alles; praktisch hat der eine mehr diese, der andere mehr jene Fähigkeit stärker ausgebildet mitbekommen; ist bei einem dieses, beim andern jenes besonders verkümmert. Hier spielt das Gegeneinander von Erbwelt und Umwelt eine wichtige Rolle. So wie alle Kunst aus den musischen, alle Technik aus den technischen Anlagen des Menschen hervorgegangen ist, so ist auch alle Religion aus seiner religiösen Anlage entstanden. Wohl liegen die Anfänge zu allem in früher Vorzeit. Aber abgesehen davon, können wir alle das Entstehen neuer Religion aus der Religiosität der einzelnen Menschen mitten unter uns und – durch Berichte – auch in anderen Ländern beobachten. Übereinstimmende oder auch nur sehr ähnliche religiöse Gefühle und Erlebnisse führen dann zu Zusammenschlüssen.

Überall da, wo die Menschen bereits durch Eltern und Vorfahren in einer bestimmten Religion aufwachsen, werden die Inhalte ihrer religiösen Erlebnisse durch die von Kindheit an vermittelten Vorstellungen geprägt. Man kann nur erleben, was man kennt. So hat zum Beispiel ein Indianer Manitu, ein Grieche Athene, ein Chinese früher Zeit das Tao erlebt. Ein Hindu wird vielleicht Schiwa oder Indra, ein Moslem die Huris oder gar Allah, ein Katholik die Jungfrau oder Christus oder einen Heiligen, ein Protestant den Heiland oder Gott, ein Unitarier die All-Einheit erleben. Ich wiederhole: Jeder erlebt das, was in ihn hineingelegt wurde oder womit er sich eingehend befaßt hat. Der Wahrheitsgehalt des Erlebnisses ist wegen seiner Unmittelbarkeit in seiner Echtheit unbezweifelbar, aber subjektiv, also nicht **beweisbar, nicht mitteilbar.** Man kann sein Erlebnis beschreiben, sogar lebhaft und sehr anschaulich, aber es ist nicht nachprüfbar. Wer ein religiöses Erlebnis gehabt hat, bedarf keines Beweises; wer keins hat, kann es durch Berichte nicht vermittelt bekommen. Ob die Gottheit im Erlebnis als gegenwärtig erfahren wird oder nicht, ist nicht von Bedeutung. Von Bedeutung ist allein die Stärke (Intensität) des Gefühls, das den Erlebenden »ergreift« und »überwältigt«. Da sich alles Erleben im seelischen Bereich des Menschen abspielt, ist das Erleben der Gegenwart Gottes kein Beweis für seine Existenz. Die Frage, ob ein Mensch wirklich »Gott« erlebt hat oder sich das nur einbildet, ist müßig. Es gibt in *diesem* Zusammenhang keine »eingebildeten« Erlebnisse, keine »Selbsttäuschungen«, sondern jedes Erlebnis überzeugt den

Erlebenden durch seine Stärke. Was ist »Wahrheit«? Die Stärke des Gefühls!

Für so tief erlebte »Wahrheiten« sind Menschen in den Tod gegangen.

Was also wird nun eigentlich bei einem religiösen Erlebnis erlebt? Der Mensch erlebt sich selbst in der Tiefe seines Wesens.

Freiheit und Bindung

Von der inneren Freiheit

Von Freiheit zu sprechen, über Freiheit zu reden, ist leicht, und die Gefahr ist gegeben, daß dieses hohe Wort seinen Wert verliert und zu einer abgegriffenen Münze wird, wenn es im Meinungsstreit des Tages wie ein Ping-Pong-Ball von der einen Partei zur anderen geworfen wird. Keiner will auf Freiheit verzichten; niemand wird wagen zu sagen, er sei gegen die Freiheit; aber jeder meint eine andere Freiheit. Freiheit zum Menschsein verlangten die Sklaven und Leibeigenen vergangener Jahrhunderte – in Mecklenburg endete die Leibeigenschaft erst im Anfang des 19. Jahrhunderts! Der Ruf nach Freiheit der Forschung beendete das Mittelalter und führte die Neuzeit herauf. Die Freiheit des Bürgers gegenüber Eingriffen der Obrigkeit und der Organe des Staates gehört seit der französischen Revolution zu den menschlichen Grundrechten. Die Freiheit des Glaubens ist seit den Tagen der Aufklärung eine auch im 20. Jahrhundert noch nicht völlig erfüllte Forderung. Die Freiheit im Bereich der Wirtschaft und der Arbeit ist ein Gebot des Liberalismus. Schließlich ist unsere Gegenwart erfüllt von dem Ruf nach dem freien Wochenende. So ändern sich die Wünsche.

Die Entwicklung zeigt eine ständige Zunahme und Ausweitung der Freiheit für den einzelnen, sie zeigt aber auch die Doppelnatur des Begriffes »Freiheit«. Die eine Seite ist der Wunsch, frei zu sein von äußerem Zwang. Dies ist im größten Ausmaß der Fall bei dem Sklaven. Bei der Wissenschaft beispielsweise ist es der Wunsch, frei zu sein von religiös-dogmatischen und staatlich-ideologischen Vorschriften. Die andere Seite der Freiheit aber ist der Wunsch, ungehindert etwas tun zu dürfen, zum Beispiel zu forschen und nach Erkenntnis zu streben oder eigene Glaubensanschauungen zu vertreten und zu verkünden oder Handel zu treiben und den Arbeitsplatz zu wechseln.

Das heißt aber: Die eine Seite der Freiheit, nämlich die Befreiung von äußerem Zwang, wird erst sinnvoll durch die andere Seite, die sie ergänzt, nämlich durch die dadurch gewonnene Möglichkeit zu ungehindertem Tun. Ist die zweite Seite, das Tun, nicht möglich ohne die erste Seite, welche die Fesseln löst, so wird die erste Seite sinnlos in vollem Sinn dieses Wortes, wenn ihr nicht die zweite Seite als Tat folgt. Ja, ich möchte sogar sagen: Erst das Verlangen, etwas frei und unbehindert tun zu dürfen, gibt der Forderung, von einengenden und störenden Fesseln befreit zu werden, eine Berechtigung. Wer nicht schon vorher weiß, was er mit der gewonnenen Freiheit anfangen will, hat kein Recht, solche Freiheit zu fordern. Zwei Beispiele: Wer gar nicht die Absicht hat, für seine freie Glaubensanschauung jederzeit öffentlich einzutreten und sie zu verkünden, braucht die Glaubensfreiheit nicht zu fordern; denn die still gehegten, nie geäußerten Gedanken kann doch niemand verbieten. – Und das andere Beispiel: Wer mit dem freien Wochenende nichts anzufangen weiß und am Sonnabend auf eigene Rechnung arbeiten geht, scheint eines freien Sonnabends auch nicht zu bedürfen.

Mit Bedacht habe ich bisher von Zwang und Fesseln, von Vorschriften und von Behinderung gesprochen und das Wort »Bindung« vermieden; denn Bindung ist etwas ganz anderes. Der Schifahrer zum Beispiel weiß sehr wohl, daß ihm erst die richtigen Bindungen die Möglichkeit zu sausender Talfahrt geben. Bindungen haben für die Menschen etwa die gleiche Bedeutung wie Wurzeln für die Pflanzen. Eine Pflanze, die man von ihren Wurzeln trennt, verkümmert. Ein Mensch, der sich aus allen Bindungen löst, treibt haltlos im Strom der Zeit. Eine kleine Zeitungsnotiz liefert ein sehr anschauliches Beispiel für das, was hier gemeint ist. Im Kieler Hafen hatten einmal in einer Nacht einige bezechte junge Burschen einen der Fördedampfer von seinen Haltetauen gelöst. Sehr bald kam das Schiff, von den Wellen bewegt, vom Ufer ab und trieb dann hilflos und steuerlos, Wind und Strömung preisgegeben, auf dem Wasser umher, bis es von der Wasserschutzpolizei eingefangen wurde. Dieser Dampfer war von allen Bindungen gelöst, aber er war nicht frei; im Gegenteil: Er war jedem beliebigen Druck und Stoß und Zwang schutzlos ausgeliefert. So ähnlich geht es auch dem Menschen. Versucht der Mensch, sich von seinen Bindungen an Eltern und Ahnen, an Heimat und Volk, an Sprache und Geschichte, an Sitte und Recht und an den göttlichen Grund des Seins zu lösen, dann irrt er steuerlos und richtungslos umher, dem Treibholz des Meeres gleich, bis er an den Ufern von Gesellschaft und Gesetz schiffbrüchig strandet und schließlich von der Polizei aufgegriffen wird.

Kehren wir noch einmal zurück zum Bild des Schiffes. Unter

der festen Hand des Kapitäns trotzt das Schiff allen äußeren Gewalten von Wind und Wellen und kann aus innerer Bindung an Kompaß und Steuer sich seinen Weg über das Meer frei wählen.

Wenden wir uns vom Beispiel des Schiffes ab und zum Menschen hin, wobei wir uns bewußt sind, daß wir Mensch und Schiff nur als ein Gleichnis nehmen, so dürfen wir doch sagen: Nur *der* Mensch, der sich gebunden weiß an Erbe und Gemeinschaft und an den göttlichen Urgrund des Lebens, kann Freiheit von äußerem Zwang fordern, weil er weiß, wozu er seine Freiheit gebrauchen kann. Freiheit ist also nicht Bindungslosigkeit. Dieser Irrtum oder diese Verwechslung tritt aber in unseren Tagen immer häufiger auf, besonders bei der jüngeren Generation. Verführt durch eine bestimmte Modephilosophie meint der junge Mensch oft, er sei gleichsam ohne Eltern ins Leben getreten, gewissermaßen wie vom Himmel gefallen, und alles, was früher war, ginge ihn nichts an. Er meint dann, das, was er fälschlich für Freiheit hält, nämlich seine Bindungslosigkeit, könne er nur bewahren, wenn er keine Bindungen anerkennt und sich hütet, neue Bindungen einzugehen. So steht er beziehungslos in seiner Umwelt und hat keinen Bezug zu Bund und Kameradschaft, zu Ehe und Familie, zu Gemeinschaft, Volk und Staat.

Die tiefste und letzte Bindung aber ist die Bindung an Gott, diese letzte Wirklichkeit und ewig schöpferische Wirkmacht, diesen Urgrund des Seins und Urquell des Lebens. Das Fremdwort »Religion« wird meistens mit »Bindung« übersetzt, es ist in diesem Zusammenhang ganz gleichgültig, ob diese Übersetzung sprachlich richtig ist oder nicht; denn sachlich trifft sie genau das, was gemeint ist. In jeder Religion geht es um das Verhältnis des Menschen zum Göttlichen, um jene Bindung an ein Letztes, das Tiefstes und Höchstes zugleich ist. In jedem Glauben spricht sich ein Vertrauen aus, das sich geborgen weiß.

Wie ist nun das Verhältnis von Bindung und Freiheit hier im Bereich der Religion? Ich habe vorhin gesagt: Freiheit heißt nicht Bindungslosigkeit. Ich sagte soeben: Religion ist die Bindung des Menschen an Gott. Die Frage ist: Kann es dort, wo es um diese letzte Bindung geht, noch Freiheit geben? Die Antwort ist ein klares Ja. Es kann nicht nur, es muß sogar im Glauben Freiheit sein. Wie aber verträgt sich diese Forderung nach Freiheit des Glaubens mit dem Wissen um die

Bindung des Menschen an Gott? Die Antwort ergibt sich aus allem, was bisher gesagt worden ist. Bindung ist das Natürliche, Organische, Wurzelhafte, das nicht aufgegeben werden kann, ohne daß man selber schweren Schaden nimmt. Bei der Freiheit aber ging es um ein Zweifaches, um ein Freiwerden von äußerem Zwang und ein Freisein zur Tat. Der Zwang im Glauben liegt begründet in den Organisationen und kirchlichen Einrichtungen, in Glaubensartikeln und heiligen Büchern. Die Freiheit im Glauben liegt darin, daß der Mensch, von allen solchen äußeren Formen und Institutionen frei, seine eigene Glaubensanschauung nicht nur leben, sondern auch verkünden kann. Hier nun beginnt die Freiheit des Glaubens, die also nicht ein Freisein *von* allem Glauben meint, sondern immer das Freisein *zum* Glauben und das Freisein *im* Glauben.

Alle Menschen suchen Gott. Gott ist das Ziel aller Glaubenswege und die Mitte aller Religionen. Er ist das All-Eine und Einzige, das all-eine Göttliche, das sich so vielfach offenbart. So wie – nach einem alten Bilde – der eine Mond am Himmel sich spiegelt in zahllosen Seen, Teichen, Bächen und Pfützen und alle diese zahlreichen Gewässer, Flüsse und Tümpel nur den einen Mond widerspiegeln, so wird die letzte Wirklichkeit und der Urgrund des Seins als das eine Göttliche oder der eine Gott in allen Religionen der Menschheit verehrt. So wie das eine Sonnenlicht sich in den sieben Farben des Regenbogens bricht und doch jede Farbe ein Teil des Sonnenlichtes ist, so strahlt und leuchtet die eine göttliche Wahrheit in vielfachem Widerschein aus allen Religionen. So wie viele Wege zur Spitze eines Berges führen, so führen auch viele Wege zu Gott; das Ziel bleibt das gleiche: der Gipfel – Gott.

In einem altindischen Text, der einige Jahrhunderte vor Beginn unserer Zeitrechnung verfaßt wurde, spricht Gott:

»In welcher Weise auch ein Mensch mir naht,
ich teile voller Liebe mich ihm mit;
auf welcher Spur er irrend sucht, sie ist
von mir gewiesen und sie führt zu mir.
Denn ich bin aller Opfer Herr; in welchem Tempel auch
sie gläubig beten, mich erfreut ein jeder fromme Brauch.
Wer mich, den eingeborenen Gott der Welt,
anbetet, an der *Einheit* fest sich hält,
wo er auch lebe, was er tut und treibt,
er lebt in mir, und nie soll er von mir verlassen sein.«

Neben diese äußere Freiheit, die also das Leben, Handeln und Verkünden nicht behindert, tritt dann als Krönung und Vollendung die innere Freiheit. In ihr erhebt der Mensch sich über allen äußeren Zwang und alle Not. Hier, in der inneren Freiheit, lebt der Mensch aus der Kraft, die ihm aus jenen Tiefen zufließt, darin er sich in Gott gebunden weiß. Diese innere Freiheit ist es, aus der heraus der Mensch zum Blutzeugen der Idee, zum Märtyrer seines Glaubens wird. In ihr kommt menschliche Gläubigkeit zur vollen Reife und entfaltet in den Gefangenenlagern totalitärer Systeme, in denen Kerkern der Inquisition und im Schatten der Tyrannen ihre schönsten Blüten. Diese innere Freiheit wächst in den Herzen der Menschen um so stärker, je mehr die äußere Freiheit schwindet. Wird der Druck schließlich so stark, daß keine freie Regung mehr nach außen dringt, dann wird der Gottesfunke im Herzen des Menschen zur lodernden Flamme, die alles Schwächliche, Zagende und Zweifelnde verbrennt, so daß allem Terror ein festes »Dennoch« entgegengesetzt wird. Hier gewinnt der Mensch die Kraft, alle Entscheidungen aus innerer Freiheit zu treffen.

Eines der schönsten Beispiele dafür ist der Tod des Sokrates. Als dieser schlichte und einfache weise Mann im Alter von 70 Jahren von den Athenern angeklagt worden war, daß er die Jugend verführe und die Götter schmähe, und 399 Jahre vor Beginn unserer Zeitrechnung vom Geschworenengericht zum Tode verurteilt worden war, da hat er lächelnd alle Vorbereitungen zur Flucht, die seine Anhänger getroffen hatten, von sich gewiesen. So wie er bei seiner Verteidigung auch angesichts des drohenden Todes nichts tun wollte, was eines freien Mannes unwürdig wäre, so lehnte er es aus Achtung vor dem Gesetz ab, sich der Vollstreckung des Urteils zu entziehen. Ruhig und heiter trank er im Kreise seiner Getreuen den Giftbecher. Ebenso gelassen und gefaßt hat im Jahre 65 der fast siebzigjährige Philosoph Seneca das Todesurteil des Tyrannen Nero an sich selbst vollzogen und gleich Sokrates bis zuletzt den Freunden Mahnungen und Rat mit auf den Weg gegeben. Es ist die gleiche innere Freiheit, die in unseren Tagen einen Dietrich Bonhoeffer befähigte, noch in den Zellen der Gestapo den Entwurf einer Arbeit »Was ist eigentlich christlicher Glaube?« zu schreiben.

An diesen drei Beispielen – die leicht beliebig vermehrt werden können – zeigt sich vor allem eins: wie eng Freiheit und Bindung zusammengehören. Nur aus der unerschütterten Bindung an den göttlichen Urgrund des Seins wächst die innere Freiheit zur letzten Bereitschaft. In freier, unitarischer Gläubigkeit kann den Menschen das Bewußtsein erfüllen, daß sein Wesen Gottes Wesen ist und Gottes Grund sein Grund. Aus einer solchen Glaubensschau können wir dann mit Goethe bekennen:

»Ich glaube, daß wir einen Funken jenes ewigen Lichtes in uns tragen, das im Grunde des Seins leuchten muß und welches unsere schwachen Sinne nur von Ferne ahnen können. Diesen Funken in uns zur Flamme werden zu lassen und das Göttliche in uns zu verwirklichen, ist unsere höchste Pflicht.«

Einfachaussage: Was ist unitarische Religion?

Unitarische Religion ist der Glaube, daß *eine* Kraft das Weltall hervorgebracht hat, es durchdringt und erhält.

Diese Kraft wirkt in allen Erscheinungen der Natur, so auch im Menschen und durch den Menschen.

Der Unitarier fühlt sich als Teilhaber dieser Kraft, die er »göttlich« nennt, und dadurch als verantwortlicher Mitgestalter der Zukunft.

Durch seine Teilhabe am Göttlichen fühlt sich der Unitarier geborgen im Leben und im Sterben.

In seinem Handeln richtet sich der Unitarier nach dem Gefühl seines selbständigen Gewissens.

II. Religion in Zeiten und Ländern

Das Tier im Glauben der Menschen

»Rund 100 Millionen Jahre sind vergangen, seit die ersten affenähnlichen Wesen auf der Erde erschienen.« Kaum größer als Katzen, »stellten sie die höchste Form des Lebens dar (Primaten)«. Rund 3 Millionen Jahre sind vergangen, seit »die ersten Lebewesen eine so hohe Entwicklungsstufe erreicht haben, daß wir sie als Menschen bezeichnen müssen«.[7)]

Der Hinweis auf diese Zahlen soll die Dauer im Prozeß der Menschwerdung anschaulich machen. Aufrechter Gang, Geschicklichkeit der Hände und vor allem die Entwicklung des Gehirns waren die drei wichtigsten Ergebnisse der Evolution, mit deren Hilfe der Mensch sich gegen eine übermächtige Umwelt behaupten konnte. Durch die zunehmende Funktionsfähigkeit des Gehirns begann der Mensch zu staunen, wahrzunehmen, zu prüfen, zu überlegen, zu denken, begann er, die Geschicklichkeit der Hand zu nutzen, um Waffen und Werkzeug und künstlerische Gebilde zu fertigen, konnte er Pläne machen für Jagd, Wohnung, Kleidung und Nahrung. Er lernte Sprache, Lachen und Weinen und seine Gefühle zu empfinden. Was seine Gefühle am nachhaltigsten beschäftigte, waren die Tiere. In dem engen Miteinander des Tieres und dem seiner Tierheit soeben entwachsenen Menschen, der – jagend und fressend wie seine Mitwesen – für seine Nahrung auf die Tiere angewiesen war, mußte das Tier eine beherrschende Stellung einnehmen.

In der zweiten Hälfte der Altsteinzeit, im Aurignacien, finden sich die ersten eiszeitlichen Höhlenmalereien, die der Cro-Magnon-Mensch ausgeführt hat. Die Höhlenzeichnungen und Felsbilder finden sich fast über die ganze Erde verteilt. Immer sind Tiere das Hauptmotiv. Zu Altelefanten und Höhlenbären gesellen sich im Laufe der Zeit Mammut, wollhaariges Nashorn, Wildpferd, Ur, Ren, Edelhirsch, Moschusochse, Bison, Steinbock, Gemse und andere. Die Malereien zeigen ebenso wie die Ritzungen in Elfenbein, auf Geweihknochen und in Stein überall Tiere, Tiere, Tiere. Die wenigen Menschengestalten sind entweder eindeutig Jäger oder sie sind Menschen im Tierfell, das heißt in Tiergestalt.[8)]

Diese Gestalt in Tierform mit menschlichen Merkmalen ist für unsere Betrachtung allein bedeutsam. Sind die Darstellungen Jagdzauber oder Kulttänze? Ist es der Medizinmann (Zauberer, Schamane) oder der »Herr der Tiere«? Spätere Erscheinungen in den Religionen der Völker erlauben Rückschlüsse. Ich bin der Meinung, daß die Deutung als Jagdzauber sinnvoll ist, weil der Glaube des Frühmenschen jahrzehntausendelang durch eine magische Weltschau geprägt worden ist. Diese magische Religion war als Religion der Megalithkultur wohl die erste Weltreligion. Ich räume aber ein, daß nicht alle bildlichen Darstellungen als Jagdzauber gedeutet werden müssen.

Die Deutung als »Jagdzauber« und der Glaube an ein göttliches Wesen als »Herr oder Herrin der Tiere« schließen sich nicht aus, sondern ergänzen sich. Gehen wir von der Annahme aus, daß der zum Bewußtsein seiner selbst erwachende Mensch alle seine »seelischen« Empfindungen nach außen projiziert, dann wird er auch in das Tier eine »Seele« legen und ihm alle seine Empfindungen in überhöhtem Maße zusprechen. So wie er für sich selbst göttliche Wesen erschafft als unheimliche Gewalten und als schützende und helfende Kräfte, so glaubt er, daß auch Tiere ihre Schutzgötter haben. So ist ein Gott als »Herr der Tiere«, eine Göttin als »Herrin der Tiere« die vielleicht schönste Ausbildung religiösen Erlebens. Dieser Glaube ist über die ganze Erde verbreitet gewesen. Jede Tiergattung hat ihren eigenen Schutzherren. Es handelt sich dabei meist um Tiere, die der Mensch für seine Nahrung jagt oder die er verfolgt, weil sie ihm gefährlich sind. Der Gott schützt nun seine Tiere vor dem Menschen. Da aber der Mensch Tiere töten muß, um leben zu können, ergibt sich ein Zwiespalt, der auf folgende Weise gelöst wird: Die Menschen bitten in kultischen Tänzen und beschwörenden Riten den Gott, er möge ihnen günstig gesinnt sein und ein Tier zur Tötung freigeben. Ist der Gott erzürnt, so haben die Menschen lange Zeit kein Jagdglück; ist er versöhnt, so schickt er ihnen Büffel, Ren, Bären, Gemsen, Elefanten, Wale, was immer jeweils das Übliche ist. Dieser Glaube ist mit einem strengen ethischen Gebot verbunden. Es ist den Menschen verboten, mehr Tiere zu erlegen, als zur Nahrungsbeschaffung notwendig ist. Der Jäger, der dagegen verstößt, verunglückt bei der Jagd tödlich. Auf diese Weise ist die ausreichende Erhaltung der jagdbaren Tiere gesichert.

Gehen dem Beginn der Jagd beschwörende Bitten an den Gott und kultische Tänze, die – vielleicht – das Wild herbeilocken sollen, voraus, so folgt in fast allen Naturreligionen auf der ganzen Erde der Erlegung des Wildes ein großes Versöhnungsfest, um die Seele des Tieres davon abzuhalten, Rache zu nehmen. Die Feiern dauern oft mehrere Tage. Das tote Tier, repräsentiert durch vollständiges Fell mit Kopf, wird geschmückt, ehrfurchtsvoll behandelt, ihm wird Speise vorgesetzt, und in vielen Fällen werden seine Knochen sorgsam gesammelt und bestattet. Dieser Brauch hängt mit dem Glauben an die »Auferstehung« des Tieres zusammen. Da immer wieder die gleichen Tiere auftauchen, sooft auch eins von ihnen erlegt wird, glaubte man, daß das tote Tier leibhaftig in seiner Gattung weiterlebt. In den feierlichen Totenzeremonien für das erlegte Tier wird seine Seele gebeten, keine Rache zu nehmen, sondern den anderen Tieren zu berichten, daß man es gut behandelt habe.

Für die Bittgebete an das erlegte Tier zwei Beispiele:

Nachdem die Frauen der Indianer Brasiliens den toten Jaguar geschmückt haben, weinen sie und sagen:

> »Ich bitte dich, nicht an unseren Kleinen Rache zu nehmen, weil du durch deine eigene Unwissenheit gefangen und getötet worden bist. Denn nicht wir waren es, die dich getäuscht haben, du selbst warst es. Unsere Männer haben nur die Falle gestellt, um Tiere zu fangen, die gut zu essen sind. Sie haben nie daran gedacht, dich darin zu fangen. Laß darum deine Seele deinen Gefährten nicht den Rat geben, deinen Tod an unseren Kleinen zu rächen.«[8)]

Sehr ähnlich ist der Trauergesang um den toten Elefanten bei den Gabun-Pygmäen:

> »Unsere Speere haben sich verirrt, o Vater Elefant!
> Wir wollten dich nicht töten.
> Wir wollten dir nichts antun, o Vater Elefant!
> Nicht unsere Krieger beendeten dein Leben.
> Das Schicksal entschied, daß deine Stunde gekommen ist.
> Drum kehre nicht zurück, unsere Hütten niederzustampfen.
> O Vater Elefant!«[8)]

Als Folge seines aufrechten Ganges kann der Mensch auch »nach oben« blicken. Damit kommt der »Himmel« in sein

Bewußtsein, und je mehr seine Gedanken sich mit ihm beschäftigen, der wie ein Zelt oder Gewölbe die Erde überspannt, um so mehr kreisen auch seine religiösen Vorstellungen um den Himmel. Wieder sind es zunächst Tiere, die als Mittler zwischen Himmel und Erde, zwischen Mensch und Gottheit auftreten. Es sind natürlicherweise zuerst die Vögel, die in der Luft herumfliegen und seinen Blicken entschwinden. Sie übernehmen als »Boten des Himmels« und der Gottheit oder in anderer Richtung als Träger und Geleiter der Seele, als »Seelenvogel«, eine wichtige Rolle. Die Vorstellung von einem »Seelenvogel« gehört wohl zum frühesten Glaubensgut des Menschen. Man hat das runde Loch in Steinzeitgräbern so gedeutet, und in der hochentwickelten Religion Altägyptens ist es »BA«, der als vogelgestaltige Totenseele verehrt wird. Später treten auch andere Tiere als Mittler auf, je mehr ihnen göttliche Wesenheit zugesprochen wird.

Das Tier wird zur Gottheit oder zum gefürchteten Dämon. Die Tiere, die in den religiösen Vorstellungen eine bevorzugte Stelle einnehmen, sind: Pferd – Stier – Löwe/Panther/Jaguar – Fuchs – Schlange – Adler/Falke und Wal, aber auch Kuh und Hund/Schakal. Die schöpferische Phantasie des Menschen gebiert Fabelwesen, die aus verschiedenen Tieren oder aus Tier und Mensch zusammengesetzt sind. Dies sind der Drache, das Einhorn, der Phönix und die Sphinx. Ein Beispiel dafür ist die weit verbreitete Vorstellung vom Drachen. Einige haben gemeint, daß die Drachen aus der Erinnerung an urzeitliche Tiere hervorgegangen sind. Aber der Mensch hat diese Tiere ja nicht erlebt. Sälzle[8)] nimmt daher an, daß sie Ausgeburten der Angst sind. Dazu paßt allerdings kaum, daß die Drachen in China gute, freundliche und helfende Wesen sind, die auch beschützende Funktionen haben (der »Drachenthron«), wohingegen die Drachen des Abendlandes eindeutig böse Mächte verkörpern, die bekämpft werden müssen(der »Drachentöter«).

Wie innig der Mensch seine Verwandtschaft mit dem Tier empfand, das zeigt sich auf vielfache Weise. Da sind die sprechenden und helfenden Tiere, die den richtigen Weg zeigen oder dem Menschen sonstwie beistehen. Da sind die Tiere, die als Kulturbringer erscheinen. Der Adler zeigt den Eskimos, wie man Feste feiert, der Hirsch lehrt den Ackerbau, der Fuchs hilft nach einer japanischen Legende beim Schmieden eines Schwertes. [8)]

So hat einst der Mensch die ihm allein eigene Fähigkeit, Waffen und Werkzeug zu fertigen, den Acker zu bestellen und Feste zu feiern, als Gabe der Tiere empfunden, weil sie ihm klüger und mächtiger erschienen.

Die empfundene Wesensgleichheit von Mensch und Tier kommt noch stärker zum Ausdruck in den Vorstellungen von Ehen zwischen Tier und Mensch, aus denen Kinder hervorgehen. Viele Mythen berichten auch von einer »übernatürlichen« Empfängnis; die Frau gebiert ein Kind, nachdem ein Tier in ihren Leib eingegangen war. Das berühmteste Beispiel ist die Geburt Buddhas. Sollte auch die Empfängnis Marias so gedeutet werden können? Der heilige Geist erscheint in Gestalt einer weißen Taube. Das führt uns zur besonderen Bedeutung der weißen Farbe. Biologisch gesehen sind weiße Tiere Albinos und selten. Ihre Seltenheit und der magisch-symbolische Charakter des Weiß begründen ihr Ansehen. Es sind immer weiße Tiere (Elefant, Yak, Löwe), die bei einer Empfängnis mitmirken, und Zeus schwängerte Leda als weißer Schwan. Und wer denkt nicht sofort an die Sage vom weißen Hirsch? Auch das weiße Pferd, der weiße Stier und andere haben ihre religionsgeschichtliche Bedeutung. Aber nirgendwo sonst hat ein Tier in so hohem Ansehen gestanden wie der weiße Elefant in Thailand. Er genoß göttliche Ehren, wurde in den Ritterstand erhoben und vom Ort seiner Gefangennahme ehrerbietig und mit großem Gepränge auf einer Prachtbarke zur Residenz geleitet. Noch 1926 (!!) wurde ein weißer Elefant im Sonderzug mit Brausebad und elektrischem Fächer zur Residenz des Königs gefahren.[8)] Ähnlich wurde in Alt-Ägypten der heilige Stier behandelt. Neben dem Elefantenkult in Indien, Thailand und bei den Kaffern, dem Stierkult in Ägypten, finden wir den Pferdekult bei den Germanen, den Pumakult der Inka, den Jaguarkult in Südamerika und den Walkult bei den Eskimos, um die bedeutsamsten zu nennen.[8)]

Das Pferd als Freund des Menschen und Vertrauter der Götter spielte im gesamten arischen Altertum eine große Rolle, war Orakeltier und oft mit dem Sonnenglauben eng verbunden. Das reicht vom Sonnenwagen von Trundholm bis zu dem von sieben Rossen gezogenen Wagen des wedischen Sonnengottes Surya, und noch auf einem Glasfenster der Kathedrale von Lausanne findet sich ein Bild des Sonnenwagens mit dem Pferd.[8)] Herodot erzählt von den heiligen Rossen im Zug des Xerxes. In vielen Berichten empfindet das Pferd den nahen Tod seines Herrn oder trauert um ihn, wie es in der Edda heißt:

»Weinend ging ich mit Grani reden,
feucht von Tränen fragte ich ihn;
da neigte Grani ins Gras sein Haupt:
der Hengst wußte, sein Herr war tot.«

(Gudrunlied II)

Es kann in der hier gebotenen Kürze nicht all den vielfältigen Erscheinungen nachgegangen werden, in denen das Tier im Glauben der Menschen eine Rolle spielt. Nur zwei Bemerkungen seien abschließend noch gemacht, die kulturgeschichtlich ebenso bemerkenswert sind wie religionsgeschichtlich: Da ist einmal die Feststellung, daß sich das Bild der Gottheit wandelt, wenn sich die wirtschaftlichen Verhältnisse ändern. Wenn aus Jägern Viehzüchter werden, werden Herr und Herrin der wilden Tiere zu Schutzgottheiten der Herden. Wenn die Jagd nicht mehr dem Lebensunterhalt dient, sondern zum Sport wird, wird die Schützerin der Tiere zur Göttin der Jagd. Die andere Feststellung: Christentum und Islam haben kein Herz für das Tier. Im Koran heißt es: »Einige Tiere sind zum Lasttragen, andre zum Schlachten bestimmt. Eßt das, was Allah euch zur Nahrung bestimmt.« (6. Sure, Vers 143). Im Hinduismus und Buddhismus sind die Tiere in die Heiligkeit des Lebens einbezogen. So soll ein buddhistischer Mönch keine Erde umgraben, weil er dabei ein Tier verletzen könnte.

Und heute? Zwar ist an die Stelle des »Herrn der Tiere« der Tierschutzverein getreten. Aber was erreicht er? Noch immer werden in Italien die Singvögel getötet, werden trotz weltweiter Proteste die grausamen Tötungen der Robben fortgesetzt, sind immer noch Tierarten vom Aussterben bedroht. Unitarische Religion könnte zwar den Tieren ihre Heiligkeit zurückgeben, doch die Verantwortung für sie trägt die ganze Menschheit.

Die Bedeutung des Feuers in den Religionen

»Feuer ist wert dem Volk der Menschen«, heißt es in der Edda. Wie wichtig das Feuer für den Menschen war, zeigt der Prometheus-Mythos. Die Bedeutung des Feuers im Alltag der frühen Menschen beschreiben Märchen der australischen Ureinwohner: »In der Traumzeit lebte ein guter Mann, genannt Numul. Er war der einzige, der Feuer hatte. Er trug es in einem Stück Holz mit sich herum und gab acht, daß es nie erlosch. Wo auch immer Numul kampierte, machte er ein Feuer an. Das war eine einfache Sache für ihn. Er legte trockenes Gras auf sein Stück Holz, blies ein paar Mal darauf – und schon flammte das Feuer auf. Numul wanderte von einem Ende des Landes zum anderen. Wenn er jemandem begegnete, sagte er: ›Iß doch nicht weiter diese rohe Kost... hier, ich will dir Feuer machen. Koch dein Essen damit, dann hast du gekochte Speise.‹ ...Numul nahm sein Feuer mit sich und wanderte durch den Busch. Bei vielen Bäumen hielt er an und schlug die Kohlen gegen den Stamm, daß die Funken in die Höhe stoben. Diese Funken sanken auf die Äste der Bäume nieder und versteckten sich dort für immer. Daher ist es gekommen, daß jemand, der Feuer haben will, nur zwei Holzstücke aneinander zu reiben braucht – und schon kommt das Feuer wieder aus dem Holz heraus.«

Diese Tatsache, daß das Feuer das einzige der Elemente ist, das der Mensch selber erzeugen kann, ist wohl der Grund, daß der Mensch durch die Jahrtausende hin bis auf den heutigen Tag ein besonderes Verhältnis zum Feuer hat. Das Feuer gehört zu den Urelementen des religiösen Erlebens, darin der Mensch auch von Anfang an die Doppelnatur des Feuers erfahren hat. Es ist wohltätig und wärmend, es ist aber auch zerstörend. Auch im Kult hat das Feuer zweifache Bedeutung: Die Menschen sehen in ihm eine reinigende, läuternde Kraft; im Opferfeuer stellt es die Verbindung zu Göttern her, andererseits wird es gebraucht, um alles Üble, Schädliche zu vernichten. Diese Doppelfunktion zeigt sich auch in der Feuerbestattung. In einigen Religionen ist der Flammentod eine Läuterung und macht die Seele frei vom Körper, erleichtert ihr den Übergang in ein Jenseits; in anderen Religionen wird der Leichnam verbrannt, weil er als unrein gilt und weil man durch die völlige Vernichtung des Toten auch seine Wiederkehr verhindern will. Wieder ein anderer Aspekt findet sich im Parsismus, wo die Leichen auf den »Türmen des Schweigens« den Vögeln preisgegeben werden, damit das heilige Feuer nicht durch sie verunreinigt wird. In gleiche Richtung weisen Bestimmungen wie die, daß die Priester des Feuergottes eine Binde vor dem Mund tragen müssen, um das heilige Feuer nicht durch ihren Atem zu schädigen, und das Gebot der Keuschheit für die jungfräulichen Hüterinnen des Feuers. Dahinter steckt die Auffassung, die sich in fast allen Religionen der Frühkulturen findet, daß alles Geschlechtliche unrein ist.

Geht man der Frage nach, welche Rolle das Feuer im religiösen Bereich spielt, so kann man feststellen, daß zwar der Feuerkult über die ganze Erde verbreitet ist, aber in vielen Religionen fehlt. Es zeigt sich ferner, daß es vielfach fließende Übergänge gibt zum Sonnenkult, Totenkult und zur Magie, von denen der Feuerkult getrennt werden muß. Immer besteht auch ein Unterschied zwischen dem Gott des Feuers und der Göttin des Herdes.

Wo Feuerkult herrscht, muß das Feuer ständig gehütet werden, um es vor dem Erlöschen zu bewahren. In manchen Religionen genügt es, das Feuer zu erhalten. So wird in der litauischen Religion noch 1583 (!) dem Perkun in den Wäldern ein ewiges Feuer unterhalten. Es gehört zum Wesen des Feuers, daß seine Flammen meist im Freien lodern, auf Grasflächen oder Tempelpyramiden, seltener im Innern des Tempels. Die ersten Brandopfer sind den Abendländern durch die Bibel bekannt. Abel und Kain demonstrieren auch die beiden Arten von Opfergaben: Tiere, auch Menschen einerseits und andererseits Korn und Früchte. Es ist auch hier zu unterscheiden zwischen dem Brandopfer, das irgendeinem Gott dargebracht wird, und dem speziellen Opfer für den Feuergott. Für ihn ist das Opfer nicht Bitte oder Dank, sondern vor allem kraftspendende Nahrung. So warf man in der mexikanischen Religion »dem Feuergott zur Nahrung lebende Menschen, mit zusammengebundenen Gliedern wie Wildbret an einer Stange aufgehängt, in die Flammen«. Die gleiche magische Bedeutung der Kraftzufuhr haben auch die Sonnwendfeuer, die jedoch dem Sonnenkult zugerechnet werden müssen. Der Sprung durch das Feuer gehört zum Feuerkult, weil hier die reinigende Wirkung des Feuers wichtig ist. So wird in der altrömischen Religion am Tage, an dem das Vieh aus den Ställen auf die Sommerweide getrieben wird, ein

Hirtenfest (Parilia) gefeiert. Dabei müssen Herden und Hirten zur Reinigung durch ein großes Strohfeuer springen.

Aus der Fülle des Materials, das mit dem Feuerkult zusammenhängt, seien hier noch zwei Beispiele angeführt.

Im Schintoismus gibt es das Geschwisterpaar Izanagi, den Himmelsvater, und Izanami, die Erdmutter. In heiliger Hochzeit zeugen sie die Inseln, aus denen Japan besteht, und die Götter. Bei der Geburt des Feuergottes verbrennt sich die Mutter und versinkt in der Unterwelt. Ihr Sohn wird eine allseits gefürchtete Gottheit. Nach griechischem Mythos muß Zeus auf Drängen der Hera, die aus Eifersucht voller Haß ist, seine Geliebte, die Semele, verbrennen, gleichsam ein Opfer, das er der Hera darbringt. Sterbend gebiert sie ihm den Sohn Dionysos, und Zeus zieht das Kind aus den Flammen. In beiden Fällen sind Feuer, Geburt und Tod eng miteinander verbunden.

Das andere Beispiel: Es ist uralter Brauch, anstelle des oder neben dem hellodernden Feuer das sanfte Licht der Kerzen zu entzünden. Bei den Saturnalien, dem altrömischen Wintersonnwendfest, schenkte man Kerzen, deren Licht eine Art Hilfe für die geschwächte Sonne war, um ihr Kraft zuzuführen. Bei dem jüdischen »Lichterfest«, dem Tempelweihfest Chanukka, das im Dezember 8 Tage lang gefeiert wird, ist es Brauch, eine zunehmende Zahl von Kerzen zu entzünden. Über alle Unterschiede der Religionen hinweg sind brennende Kerzen beides: Sinnbild der Sonne und Nachklang eines Feuerkultes. Wie sehr Sonne und Feuerkult zusammenhängen können, zeigt der indische Feuergott Agni. Er ist »zweigeboren«: Als »himmelgeboren« steht er mit Sonne und Blitz in Verbindung, als »wassergeboren« mit den Kräften der Erde (zum Beispiel Feuerstein). Er ist anwesend im Herdfeuer wie im Opferfeuer, und von ihm heißt es:

»Du bist das große Wahrzeichen des Opfers,
ohne dich ergötzen sich die Unsterblichen nicht.«

Zarathustra

Die im Dämmerlicht geschichtlicher Frühe aufleuchtende Gestalt des Spitama Zarathustra steht am Anfang abendländischer Glaubensgeschichte. Von seiner Lehre sind Wirkungen ausgegangen, die in späteren Religionen sowohl wie im Neuen Testament ihren Niederschlag gefunden haben. Es ist das Hochland von Iran, die Geburtsstätte des persischen Weltreiches, wo Zarathustra etwa 800 Jahre vor dem Auftreten des Nazareners gelebt und seine Gottes-Schau verkündet hat. Er gehörte der Adelskaste an, war verheiratet, und wir wissen, daß ein Sohn ihn bei seinem Werk unterstützt hat, und wir kennen eine Predigt, die er auf der Hochzeit seiner Tochter gehalten hat. Seine Verspredigten – die Gatha – sind im Avesta, einer Sammlung der religiösen Schriften der Perser aus früher Zeit, erhalten. Aus ihnen konnte uns die Forschung eine Vorstellung von der Schau dieses ersten großen Religionskünders und -stifters vermitteln, der – älter als Buddha, Laotse und Platon – erstmalig Gedanken aussprach, die in der europäischen Geistesgeschichte nicht mehr verstummten. Wenn in diesem Zusammenhang vom europäischen Abendland gesprochen wird, dann geschieht dies aus Gründen blutsmäßiger Verbundenheit und geistiger Wesensverwandtschaft. »Die Welt der alten Iranier ist abendländisch aufgebaut und der tiefste Grundzug der zarathustrischen Lehre steht im vollen Gegensatz etwa zum Indischen, er mutet westlich an, und Nietzsche hat mit sicherem Gefühl eine wesensverwandte Figur in Zarathustra empfunden. – Am ehesten lassen sich Zarathustras Gatha den Aussprüchen der ältesten griechischen Weisen vergleichen. Der individuelle Zug bei Zarathustra und ähnlich bei Darius ist durchaus unorientalisch. Aus der dumpfen Masse erhebt sich das überragende Ich des religiösen Führers und des großen Königs, der bei allem ehrerbietigem Zeremoniell nicht über willenlose Sklaven gebot.«[9)]

Zarathustra hat nicht nur den alten Volksglauben von allem mythischen Beiwerk befreit und aus dem Bereich der Magie auf die Stufe des Ethischen geführt, seine Lehre ist etwas völlig Neues, bedeutet einen Bruch mit der Überlieferung. So steht er in schwerem Kampf mit der Priesterschaft, die für das Alte und für ihre Machtstellung eintritt. Es ist ein religiöser Umbruch, der sich vollzieht und mit leidenschaftlicher Parteinahme ausgetragen wird. Mit Unterstützung eines Gaufürsten kann sich Zarathustra allmählich durchsetzen, und schließlich wird seine Lehre als Mazdaismus die Staatsreligion des Perserreiches von der Zeit der Achämeniden bis zur Eroberung des Reiches durch die Heere des Islam. Aber in diesem späten Mazdaismus ist vieles vom alten Volksglauben wieder eingedrungen und hat die reine Lehre des Künders getrübt. Dies ist jedoch ein Vorgang, der sich geschichtlich in allen Religionen wiederholt. Es ist das Schicksal aller Stifter, daß die Jünger und Nachfolger nicht zu ihrer einsamen Höhe hinaufgelangen und daß sie dem Verlangen der Menschen nach bildhaften Vorstellungen und sinnfälligen Formen wieder und wieder nachgeben. Hier soll jedoch die ursprüngliche Lehre Zarathustras in ihren Wesenszügen kurz aufgezeigt werden.

Der Grundzug der zarathustrischen Religion ist keineswegs der Gegensatz von Gut und Böse; der findet sich in den Mythen, Religionen und Philosophien aller Völker und zu allen Zeiten. Das Neue und geschichtlich Erstmalige bei dem großen Iraner war die Erkenntnis von dem Unterschied der geistigen und körperlichen Welt. Er gewann die Einsicht in ein Reich des Geistes neben dem Reich des Körperlichen. Beide Bereiche stehen aber nicht in einem feindlichen Gegensatz zueinander, sondern sind aufeinander angewiesen, und alles hat seine Entsprechungen im geistigen und körperlichen Bereich. Durch *beide* Reiche geht die Trennungslinie von Gut und Böse, in *beiden* Bereichen muß der Kampf geführt werden zwischen den göttlichen und den widergöttlichen Kräften. Es ist also *nicht* so, daß einem guten Reich des Geistes ein böses Reich des Körpers oder der Welt gegenübersteht. Über beiden Bereichen steht das höchste Wesen, für das Zarathustra, der das Wort »Gott« völlig vermeidet, die Bezeichnung »Ahura Mazda«, der »Weise Herr« geschaffen hat. Warum vermeidet er das Wort »Gott«? Weil er nicht will, daß sein neuer und ganz anderer, rein geistiger Gottesbegriff absichtlich oder aus Gewohnheit mit Vorstellungen der alten Götter vermischt und verfälscht wird. Er fürchtet, daß die Menschen unwillkürlich an die alten Vorstellungen denken, wenn sie das alte Wort gebrauchen würden. So ging er noch einen Schritt weiter und benutzte die Namen alter Volksgötter zur Kennzeichnung der von ihm erkannten dämonischen, widergöttlichen Kräfte. Diesen bösen Gewalten standen die guten Mächte gegenüber, für die Zarathustra Namen schuf, indem er die schätzenswerten

Eigenschaften zu Hauptwörtern erhob. Die sittlichen Tugenden sind die verehrungswürdigen göttlichen Mächte, die dem Menschen in seinem Kampf gegen die bösen Mächte zur Seite stehen. Nach dieser Schau stehen zum Beispiel im geistigen Bereich im Kampf gegeneinander Gutes Denken und Schlechtes Denken, Wahrhaftigkeit und Lüge, Gute Herrschaft und Mißherrschaft, Fügsamkeit und Auflehnung, Gehorsam und Ungehorsam und dementsprechend im körperlichen Bereich Haustiere gegen Raubtiere, Feuer gegen Ungeziefer, Metall gegen Fäulnis und Rost, Wasser gegen Dürre, Pflanzen gegen Mißwuchs. Der Mensch aber steht zwischen all diesen Kämpfen. Er hat teil an beiden Bereichen und er steht in der Freiheit, an diesem unaufhörlichen Kampf zwischen den göttlichen und den widergöttlichen Mächten Partei zu nehmen. So wie seine freie Entscheidung ausfällt, werden ihm entweder alle guten Kräfte beistehen, oder er wird sich mit den dämonischen Mächten verbünden. Zarathustra ruft in seiner Verkündung die Menschen auf zum Kampf für das Gute gegen das Böse, für den Sieg der Wahrheit und die Vernichtung der Lüge. Dieser Weltkampf wird angeführt von den beiden Geistern, die im Uranfang als Zwillingsbrüder entstanden sind: dem Guten Geist »Vohu Mainyu« und dem Bösen Geist »Angra Mainyu«. Unberührt von diesem Kampf aber ist der »Weise Herr«, »Ahura Mazda«, der vor diesem Gegensatz ist und in dem dieser Zwiespalt – notwendig in der Welt – aufgehoben ist. Der Sinn des Lebens aber ist, so kann man sagen, daß der Mensch sich für den Sieg des Guten einsetzt und den Kampf gegen das Böse führt in Gedanken, Worten und Taten. Diese Einheit von Denken und Tun, Reden und Handeln wird in den Gatha immer wieder gefordert.

Wie kann der Mensch seinen göttlichen Auftrag am besten erfüllen? Nie durch eine Abkehr von der Welt, denn die zarathustrische Religion ist ein lebensbejahender Glaube, sondern nur durch rechtes Tun. Rechtes Tun ist vor allem der Ackerbau. Es ist die Übergangszeit vom nomadenhaften Viehzüchtertum zum seßhaften Bauerntum, und Zarathustra steht ganz und gar auf der Seite der neuen, Ackerbau treibenden Zeit. Er verkündet die Heiligkeit des Rindes, verbietet die Tieropfer, er preist die Heiligkeit der bebauten Erde. Wer germanische Glaubensvorstellungen und Anschauungen kennt, der wird in Alt-Iran immer wieder auf verwandte Vorstellungen stoßen. So entspricht es dem altnordischen Gegensatz von Midgard, der bebauten Menschenerde, und Utgard, der unbezwungenen Wildnis, wenn im altiranischen Glauben jedes urbar gemachte Land zugleich ein Machtzuwachs für den Guten Geist und ein Verlust für den Bösen Geist ist. Alles Geschehen in der Körperwelt hat ja seine Entsprechungen im geistigen Bereich und umgekehrt. So gibt es nichts im täglichen Tun, das nicht dadurch geheiligt ist, daß es im Dienst und für die göttlichen Mächte geschieht. Gilt dies von jeder kleinen Handreichung, wenn sie im rechten Geist geschieht, so vor allem aber von den beiden höchsten Handlungen, die der Mensch vollziehen kann: Korn aussäen und Kinder zeugen. Wer diese Pflicht vernachlässigt, versündigt sich und hilft den Daevas, den dämonischen Mächten der Zerstörung. In der Edda lesen wir:

»Gut ist ein Hof, ist er groß auch nicht,
daheim ist man Herr; —
dem blutet das Herz, der erbitten die Kost
zu jeder Mahlzeit muß.«

Und im Avesta heißt es:

»Wenn einer die Erde nicht bearbeitet,
zu dem spricht die Erde:
O Mann, der du mich nicht bearbeitest,
fürwahr, du sollst künftig stehen,
an eines andern Tür dich lehnend,
unter denen, die um Nahrung betteln.«[10)]

Der außerordentlichen Hochschätzung der Wahrheit und des Rechtes, ein Ruhmestitel der Perser im Altertum, entspricht der Glaube an eine sittliche Weltordnung. Der Kämpfer des Guten Geistes erlangt nach dem Tode Anteil am unvergänglichen Reich des Ahura Mazda, wobei die im Kindbett gestorbene Frau und der im Kampf gefallene Krieger die gleiche Wertschätzung finden. Kennt die germanische Eschatologie[11)] den Untergang der Götter und Menschen und den Triumph des Bösen, mit einer fernen Hoffnung, daß aus den Fluten der Vernichtung eine neue Welt auftauche, so bringt der iranische Mythus beim Ende der Welt die völlige Vernichtung des Reiches des Bösen Geistes. In einem gewaltigen Glutstrom als Läuterungsprozeß werden die Anhänger Angra

Mainyus umgeschmolzen und erlangen so auch das Heil. Es gibt keine ewige Verdammnis im Glauben Zarathustras.

Die Verkündung der menschlichen Freiheit und Selbstverantwortung, die Verpflichtung zum Kampf für das Gute gegen das Böse und die Heiligung des ganzen Lebens – das sind Akkorde, die von der zarathustrischen Frömmigkeit ausgehend bis in unsere Tage weiterklingen.

Meister Eckhart

1260 – 1960

Vor siebenhundert Jahren wurde in Hochheim bei Gotha einem thüringischen Adligen ein Sohn geboren, dessen Name in unserem Jahrhundert in neuem Glanz erstrahlt. Wenige Jahre vorher waren die Stifterfiguren im Naumburger Dom vollendet worden, unter ihnen der Markgraf Eckard und seine Gemahlin Uta. Den Namen Eckhart erhält auch der Neugeborene, und er wird diesen Namen berühmt machen in seinem Volk und weit über Deutschland hinaus. Es ist eine Zeit voller Unruhe, in die er hineingeboren wird. In Deutschland herrscht seit 1256 die »kaiserlose, die schreckliche Zeit«: Das gewaltige Reich der Staufer ist zerfallen. Länder lösen sich vom Reich, Fürsten streben nach Selbständigkeit, und das Bürgertum der Städte fordert sein Recht. Die Kirche hat in dem heftigen Kampf gegen das Kaisertum schweren Schaden gelitten; Städte und Dörfer liegen oft jahrelang im Kirchenbann, die Glocken schweigen, und an den Altären wird keine Messe gelesen. Die Herzen sind voll Unruhe, Zweifel bedrängt die Seelen, außerhalb der Kirche regt sich mancherlei religiöses Leben, und flüsternd vernimmt man neue Botschaften des Glaubens. Kindheitseindrücke sind besonders eindringlich, und das Leben der Zeit braust auch durch die Klosterräume.

Als Eckhart zwei Jahre alt ist, wird Straßburg freie Reichsstadt, und fern in Indien baut Hindufrömmigkeit den herrlichen Sonnentempel von Konarak. Das Kind ist vier Jahre alt, da führt der Papst das Fronleichnamsfest ein, und der Mongolenfürst Kublai Khan wird Buddhist, unterwirft das chinesische Reich und macht Peking zur Hauptstadt des Mongolenreiches. Als der junge Thüringer acht ist, fällt in Neapel das Haupt des letzten Hohenstaufen unter dem Beil des französischen Henkers.

In Lübeck haben die Bürger schon eine städtische Schule gegründet, aber Eckhart kommt nach Erfurt zu den Dominikanern, um hier zu lernen und sich das Wissen seiner Zeit zu erwerben. Er wird 13 Jahre alt, als die Wahl Rudolfs von Habsburg das Interregnum beendet. Eckhart tritt dann in den Konvent der Dominikaner ein und erhält später das Amt des Lesemeisters. Aus den Eindrücken dieser Zeit stammt wohl sein Wort: »Besser wäre ein Lebemeister denn tausend Lesemeister.« Mit vierzehn Jahren erlebt er den Tod des Thomas von Aquin, seines großen Ordensbruders, dessen Vater ein treuer Vasall des großen Hohenstaufen war. Mit zwanzig Jahren wird er Prior von Erfurt und Vikar von Thüringen. Im gleichen Jahr erfährt er den Tod des anderen Ordensgroßen, des Albertus Magnus, dessen Nachfolger auf dem Lehrstuhl in Köln er später wird, dessen Schüler er vielleicht gewesen ist. Dieser Albertus hatte nachdrücklich die Einbeziehung der vorchristlichen und der außerchristlichen Kultur in die europäische Bildung gefordert. Thomas hatte den großartigen Versuch unternommen, die wiederentdeckte Geisteswelt der Antike, die Philosophie des Aristoteles mit den Lehren der Kirche zu vereinen. Während Eckhart sein zweites und drittes Jahrzehnt durchlebte, war Marco Polo, seinen Vater auf der zweiten Reise begleitend, zwanzig Jahre am Hofe des Kublai Khan gewesen und brachte nun die ersten ausführlichen Nachrichten aus China und dem Mongolenreich nach Europa. Der Papst richtet sofort sein Augenmerk auf diese neue Welt und entsendet 1307 Johannes Korvino als Erzbischof nach Peking, einer Einladung des duldsamen buddhistischen Kaisers entsprechend. In dieser Zeit aber macht sich Köln von der Herrschaft des Erzbischofs frei und erklärt sich zur freien Stadt; Schwyz, Uri und Unterwalden schließen den »Ewigen Bund« gegen Habsburg und das Reich. König Eduard I., der 1290 alle Juden aus England vertrieben hat, beruft 1295 die ersten Vertreter des Bürgertums ins Parlament; in Florenz schließen die Bürger den Adel von der Regierung aus. 1301/2 überwinden Flanderns Handwerker das französische Ritterheer, 1315 besiegen Schweizer Bauern die Ritterheere Österreichs, und 1319 schlagen Dithmarscher Bauern ein holsteinisches Ritterheer: Eine neue Zeit bricht an.

In den Jahren um die Jahrhundertwende (etwa 1298 bis 1302) studiert Eckhart an der damals bedeutenden Universität zu Paris, an der Thomas von Aquin viele Jahre gelehrt hatte. Hier erwirbt er den Grad eines magister theologiae, und aus dem Magister Eckhart wurde der Meister Eckhart. Dieser kehrt 1303 zurück und übernimmt die Leitung der neugegründeten Ordensprovinz Sachsen der Dominikaner, die von Livland bis zu den Niederlanden reichte und 51 Männer-, 9 Frauenklöster umfaßte. Vier Jahre später wird ihm auch die Leitung der böhmischen Ordensprovinz übertragen. Im Jahre seiner Rückkehr hatte der französische König den Papst gefangengenommen, und 1306 vertrieb der König die hunderttausend in Frankreich ansässigen Juden. Während der Johanniter-Orden auf Rhodos über die Türken siegte, wurde der Templer-Orden vom Papst aufgelöst und der Frauenbund der Beghinen als ketzerisch verurteilt. In diesen Jahren seiner umfangreichen organisatorischen Tätigkeit als Leiter zweier Ordensprovinzen findet Eckhart doch die Zeit, um für Agnes, Königinwitwe von Ungarn und Tochter Albrechts I. von Österreich, das »Buch der göttlichen Tröstung« zu schreiben. Aus den vorgeschriebenen geistlichen Unterweisungen am Abend sind schon vorher die »Reden der Unterscheidung« hervorgegangen. Hier zeigt sich Eckhart als ein schlichter Seelsorger, der die bedrängten Herzen zu trösten weiß. In den Jahren 1313-14 finden wir Eckhart wieder in Paris, doch diesmal als Lehrer, das nächste Jahr sieht ihn als Prior und Professor der Theologie in Straßburg, damals ein Mittelpunkt der mystischen Bewegung. Etwa vom Jahre 1320 an – Eckhart ist nun 60 Jahre alt – wirkt er in Köln an der höchsten Lehrstätte des Ordens auf dem Platz, den vor ihm Albertus Magnus innehatte. Neben den lateinischen Predigten hält Eckhart auch im Mittelhochdeutsch seiner Zeit, also in der Sprache des Volkes, seine Predigten und spricht zu den Beghinen und Begharden, zu den Brüdern vom Freien Geist.

»Eckharts Predigten sind umflammt von Scheiterhaufen und umwogt von den Wellen des Rheins, in dem 'Ketzer' ertränkt werden, Männer, Kinder und immer wieder Frauen. Der Kölner Erzbischof Heinrich von Virneburg, der den Prozeß gegen Eckhart aufzieht, zuerst in Köln, dann in Avignon, begann seine Regierungstätigkeit in Köln mit der Verbrennung und mit dem Ertränken von Begharden im Rhein. 1290, 1292, 1306 sind Hauptwellen der Verfolgung dieser Brüder und Schwestern, die in der Welt ein gottinniges Leben führen wollen.« Dies schreibt der katholische Historiker Prof. Friedrich Heer in seinem Eckhart-Büchlein.[12] Diese »Brüder vom Freien Geist« werden verfolgt wie Verbrecher, verbrannt wie frühzeitliche Menschenopfer und ertränkt wie Katzen, weil sie »offen bekennen, was Eckhart täglich predigt«[12]. Der Dominikaner-Orden, in dem Eckhart einer der führenden Köpfe der neuen, revolutionären Strömungen ist, gilt als Herd der Unruhen. »1325 werden auf dem Generalkapitel der Dominikaner in Venedig Klagen vorgebracht wider deutsche Prediger des Ordens, die das Volk zu Irrlehren verführen.«[12] Im Jahre 1326 erhebt der Erzbischof von Köln die Anklage gegen Eckhart. Eckhart verfaßt eine Rechtfertigungsschrift und appelliert an den Papst, der zu jener Zeit in Avignon residiert. Am 13. Februar 1327 wird sein bedingter Widerruf von den Kanzeln der Kölner Kirchen verlesen. Längst geht es bei dem »Fall Eckhart« nicht mehr um einen einzelnen, sondern es gilt, in ihm eine weit verzweigte Bewegung zu treffen und zu verurteilen. Eckhart stirbt in diesem Jahr 1327 und hat den Ausgang seines Prozesses beim Papst nicht mehr erlebt. In der Bulle »In agro dominico« vom 27. März 1329 erklärt Papst Johannes XXII. 28 Thesen Eckharts als ketzerisch.

Zum Kern und Grund der Eckhartschen Predigten, die von der Kirche als ketzerisch empfunden wurden, schreibt Friedrich Heer: »Man hat oft bemerkt, daß der konkrete, geschichtliche Christus bei Eckhart kaum eine Rolle spielt... Eckhart... drängt über das Leiden und über Christus hinaus, beide sind im letzten für ihn 'uninteressant'. Da, im allerersten und allerletzten, interessiert ihn, Meister Eckhart, den Einen und Einzelnen... nur das Eine, die namenlose Gottheit, weil er deren innergöttlichen Schöpfungsprozeß, ihr Leben, in seinem eigenen Schaffensprozeß erfährt. Der Eine erlebt das Eine in dem einen Geist...«[12)]

Man hat früher versucht, einen Unterschied oder gar einen Gegensatz aufzuzeigen zwischen dem Eckhart der deutschen Predigten und dem der lateinischen Reden. Diese Konstruktion, die sich offensichtlich gegen die Tendenz richtete, die Eckhart zum Zeugen für eine freie Gläubigkeit in Anspruch nahm, hat sich als unhaltbar erwiesen. Sowohl die Mitarbeiter der großen Eckhart-Ausgabe wie auch der schon mehrfach angeführte Friedrich Heer haben festgestellt, daß es unmöglich ist, den einen Eckhart vom andern zu trennen. Wir wollen dies kurz am Grundzug Eckhartscher Frömmigkeit, an der All-Einheit, die sowohl mystisches Erleben (deutsche Predigten) wie auch philosophische Erkenntnis (lateinische sermones) ist, aufzeigen.

In seiner deutschen Predigt vom edlen Menschen heißt es:

»Die göttliche Natur ist Eines; und jegliche Person ist auch Eines, und zwar dasselbe Eine wie die Natur. Selbst die Unterscheidung von Sein und Wesenheit ist hier aufgehoben: sie fallen zusammen.«[13)]

Im Sermo II, 2 heißt es von Gott:

»Dicamus esse, quod unus est deus«

(Nennen wir ihn das Sein, welches der eine Gott ist) und:
»in esse sunt omnia«
(im Sein sind alle Dinge) und
»nihil enim in nobis est a nobis. Nullum ergo proprie«
(nichts in uns ist von uns; nichts also auf eigene Weise).

Im Sermo IV lesen wir:
»Deus in omnibus et omnia in ipso«
(Gott in allem und alles in ihm)

Dazu vergleichen wir die deutsche Predigt (Pr. II, 11,6):
»Got ist in allen dingen weselich, würkelich, gewalteclich«.

Und wieder im Sermo IV:
»Esse autem a solo deo est, et ipse solus est esse«
(Das Sein aber ist von Gott allein, und er allein ist das Sein),

mit welchen Worten er die Stelle aus Exodus 3, 14 erläutert: »Ich bin, der ich bin«.

Von der Wesenseinheit des Menschen mit Gott, von der Gottsohnschaft eines jeden Menschen lesen wir in einer deutschen Predigt:
»Allez, waz got würket, daz ist ein; dar umbe gebirt er mich sinen sun âne allen unterscheit«.

Diese unerhörte Kühnheit wurde auch zu einem Hauptpunkt der Anklage. Eckhart wiederholt sie in der wiederaufgefundenen Rechtfertigungsschrift:
»Item, pater generat me filium suum et eundem filium, sine omni distinctione«
(der Vater gebiert mich, seinen Sohn, als denselben Sohn, ohne allen Unterschied, wie es in der Predigt heißt:
»... und ich der selbe sun bin und niht ein ander«).

Im Artikel 22 der Bannbulle verwirft der Papst diese Behauptung als ketzerisch.

Doch kehren wir nochmals zurück zu Sermo IV und lesen die schöne Stelle:
»... tum quia esse, deus scilicet, est intimum omni enti, omni formae et fini et e contrario omne ens, forma et finis sunt in ipso esse«
(... weil das Sein, nämlich Gott, das Innigste ist für alles Seiende, alle Form und (alles) Ziel, und umgekehrt alles Seiende, Form und Ziel im Sein selbst ist).

Dazu die Stelle aus der deutschen Predigt (Pr. LXIX, 221,9-11):
»Got ist mir nêher denn ich mir selber bin, mîn wesen hanget dar an, daz mir got nâhe unde gegenwertic sî. Alsô ist er ouch eime steine und eime holze«.

Gott auch im Stein und im Holz! Wie sehr erinnert das an jenen altindischen Spruch:

»Gott schläft im Stein,
atmet in der Pflanze (dem Holze),
träumt im Tier
und erwacht im Menschen.«

Zu dieser letzten Zeile: »und erwacht im Menschen« lesen wir bei Eckhart in der gleichen Predigt:

»Unt dar umbe ist der mensche sêliger dan ein holz, daz er got bekennet unde weiz, wie nâhe ime got ist«.[14)]

Mit der Klarheit des Denkens, die den wahren Philosophen auszeichnet, weiß Eckhart um die feinen Unterscheidungen, so zum Beispiel zwischen Gott und Gottheit, aber auch zwischen Gott und Sein, wie es etwa im Sermo XI, 2 heißt:

»Quod (deus) autem sit supra ens et esse, patet, quia est causa entis et esse«
(Daß er (Gott) aber über dem Seienden und dem Sein ist, ergibt sich daraus, daß er die Ursache des Seienden und des Seins ist).

Dies findet eine Erläuterung in einer Stelle aus Sermo IV, wo es heißt:

»quia homo in deo deus est. Igitur sicut deus a leone indistinctus et distinctissimus, sic homo in deo a leone indistinctus es distinctissimus«
(...weil der Mensch in Gott Gott ist. Wie also Gott von einem Löwen ununterschieden und (zugleich) schlechthin unterschieden ist, so ist auch der Mensch in Gott vom Löwen ununterschieden und (zugleich) schlechthin unterschieden).

Hier haben wir gewissermaßen eine Eckhartsche Erklärung des berühmten indischen »tat tvam asi« = »das bist du«.

Im vollen Bewußtsein alles Zeitbedingten auch an Meister Eckhart gedenken wir seiner in diesem Jahr mit besonderer Eindringlichkeit und ehren in ihm einen der großen Künder der Unitas, der Wesenseinheit von Gott, Welt und Mensch. Eckhart ist vor Hölderlin einer der sprachgewaltigsten Prediger jener All-Einheit, die das innerste Wesen unseres Glaubens ausmacht.

Zur geschichtlichen Entwicklung des unitarischen Glaubens

Otto Schaumann hat in seiner Schrift »Der Unitarismus als religiöse Gemeinschaft«[15)] eine Darstellung jener bewegten Epoche der Reformation gegeben im Hinblick auf das erste geschichtliche Auftreten unitarischer Anschauungen. Dieser Zeitabschnitt, der zwar für diese Art der Glaubensschau den Namen gebracht hat, ist jedoch im Ablauf der Religionsgeschichte der Menschheit nur ein kleiner Teil, und er brachte auch nicht den Durchbruch zur Schau und Erkenntnis des All-Einen, Göttlichen, sondern verblieb noch in der Verkündung des *einen* Gottes. Außerhalb dieser Bewegung vollzog Giordano Bruno den entscheidenden Schritt. Für ihn fallen in dem einen Universum Form und Materie, Weltseele und Weltkörper zusammen, sie sind nur zwei Seiten derselben Weltsubstanz...

Wenn wir es recht betrachten, dann gab es unitarischen Glauben als Erlebnis der All-Einheit des Göttlichen, des Heiligen, schon in einer Art Ur-Religion der Menschheit. Der Mensch der Frühzeit lebt in seinem magischen Welterleben so vollständig eingebettet und einbezogen in das mannigfache Wechselspiel aller Lebensvorgänge und Naturerscheinungen, daß ein solcher Idealzustand kosmischer Allverbundenheit, allerdings ganz unbewußt, wohl nie wieder erreichbar sein wird. Wir haben uns vom Instinkt gelöst und müssen nun auf dem Wege über die Vernunft jene »Harmonie mit dem Unendlichen« erst wiederherstellen, von der der große chinesische Weise Lao-Tse in seinem »Tao-Te-King« schrieb:

»Tao erzeugt das Eine,
das Eine erzeugte die Zweiheit,
die Zweiheit erzeugte die Dreiheit.
In der Dreiheit ruhen alle Geschöpfe.
Ihre Vielheit trägt das Ruhende
und umschließt alle Taten;
der unendliche Atem des Lebens
schlingt sie ein.
Das heißt eins sein mit dem Himmel —
der Alten
höchstes Ziel.«

Es erscheint immer wieder bewunderungswürdig, daß die Menschen schon vor über 2000 Jahren durch ihre großen

Gestalten diese Weisheit hörten, die uns Menschen von heute als tiefste Erkenntnis aufgegangen ist. Es ist das Erleben und Erkennen des Einsseins von Gott – Welt – Mensch; jene unitarische »Dreieinigkeit«, welche die einzige, aber entscheidende Voraussetzung unseres Glaubens ist.

In fast allen Religionen finden wir neben der von den Priestern verkündeten, sich auf Dogmen gründenden Lehre auch als Nebenströmung die Mystik. Mystik ist immer im Gegensatz zum Priestertum; denn Mystik ist das unmittelbare Gotterleben ohne priesterliche Vermittlung und jenseits aller Dogmen. Sie ist, wo sie auch auftritt, das große Erlebnis des Einswerdens und Einsseins von Gott und Mensch. Aber ein Wesenszug ist doch zu beachten, der die mystische Einheit von der All-Einheit unterscheidet. Der Mystiker erlebt das Einssein mit Gott als seine ganz persönliche, tiefsinnige Erfahrung. Er vereint sich in der Tiefe seines Wesens mit dem Gott seiner Religion, also der christliche Mystiker eint sich mit Gottvater und häufiger noch, besonders bei den Mystikerinnen, mit Jesus, dem Seelenbräutigam. Der islamische Mystiker eint sich mit Allah. Es ist durch dies mystische Erleben der Einung noch nicht gesagt, daß auch das Gottwesen nur Eines sei, in allen Religionen ein und dasselbe. Es ist auch noch nichts darüber gesagt, daß in dieser ganz persönlichen Beziehung zwischen Gott und Mensch die ganze Fülle der Welt miteinbezogen sei. Aber bei den großen Mystikern aller Religionen bricht auch dies Gefühl oder Erleben einer All-Einheit, nicht nur des Einsseins von Gott und Mensch durch. So etwa bei Jakob Böhme, wenn wir lesen:

»Wenn ich betrachte, was Gott ist, so sage ich: Er ist das Eine gegenüber der Natur, wie ein ewiges Nichts. Er hat weder Grund, Anfang noch Stätte und besitzt nichts als nur sich selber. Er ist der Wille des Urgrundes, er ist in sich selber nur Eines. Er bedarf keinen Raum noch Ort. Er gebärt von Ewigkeit in Ewigkeit sich selber in sich.«

Daß das höchste Wesen in allen Religionen im tiefsten Grunde nur Eines ist, nur mit verschiedenen Namen genannt, das sagt sehr schön ein Bild aus dem Zen-Buddhismus:

»Ein und derselbe Mond spiegelt sich
in allen Wassern.
Alle Monde im Wasser
sind Eins in dem einen einzigen Mond.«

Die Frage nach der Einheit von Gott – Welt – Mensch wird im großen Stil im Zeitalter des deutschen Idealismus wieder aufgenommen und von den führenden Köpfen dieser Epoche auf eine Weise beantwortet, die wir ihrem Wesen nach »unitarisch« nennen können. Goethe stellt die entscheidende Frage:

»Was wär' ein Gott, der nur von außen stieße,
Im Kreis das All am Finger laufen ließe!«

Dadurch hat er jede Vorstellung eines außerweltlichen Gottes in Frage gestellt, und mit seiner Antwort:

»Ihm ziemt's, die Welt im Innern zu bewegen,
Natur in sich, sich in Natur zu hegen«

greift er weit zurück bis zur Weisheit der Upanischaden ...

Hölderlin kleidet dies All-Erlebnis in die schönste Form der Aussage mit den Worten aus dem »Hyperion«:

»Heilige Natur! Du bist dieselbe in und außer mir. Es muß so schwer nicht sein, was außer mir ist, zu vereinen mit dem Göttlichen in mir.«

Zwischen der Goethe-Zeit und unserer Zeit liegt der Aufstieg der Naturwissenschaften im 19. Jahrhundert, der auch manche Ein- und Ausblicke für eine neue religiöse Weltschau bot, aber auch so manchen echten Glaubensweg verschüttete, um zu Irrwegen hinzuleiten. Mit dem Anbruch des Atomzeitalters und dem neuen Weltbilde der Naturwissenschaften vollzieht sich aufs neue der alte Einklang Mensch – Natur – Geist. Durch neue Erkenntnisse in großer Fülle bereichert, müssen wir nun zu einem neuen Erleben der All-Einheit kommen, müssen, wie Albert Schweitzer es gefordert hat, ein »Heimatgefühl im All« gewinnen. Der Ring hat sich geschlossen. Was einst der Mensch der Frühzeit unbewußt ahnte und verehrte, das ist in uns nun wissender Glaube geworden. Alle Dinge sind mit Kraft (Mana) erfüllt; in allen Wesen wirkt die Lebenskraft. Das Leben ist heilig, weil es göttlich ist, und die ganze Fülle des Lebens ist die Offenbarung des *Einen Göttlichen.*

Zweiter Teil

Zur Besinnung

On ne voit bien qu'avec le cœur.
Man sieht nur mit dem Herzen gut.
Antoine de Saint-Exupéry

Was uns die Stunde geschenkt

Was uns die Stunde geschenkt,
was uns das Herz hat bewegt,
wenn uns der Alltag umdrängt,
wird es zur Kraft, die uns trägt.

Leise verklingen die Töne,
– die Kerze lösche ich aus –;
doch alles Hohe und Schöne
tragen wir mit uns hinaus.

Wenn ich in das Licht einer Kerze schaue

Wenn ich in das Licht einer Kerze schaue, steigen viele Gedanken und Bilder in mir auf.

Der Schein der Kerze schafft eine heimliche, trauliche Welt im Bannkreis des Dunkels.

Das Licht der Kerze leuchtet weithin durch die Nacht.

Die kleine Kerzenflamme brennt still vor sich hin, und Stille verbreitet sie um sich her: In mir wird es still und um mich auch. Und ich fühle plötzlich, wie laut die Stille ist und wie stark. Viel stärker als alles, was lärmend und unruhevoll, wild und gewalttätig ist.

In der Stille wächst eine Kraft, und ich spüre diese Kraft in mir, und ich erfahre, wie diese Stille alles weit macht und groß und einfach.

Kerzen am Weihnachtsbaum aus Kindertagen und glimmendes Feuer in der Herdasche – und das Herdfeuer war einmal heilig.

Kerzen auf hohen Leuchtern am Sarge des Vaters und stilles Licht der Petroleumlampe bei der Geburt des Kindes.

Knisternde, hochaufzüngelnde Flammen der Sonnwendnacht; lodernde Feuerbrände der Bombennacht. Einsames Sternenlicht aus dem Weltenraum – und die Kerzenstunde im Abenddämmern mit der Geliebten.

Und die Kerze verzehrt sich ganz und gibt sich willig der Flamme hin, daß sie leuchte.

Und das Licht leuchtet nur, solange es durch Selbstopfer und Hingabe genährt wird.

Nichts taugt ohne Freude

Der Ausspruch stammt der Überlieferung nach von Herrn Walther von der Vogelweide. Dieser fahrende Sänger und ritterliche Reporter, der zu seiner Zeit die Neuigkeiten von Burg zu Burg brachte, die uns heute täglich das Fernsehen frei Haus liefert, hatte reichlich Not und Armut erfahren. Er wußte auch davon ein Lied zu singen. In der Winterkälte des Februars froren ihm die Zehen, und lange suchte er vergeblich nach ein wenig Geborgenheit, um sich in einer Burg zu bergen vor der Unbill der Welt und den Unbilden des Wetters. Noch nach Jahrhunderten spürt man den Jubel glückhafter Freude in seinen Worten, als der Kaiser ihm endlich ein Lehen gibt, darin er nun bei sich selbst zu Hause sein kann. Aller Welt möchte er seine Freude kundtun, daß er nun zu den Besitzenden gehört, daß nun allen Irrfahrten eine Heimkehr beschieden ist.

In den vergangenen Epochen waren breite Schichten unseres Volkes ungeborgen und ohne Eigentum, ausgesetzt der Macht des Machthabenden, ausgeliefert der Gewalt der Gewalttätigen, preisgegeben dem Unrecht der Rechthabenden. Leibeigene in der Landwirtschaft und Fronarbeiter in Fabriken und Bergwerken, hausend in Kellerwohnungen und Mietskasernen. In langen, harten Kämpfen setzten sie ihr Anrecht auf ein menschenwürdiges Dasein durch. Ihre Enkel haben heute Besitz und Eigentum: Fahrrad, Auto, Kühlschrank und Fernsehtruhe – und sie haben ihr »Lehen« : Schrebergarten, Wohnung und Eigenheim.

Unter den Folgewirkungen von Krieg und Geldentwertung in der ersten Hälfte unseres Jahrhunderts verloren Bürger ihre Geborgenheit, Besitzende ihren Besitz, Amtsträger ihre Ämter, Herren ihre Herrschaft. Unter den Folgewirkungen des zweiten Krieges verloren Hausherren ihre Häuser, Grundbesitzer allen Grund unter den Füßen, Heimatverwurzelte wurden heimat- und wurzellos, und Menschen aller Stände waren außerstande standzuhalten. Von den Vätern war nichts mehr zu erben, und wer besitzen wollte, mußte es sich selber erwerben. So, zwischen Trümmerstädten und Barackenlagern, in Kellerwohnungen und Notquartieren, auf Ruinengrundstükken und verwaisten Sportplätzen entdeckten die Menschen uralte Weisheit neu: den Reichtum der Seele, wenn alle äußere Habe verloren war. Nur der war wahrhaft im Elend, der nichts in sich selbst besaß. Nie wurde mit solcher Anteilnahme Theater gespielt, so unmittelbar Goethe und Hölderlin gelesen, so leidenschaftlich philosophisch diskutiert wie damals – als wir nichts hatten als unser Herz. Damals war es auch, daß wir die Freude an den kleinen Dingen wiederentdeckten. Der Mensch der großen Stadt erlebte in seiner bäuerlichen Flüchtlingsunterkunft die Mutter Natur als etwas ganz Neues in ihrer Unmittelbarkeit und Vielgestalt. Wie reich an Freuden war das Leben in seiner Einfachheit geworden, wenn unsere Augen aufgetan waren. Niemals vorher und nachher habe ich mit solcher inneren Freude und Befriedigung abends auf mein »Tagewerk« geblickt als damals in der Einsamkeit des Moores im Abendschein auf die schwarzglänzenden Reihen der Torfstücke, die ich gestochen hatte. Was war von all der wichtigen Geistesarbeit meiner früheren Berufstätigkeit zurückgeblieben?

Aber schon früher, im Berlin der zwanziger Jahre und der Zeit der Arbeitslosigkeit, hatte ich es erfahren. Nichts taugt ohne Freude!

Nehmt die Freude auf in eure Herzen, und euch umfängt das ganze Weltenall!

Immer ist etwas da zum Freuen! Man muß es nur sehen.

Morgens, wie köstlich die Minuten, nach dem Erwachen noch im Bett zu liegen. Abends geborgen im Bett, das langsame Hineinsinken in die Nacht und den Schlaf. Und wenn du schlaflos liegst, nimm keine Tabletten, überlaß dich der Nacht, der Stille, dem Entspannen. Hast du nicht Wachträume genug, bis du unversehens in Schlaf gesunken bist? Versuche, froh zu erwachen und dich auf den Tag zu freuen. Er hat etwas für dich, ganz bestimmt! Du mußt nur schön aufpassen! Da, sieh, wie wunderbar der Rauhreif nach dieser Kälte den häßlichen Stacheldraht verzaubert hat! – Zwischen dem pausenlosen Gleiten der Autoreifen auf Asphalt, dem Lärm der Straßenbahn, horch, plötzlich ein Vogelruf – mitten in der Stadt! – Es hat tüchtig geregnet, sieh nur, wie sich jetzt Wolken und vereinzelte Sonnenstrahlen in der Wasserpfütze spiegeln, die du umgehst! – Im Winter zeigt dir das kahle Geäst der Bäume so recht Wuchs und Gestalt, die sonst im Grün der Blätter verborgen sind. All das Grünen und Blühen am Straßenrand draußen im weiten Land – doch das nützt dir nichts in der Großstadt? Aber die Abendsonne leuchtet auch dir dort oben in den Fenstern des gegenüberliegenden Hauses, und immer noch ist die Tiefe des Weltraumes auch über den Straßen deiner Stadt. Und der Schnee fällt weich auf eure Autos und deckt sie zu – wie draußen die Saat. Aber gehen wir ins Haus, welche Fülle kleiner Dinge der Lebensfreude, die dein Dasein erhellen können. Da ist die gute Tasse Kaffee oder auch Tee, du solltest ein kleines Fest daraus machen, Musik klingt auf, ein Buch oder ein gutes Gespräch. Blumen sind da – und die kleinen Gegenstände, zu nichts nütze als zum Freude machen!

Überall ist Freude! – Ich beschwor die Erinnerungen an vergangene Notzeit, weil wir es damals noch besser gewußt, noch tiefer empfunden hatten. All die kleinen Freuden des Alltags, an denen jeder Tag so reich ist, sind bessere Tröster und Friedenbringer als die modernen »Tranquilizer«, diese Drogen als »Freudebringer« oder Beruhigungsmittel.

Das Schönste aber bleibt, anderen eine Freude machen. Die Gelegenheit dazu ist immer. Der Möglichkeiten sind viele, und ganz billig. Oft ist es die schönste Freude, wenn du dem anderen ein gutes, freundliches Wort sagst, wenn du in dem andern das Gefühl weckst, daß er nicht allein ist. Wie sehr kann man den andern innerlich beglücken, wenn man nur zuhört. Dies Gefühl, da ist einer, der hat Zeit für mich, der hört mir wirklich zu, ist etwas ganz Großartiges!

Ohne Freude ist das Leben leer, der Alltag blaß und trostlos, die Arbeit stumpfsinnig und verhaßt, die Menschen sind unerträglich und widerlich, die Verkehrsmittel unpünktlich und überfüllt, die Kinder ungezogen und der Ehepartner übellaunig. Nichts, aber auch gar nichts taugt mehr ohne etwas Freude!

Mit etwas Freude, die von innen kommt, die uns froh macht und unsere Umwelt hell, auch wenn's draußen regnet, ist alles wie verwandelt. Das Leben ist voller Spannung und reich an Inhalt, jeder Tag bringt etwas Neues, die Arbeit macht Vergnügen, man schafft etwas, die Menschen sind plötzlich ganz nett und hilfsbereit und gar nicht so schlimm, das Gedränge in den Verkehrsmitteln macht Spaß, die Kinder sind, wie eben Kinder sind, und man freut sich aus Herzens Grunde, daß man sie hat, und der Ehepartner hat ein Lächeln, das unsagbar verschönt, weil man selber ja auch ein warmes, zärtliches Lächeln verschenkt.

In solchem Bemühen und in diesem Sinne wollen wir gern sagen: »Herr Walther von der Vogelweid', der ist mein Meister gewesen!«

Frei sein zur Freude

Unter diesem Leitwort steht in diesem Jahr (1973) unser Unitariertag, und da ich ein wenig mitbeteiligt war bei seiner Abfassung, möchte ich versuchen zu sagen, was uns denn veranlaßt hat, uns für dieses Thema gegen andere Vorschläge zu entscheiden. Selbstverständlich kann ich hier nur meine Überlegungen darlegen. Zuerst fiel im Gespräch das Wort »Mut zur Freude« in bewußter Bezugnahme auf den Titel unseres Buches »Mut zu neuem Glauben«. Nun kann man zwar jemandem Mut machen, wieder zu glauben, wieder zu vertrauen, wieder zu hoffen und wieder zu lieben und wieder einen Sinn seines Lebens zu finden. Dies alles liegt ja in dem Wort »glauben« beschlossen. Wohl jeder von uns hat in seinem Leben schon solche Gelegenheiten erlebt, da ihm Mut gemacht wurde durch ein gutes Freundeswort oder er einem anderen den Mut zum Leben wiedergab durch ein aufrichtiges Wort, durch stilles Beispiel oder helfende Tat. Das alles war uns klar. Aber wir fragten, kann man denn einem Menschen »Mut zur Freude« machen, so wie man ihm gewiß helfen kann, »Mut zum Glauben« zu fassen? Kann man sagen: »Nun freu dich mal!« Kann man sagen: »Nun fasse mal wieder Mut zur Freude, es ist ja alles nicht so schlimm, wie es jetzt aussieht!« Wir meinten, das kann man nicht, denn recht betrachtet, ist das doch ein neuer Lebensmut, ein Mut zum Dasein, zur Lebensgestaltung, ist es der Mut zu einem Ja zum Leben! Aber »Mut zur Freude«?

Bei dem Versuch, näher auszuführen, was wir meinten, ging es zunächst um eine Deutung des Wortes »Mut«. Dieses Wort meint ja nicht nur Tapferkeit oder feste, standhafte Haltung, es ist nicht nur eine Durchhalteparole in auswegloser Lage. Wir erinnerten uns an Kants berühmtes Wort in seinem kleinen Aufsatz »Was ist Aufklärung?«. Dort heißt es: »Sapere aude! Habe Mut, dich deines eigenen Verstandes zu bedienen!« Hier ist jene andere Bedeutung von Mut gemeint, an die wir dachten, als der Ausspruch fiel: »Mut zur Freude«. Mut nämlich als ein eigenes, inneres Frei-Sein und Bereit-Sein. Mut, der kein Tun von mir verlangt; Mut, der mir nicht von außen zugesprochen werden kann, sondern den ich in mir selbst hervorbringen muß. Ich muß frei sein für etwas, ich muß bereit sein, offen sein. Mut zur Freude hieße dann also: Öffne dich der Freude, sei innerlich bereit zur Freude. In

Abwandlung des zitierten Wortes von Kant würde es heißen können: »Gaudere aude! Habe Mut, dich zu freuen!« Und so fanden wir dann die Formulierung für das Leitwort: »Frei sein zur Freude«.

Was ist aber nun mit den Worten »frei sein« gemeint? Es bedarf wohl kaum des Hinweises, daß es sich hierbei ausschließlich um innere Freiheit handelt. Wir sollen in unserem Leben möglichst jeden Tag danach streben, für jede Freude bereit zu sein. Das ist nicht leicht, und es ist um so schwerer, je stärker Leistungsdruck und berufliche Anforderung auf uns lasten. Wie viele Menschen gibt es heutzutage, die es nicht wagen, sich eine Stunde, eine Viertelstunde so richtig zu freuen, weil sie »erst noch« dies und jenes erledigen »müssen«. Und die Gelegenheit zur Freude, der Augenblick, sich zu freuen, ist verpaßt. Man kann Gelegenheit zur Freude nicht im Kühlschrank aufbewahren, man kann auch nicht sagen: Ich habe jetzt keine Zeit, nachher . . . ! Dieses Nachher kommt nicht. Der Augenblick zur Freude, die Möglichkeit einer inneren Glückseligkeit ist und bleibt verpaßt. Wir müssen es lernen, uns mit gutem Gewissen, mit ruhigem Gewissen (also ohne den Gedanken: eigentlich müßte ich doch), mit offener Bereitschaft zu freuen. Lassen wir die Problematik des Gewissens beiseite, und sprechen wir von Bereitschaft und Offensein. Aber auch hierfür müssen die Keime bereits in der frühkindlichen Erziehung gelegt werden. Wenn wir unseren Kindern nicht in reichem Maße immer wieder Gelegenheit geben, sich unbefangen und von Herzen zu freuen, dann werden sie es als Erwachsene kaum noch lernen. Dann werden es entweder sehr ernsthafte Menschen, die immer von Arbeit, Pflicht und Leistung sprechen und nicht nur sich, sondern auch ihren Lebenspartnern und Mitmenschen mitunter leicht die Freude am Leben vergällen können. Oder es werden Menschen, die diesem Leistungszwang und der täglichen Anforderung zu entgehen suchen durch betriebsame Geselligkeit, durch Vergnügungen, die der Ablenkung und Zerstreuung dienen sollen und diesen Zweck auch erfüllen. In den extremen Fällen gibt es in der einen Richtung dann den lebensfeindlichen Sektierer (Puritaner, Pietisten), in der anderen Richtung aber die Flucht in den Rausch der Drogen, um dort Ersatz zu finden für eine sonst nicht zu erlebende Freude.

Wenn Kinder schon früh durch Elternhaus, Vorschulerziehung und Schule auf Leistung getrimmt und auf »den Ernst des Lebens« vorbereitet werden, brauchen wir uns nicht zu wundern, daß echte, naive, unbefangene Freude so selten zu finden ist. (Wie ernsthaft, wie verkrampft sind die meisten Gesichter der Leute bei den Karnevalssitzungen und Umzügen! Durch das Fernsehen kann man sie ja ganz nah sehen.) Entspannt, entkrampft, gelöst, gelockert muß der ganze Mensch sein, der frei zur Freude ist. Menschen, die diese Fähigkeit noch in reichem Maße haben, brauchen weder autogenes Training noch Meditationsübungen. Beides ist gut und nützlich, aber nötig erst, wenn etwas schon nicht mehr in Ordnung ist. Freude ist selber ein großer Gesundmacher, ein Heilbringer, ein Kräftespender. Bei all dem ist bisher nur an den einzelnen gedacht. Freude kann sich vertiefen und gewissermaßen »verdoppeln«, wenn sich zwei Menschen freuen in gleichem Erleben. Ganz selten ist es wohl auch möglich, daß sich die Freude vervielfacht und eine größere Zahl von Menschen erfüllt in gemeinsamem Erleben. Das sind dann vielleicht Sternstunden, die uns geschenkt werden. Religiöse Feiern sollten die Möglichkeit zu solchem gemeinsamem Erleben der Freude in sich tragen. Aber dazu gehört freilich viel.

Ich habe versucht zu erläutern, wie ich Mut und Frei-Sein verstehe. Nun wäre noch etwas zu sagen über die Freude, wobei ich darauf achten muß, nicht zu wiederholen, was Bodo Schütz schon ausgeführt hat. Unsere deutsche Sprache ist sehr reich an Worten und bietet eine Fülle von Möglichkeiten, aus der wir jeweils das am besten treffende Wort herausfinden sollten. Die zunehmende Entfremdung unserer Sprache durch Fremdwörter trägt dazu bei, diesen Reichtum abzubauen und uns im sprachlichen Ausdruck ärmer zu machen. Wir haben die lärmende Lustigkeit, die ausgelassene Fröhlichkeit, die stille Heiterkeit, das Lachen, das so vielfältig im Ausdruck ist wie das Lächeln, wir haben den derben Spott und die feine Ironie, wir haben unbeschwerten Frohsinn und glückerfüllte Seligkeit. Und wir haben die Freude. Die Freude kann bei all dem schwächer oder stärker dabeisein, aber all das ist noch nicht die »Freude«. Freude hält es mehr mit dem Stillen als mit dem Lauten, mehr mit der Einsamkeit und Zweisamkeit als mit der Menge und mehr mit den kleinen als mit den großen Dingen.

In einer Religion der Lebensbejahung sollte jeder bereit sein zur Freude, frei von Bedenken und Rücksichten, wann immer ihm ein Augenblick der Freude geschenkt wird.

Sehnsucht nach Geborgenheit

»So tief und grenzenlos ins Ungewisse
sind wir hineingestellt;
o, laß mir deine Hand, damit ich wisse,
es ist noch Leben in der Welt.«

So sagt es Margarete Susman und drückt mit diesen Worten aus, was heute allgemein und weithin empfunden wird. Diese Gebärde des Sich-die-Hände-Gebens ist wohl eines der uralten Zeichen, durch das Geborgenheit versprochen und gegeben wird. Die mütterliche Hand, die liebkosend-beschützend den Säugling umfaßt; die Hände, daran Liebende einander halten; die Hände, in denen, von Schmerz erfüllt, ein Menschenantlitz sich birgt, und die Hand, die ein Sterbender noch einmal verlangend den Lebenden hinstreckt: All dies ist Ausdruck, darin unser Menschsein am menschlichsten sich ausspricht. »Gib mir deine Hand! – Komm, reich' mir deine Hände!« – das sind Worte, durch die immer wieder neu Sehnsucht und Vertrauen in gleicher Weise laut werden. Die Sehnsucht nach Geborgenheit und das tiefe, hoffende Vertrauen, diese Geborgenheit zu finden.

Jedes menschliche Leben beginnt mit dem Erleben der Geborgenheit. Wir wissen heute durch die Erkenntnisse der Fachwissenschaft, daß es für den Säugling und das Kleinkind von entscheidender Bedeutung ist, ob ihm in den ersten Tagen, Wochen und Monaten durch die Mutter, durch die ganze Atmosphäre seiner Umgebung dieses »Urvertrauen in den guten Grund des Seins« prägend mitgegeben wird oder ob das Kleinstkind in Ungeborgenheit heranwächst. Im ersten Fall wird es ein Mensch, der mit seinen Gaben und Veranlagungen sein Leben gestalten und sein Schicksal meistern wird; im anderen Fall aber wird es ein Mensch, der früh kriminell wird und wegen schwerer seelischer Störungen niemals zur Ganzheit und Einheit seines Lebens kommen kann.

Auch das heranwachsende Kind braucht weiterhin das Gefühl einer Geborgenheit, die nun freilich mehr dadurch wirkt, daß sie da ist, ganz einfach nur da ist, wenn sie gebraucht wird. Im allgemeinen wird monatelang kein Bedürfnis sein, diese Geborgenheit aufzusuchen. Das Leben bietet so viel, das noch erfahren werden muß. Die Ausfahrt, der Aufbruch lockt in unbekannte Fernen, zu neuen Ufern hin.

Aber diese Fahrt ins Abenteuer kann mit mutigem Herzen (im Gegensatz zum verzweifelten Herzen!) nur gewagt werden, wenn die Heimkehr jederzeit möglich ist und man weiß, daß da ein bergendes Dach, ein schützendes Zuhause ist. Das macht ja jede Flucht so ausweglos und voller Verlassenheit, das macht jede Heimatlosigkeit so leer und hoffnungslos, weil keine Heimkehr möglich ist.

All die jungen Menschen, die ihr Elternhaus verlassen – freiwillig oder vertrieben –, sind solche Heimatlosen, die ohne Geborgenheit sich flüchten in den tröstenden Rausch der Drogen, in die Verzweiflung krimineller Handlungen, in die sinnlose Lust am Zerstören, weil sie den eigenen Untergang in sich nicht mehr ertragen. Ungeborgen sind sie alle, und der Beginn ihrer Ungeborgenheit liegt meist sehr früh am Beginn ihres Lebens. Wie oft kriechen junge Menschen zueinander, vereinen sich aus keinem anderen Grund, als – und sei es auch nur für Stunden – in den Armen des anderen geborgen zu sein, nicht so allein, nicht so grenzenlos ins Ungewisse gestellt. Im warmen Beieinander spüren sie in aller Verlorenheit noch etwas Leben.

Aber auch die jungen Menschen, die für das Wort »Geborgenheit« nur ein spöttisches Lächeln haben, weil sie – ohne sich dessen bewußt zu sein – am Beginn ihres Lebens diese innere Geborgenheit mitbekommen hatten, suchen später eine neue Geborgenheit im Du des anderen, dem sie begegnen, mit dem sie den Weg durchs Leben gehen wollen. Nur wir Menschen können uns Geborgenheit geben: die Mutter dem Kind, die Liebenden einander und dann wieder die Mutter dem Kind. Auch in Gruppen, in Gemeinschaften kann man sich geborgen fühlen, wenn starke seelische Kontakte bestehen, große Gefühle die Menschen verbinden.

Die Sehnsucht nach Geborgenheit durchzieht unser ganzes Leben, ausgesprochen oder unausgesprochen, empfunden oder nicht bewußt, und noch im kältesten Spott über Geborgenheit äußert sich oft nur die Verzweiflung über ihren Verlust.

Was aber ist Geborgenheit? – Geborgenheit ist etwas völlig anderes als Sicherheit. Sicherheit gibt es nie und nirgends. Unser Leben ist ein Leben im Ungewissen. Geborgenheit ist Stille im Sturm, Ruhe in aller Unrast, Trost in der Not, Kraft im Leid und Vertrauen in aller Ungesichertheit. Geborgen ist die Blüte in der Knospe, die Eiche in der Eichel, das Kind im

Mutterleib, der Liebende in den Armen der Geliebten, der Sterbende durch die Gegenwart eines lieben Menschen.

Wenn zwei Menschen sich lieben, so ist das wunderbar; aber wenn sie beieinander Geborgenheit finden, dann schenken sie sich das Höchste, was Menschen geben können.

Mittsommernacht! – Sommersonnenwende!

Wer mit Recht den christlichen Kirchen vorhält, daß sie in ihrer Lehre aus dem Wandel des Weltbildes noch keine Folgerungen gezogen haben, sondern immer noch bildlich jene drei Schichten: Hölle unten, Erde in der Mitte und Himmel oben voraussetzen, der muß sich folgerichtig auch fragen, ob er ein Fest der Sonnenwende feiern kann. Auch die Vorstellung einer Wende der Sonne – aufwärts im Winter und abwärts im Sommer – gehört dem vorkopernikanischen Weltbild an, ist durchaus geozentrisch, nimmt die Erde zum Mittelpunkt, um die sich die Sonne bewegt. Wir aber, als Menschen eines neuen Weltbildes und Künder einer freien Gläubigkeit, die in die Zukunft weist und mit allen alten Dogmen und Vorstellungen gebrochen hat, müssen allen unseren Festen einen neuen Sinn geben. Wir können nicht mehr von Sonnen*wende* sprechen. Feiern wir das Fest »nach altem Brauch«, so bleiben wir an überholten Bildern hängen, ganz wie die Kirchen; denn ein Fest ist nicht schon deshalb unitarisch, weil es etwa nicht christlich ist. Feiern wir das Fest der Mittsommernacht, dann sei es uns ein neuer Brauch und ein neuer Sinn, nach dem Nietzsche-Wort: »aller Dinge Wert werde neu von euch gesetzt«.

Mittsommernacht, das Fest am Abend des längsten Tages im Jahresrhythmus unserer Erdbahn um die Sonne, sei uns das große Sonnenfest. Es gilt der Sonne zu dem Zeitpunkt, da wir Menschen der nördlichen Halbkugel uns ihr am nächsten fühlen. Wir grüßen mit diesem Fest die Sonne, die uns die höchste, sichtbare Verkörperung des Göttlichen ist. Wir fühlen uns in diesen Empfindungen in Einklang mit dem großen Künder der All-Einheit: Goethe und wir wissen uns in Übereinstimmung mit den Erkenntnissen der Wissenschaft. Eckermann berichtet in seinen Gesprächen mit Goethe unter dem 11. März 1832 (also 11 Tage vor Goethes Tod) unter anderem folgende Worte, die während eines Gespräches über die Echtheit der Bibel fallen:

> »Dennoch halte ich die Evangelien alle vier für durchaus echt, denn es ist in ihnen der Abglanz einer Hoheit wirksam, die von der Person Christi ausging und die so göttlicher Art, wie nur je auf Erden das Göttliche erschienen ist. Fragt man mich, ob es in meiner Natur sei, ihm anbetende Ehrfurcht zu erweisen, so sage ich: Durchaus! Ich beuge mich

vor ihm, als der göttlichen Offenbarung des höchsten Prinzips der Sittlichkeit. – Fragt man mich, ob es in meiner Natur sei, die Sonne zu verehren, so sage ich abermals: Durchaus! Denn sie ist gleichfalls eine Offenbarung des Höchsten, und zwar die mächtigste, die uns Erdenkindern wahrzunehmen vergönnt ist. Ich anbete in ihr das Licht und die zeugende Kraft Gottes, wodurch allein wir leben, weben und sind, und alle Pflanzen und Tiere mit uns. – Fragt man mich aber, ob ich geneigt sei, mich vor einem Daumenknochen des Apostels Petri oder Pauli zu bücken, so sage ich: Verschont mich und bleibt mir mit euern Absurditäten vom Leibe!«

Durch die Wissenschaft erfahren wir, daß es kein Leben auf der Erde gäbe, wenn die lebenspendende, lebenweckende, lebenschaffende Kraft der Sonne nicht wäre. Reiche Schätze von Sonnenenergie liegen aufgespeichert in unseren Mooren, Kohlelagern und Erdölquellen. Grün ist die Farbe des Lebens; denn sie ist das Zeichen, daß dort, wo sie leuchtet, unter Mitwirkung der Sonne ein Aufbau von Stoffen erfolgt, die für das Erdenleben nötig sind. Unter der Sonneneinwirkung verwandeln die Blätter ständig den Kohlenstoff der Luft in Aufbaustoffe, deren letzter das Eiweiß ist. So nehmen Mensch und Tier in der pflanzlichen Nahrung direkt die lebenswichtigen Aufbaustoffe in sich auf. So wirkt durch die Sonne die »zeugende Kraft Gottes, wodurch allein wir leben, weben und sind«.

Als vor über 3000 Jahren der junge König von Ägypten, Amenophis IV. Echnaton, aus sehr ähnlichen Empfindungen heraus die Verehrung der Sonne ohne alle mythische Verkleidung einführte und sie als Sonnenscheibe in Bildern verherrlichen ließ, da zeigte der Künstler jener Zeit, wie Gott als Sonne seine Strahlen herabsendet zur Erde, und diese Strahlen endigten in Händen, die das ägyptische Zeichen für »Leben« trugen.

Die Sonne weckt mit ihren Strahlen das Leben. So grüßen wir Unitarier zur Mittsommernacht mit flammenden Feuern – Licht zu Licht – die Sonne als höchsten und sichtbarsten Ausdruck des göttlichen All-Lebens und erleben in dieser Feierstunde, angerührt vom Hauch des Ewigen unter dem unermeßlichen Sternenhimmel, unser Einssein mit allem, was lebt, unsere Allverbundenheit.

Das Feuer aber ist nicht nur der äußerlich sichtbare Ausdruck unseres Grußes, es ist in ihm auch bis in unsere Tage die uralte Symbolkraft der Reinigung und Läuterung lebendig.

In alten Mythen wird erzählt, wie ein reinigendes Feuer alles Böse vertilgt oder die Bösen läutert und verwandelt. Und noch unsere so ganz materialistisch und technisch gewordene Zeit kennt das Feuer als Mittel zur Vernichtung und Vertilgung von Ungeziefer, Seuchenherden und kranken Pflanzenbeständen. Die Flamme, das warme, lebendige Licht – im Gegensatz zu unseren technischen Beleuchtungsmitteln – ist nach einem Wort des unitarischen Philosophen Emerson ein Bestandteil der ältesten Religion der Menschheit. Auch wir sind im Tiefsten angerührt, wenn wir in stillen Stunden uns dem Blick in die brennende Kerze, der Schau des Feuers hingeben. Man komme nicht und zeige uns den Aschenhaufen, der nach jedem Feuer zurückbleibt, und sage uns, so bleibt von allem Leben nur Asche zurück. Man zündet ein Feuer nicht an, um Asche zu haben, sondern um des Leuchtens willen werden Kerzen und Feuer entfacht. Daß dieser Brand auch den Brand in uns entfachen möge, daß auch unsere Herzen nicht mehr kalt und lau sind, sondern warm und strahlend werden, daß auch wir Feuer werden, Fackelträger des Lichts durch die Nacht der Zeit, das soll das Feuer uns zeigen, in uns wecken. Ob unser Leben am Ende zu Staub und Asche wird, ist ganz unwichtig. Wichtig aber ist, daß es als Leben eine Fackel war, die auch andern leuchten konnte, ein helles Licht, das die Menschen froh und warm machte, eine lodernde Flamme, die sich verzehrte für alles Große, Wahre und Schöne, ein Feuerbrand des Göttlichen, Sonnenlicht des Geistes in der Nacht des Nihilismus!

Die Sonne zeugt das Leben dieser Erde,
Die Flamme ist das Sinnbild allen Lebens;
das Feuer läutert jedes Stirb und Werde, –
und bist du Licht, so lebst du nie vergebens!

Trauer

Ich stehe hier vor Ihnen als ein gläubiger Unitarier, und ich bekenne vor Ihnen, daß die Kraft, die mich trägt, aus diesem Glauben kommt, darin ich mich im unendlichen Sein geborgen fühle und weiß. Aus diesem Glauben allein habe ich in rund dreißig Jahren die Kraft gefunden, bei Totenleiten zu sprechen.

Wenn man mich fragt, woher kommt diese Kraft, die so stark und tragend ist, daß wir unser Leben meistern und den Schlägen des Schicksals standhalten können, dann antworte ich:

Dies kommt daher, weil der tiefste Grund unseres eigenen Wesens eins ist mit dem Urgrund des Seins. Wenn wir in unserem Schmerz, in unserem Leid nicht in eine dumpfe Verzweiflung verfallen, sondern uns nach innen fallen lassen, in unser eigenes Selbst, dann erfahren wir, daß wir nicht ins Bodenlose stürzen, nicht in einen Abgrund fallen, sondern auf einen tragenden Grund stoßen gleich einem Fundament, darauf man bauen kann. Dieses Gefühl, daß ich mich in meinem Schmerz fallen lassen kann und dann spüre, wie die Tiefe mich trägt, so wie tiefes Wasser den Schwimmer trägt, dieses Gefühl ist das Erleben einer tröstenden Ruhe und Geborgenheit in allem Leid. Mein Wissen um meine Teilhabe am unendlichen Sein gibt mir auch die Antwort auf eine so oft gestellte Frage, wo ich denn nach dem Tode sein werde. Wo anders kann ich sein, als wo ich auch vor meiner Geburt war? Mein Ich entsteht durch die Geburt des ewigen Seins im heiligen Schöpfungsakt der Zeugung, und mein Ich kehrt, sich im Tode auflösend, in diesen Grund des ewigen Seins zurück. Solange die Welt besteht, werden wir im ewigen Kreislauf des Werdens und Vergehens für eine bestimmte Zeitspanne ins helle Licht des Lebens treten, um dann wieder hinabzutauchen in die dunkle Seite des Lebens. Leben ist alles, Geburt und Tod sind die heiligen Wandlungen am Anfang und am Ende unseres Daseins. In diesem Dasein sind Glück und Leid unterschiedlich gemischt. Aus beiden Bechern müssen wir trinken, weil, wie es in einem Gedicht von Ursel Peter heißt, erst »aus beiden Bechern ein ganzes Leben quillt«. Und Friedrich Hölderlin schrieb in seinem Hyperion die wunderbaren und tiefen Worte:

> »Ich hatt' es nie so ganz erfahren, dies alte feste Schicksalswort, daß eine neue Seligkeit dem Herzen aufgeht, wenn es durchhält und die Mitternacht des Grams durchduldet.

Und daß – wie Nachtigallengesang im Dunklen – göttlich
erst im tiefsten Leid das Lebenslied der Welt uns tönt.«

Daß wir Menschen um dieses, unser Schicksal wissen, um das ewige »Stirb und Werde«, das hebt uns heraus aus allen Mitgeschöpfen dieser Erde. Ich will damit nicht bestreiten, daß es auch Tiere gibt, die Trauer empfinden können und ein Todesahnen haben. Wir aber sind Wissende. Wir wissen um die Einzigartigkeit unseres individuellen Lebens und um seine Begrenzung durch den Tod.

Aus diesem zweifachen Wissen sollten wir Folgerungen ziehen. Das Wissen um die Einzigartigkeit eines jeden Menschenlebens sollte uns zu allergrößter Behutsamkeit verpflichten im Umgang mit dem Leben anderer. Das Wissen um die Begrenzung unseres Lebens sollte alle Fähigkeiten in uns wachrufen und stärken, daß wir unserem persönlichen Leben einen Sinn geben, der über den Tod hinausweist.

Mein jüngster Sohn sagte vor Jahren einmal: »Ich möchte eine Spur hinterlassen!« Dieses Wort führt uns unmittelbar zum Nachdenken über Unsterblichkeit. Sie kennen das Wort aus Goethes Faust, 2. Teil: »Es kann die Spur von meinen Erdentagen nicht in Äonen untergehn.« Eine solche, die Jahrhunderte und Jahrtausende durchziehende Spur zu hinterlassen, ist nur den wenigen ganz Großen der Menschheit beschieden. Über Jahrtausende hin kennen wir immer noch Laotse und Zarathustra, Buddha und Aschoka, Echnaton, Platon und andere. Menschen, die ihren Namen in die Geschichte der Religionen, in die Geschichte der Philosophie oder der Kunst oder in die Geschichte des Krieges eingetragen haben. Uns aber, die wir die Millionen und Abermillionen der einfachen Menschen sind, ist ein bescheideneres Los beschieden. Auch wir, wir Menschen wie du und ich können über unseren Tod hinauswirken. Aber: Das Gedächtnis an die Großen dieser Erde bewahrt die ganze Menschheit, das Gedächtnis an uns wird nur bewahrt im Kreise unserer Lieben. Es gibt für uns Bekenner des unitarischen Glaubens nur diese »irdische Unsterblichkeit«. Mein Lehrer Bernhard Kummer schrieb einmal: »Kein Leben stirbt, solang die Liebe noch leuchtend über einem Grab steht!« Unsere lieben Toten, unsere Angehörigen, sie sind nicht tot, denn sie leben weiter ihr lebendiges Leben in uns. Solange wir mit ihnen umgehen, als wären sie noch leibhaftig unter uns, solange unsere Gedanken sich noch mit ihnen beschäftigen, solange sind sie nicht tot. Ein jeder Mensch ist erst dann wahrhaft tot, da niemand mehr seiner gedenkt. Dann erst ist die Spur seines Lebens endgültig zerflossen im Meer der Unendlichkeit. So hängen Grad und Dauer, Größe und Tiefe unserer eigenen Unsterblichkeit ganz allein von uns selber ab: Von dem wärmenden Feuer, das wir ausgestrahlt, von der Liebe, die wir geschenkt, von der Güte, die wir anderen zukommen ließen. So wirken wir über den Tod hinaus in anderen weiter. In der Sammlung »Kriegsbriefe gefallener Studenten« las ich in einem Brief, den ein Student an seine Braut geschrieben hatte, den Satz: »Du wirst die Welt, diese schöne Welt mit meinen Augen sehen, wenn ich gefallen bin.« Das Gefühl, in der Seele, im Herzen, in den Gedanken eines anderen aufgenommen zu sein, das ist höchste Seligkeit, es ist *auch* unsere höchste, unsere einzige Unsterblichkeit. Um dies zu erreichen, müssen wir recht früh beginnen, an uns zu arbeiten, sollten wir Liebe schenken, Wärme ausstrahlen und Güte und Hilfe spenden, wo immer wir können. So werden wir unserem Leben einen Sinn geben, so wird unser kleines Leben auch eine Spur hinterlassen, so werden wir reif sein zum Tode, wenn es soweit ist. Und so möchte ich Ihnen zurufen: »Wendet euch allem Lebendigen in helfender Liebe zu! Laßt die Wärme eures Herzens ausstrahlen! Verschenkt, verschwendet euch an den Mitmenschen, um so reicher werdet ihr fortleben, wenn ihr gestorben seid. Wer sich ganz hingibt, wird mehr empfangen, als er je gegeben hat. So schafft Ihr ein Bleibendes im Vergänglichen, ein Überdauerndes im ewig fließenden Strom des Lebens. Und wenn Ihr euch in letzter Wandlung, in jener letzten Hingabe völliger Auflösung der Mutter Erde vereint, heimgekehrt in den ewigen Mutterschoß des Seins, dann lebt Ihr neu in allen Dingen weiter.«

Warum sollten wir da trauern? Was ist Trauer? Es ist doch der Ausdruck unseres Schmerzes um einen Verlust, den *wir* erlitten. Der liebe Tote hat vollendet. Mag ihm auch der Abschied von seinen Lieben noch so schwer gefallen sein, jetzt ruht er in der großen Stille. Aber *wir*, die wir zurückbleiben, *wir* empfinden den Verlust. *Uns* wurde etwas genommen, was *wir* nicht zurückerhalten können. *Unsere* Trauer ist unser Schmerz. Wir sind es, die leiden, wir sind, wie das Wort so treffend sagt, die »Leidtragenden«. Heilig sei uns diese Trauer und heilig sei uns der Schmerz, den wir erleiden. Aber:

Trauer und Schmerz gehören der Stunde des Abschieds und den Tagen danach. Doch dann muß immer mehr und immer stärker in uns das Gefühl des Dankes wachsen. Dank an den lieben Toten für alles, was er uns gegeben, was er uns gewesen ist. Und in den Dank hinein strömt das Gefühl eines innigen Verbundenseins.

In diesem Dank und dieser Verbundenheit leben unsere Toten in uns weiter.

Anklage

Als Jahrgang 1910 gehöre ich zu denen, die im ersten Weltkrieg Schulanfänger waren und deren Kindheit und Jugend durch jene Nachkriegsjahre bestimmt wurden. Hölderlins Gedicht »Der Tod fürs Vaterland« ist kennzeichnend für den Geist, in dem ein Großteil der bürgerlichen Jugend damals heranwuchs. In der Lateinstunde lernten wir den Spruch »Dulce et decorum est pro patria mori« (»Süß und ehrenvoll ist es, für das Vaterland zu sterben«), und im Geschichtsunterricht erfuhren wir von dem Gedenkstein zur Erinnerung an die Schlacht bei den Thermopylen mit der Inschrift: »Wandrer, kommst du nach Sparta, verkünde dorten, du habest uns hier liegen gesehen, wie das Gesetz es befahl.«

Es ist der Geist indogermanischer Krieger-Ethik, wie er aus dem indischen Mahabharata ebenso spricht wie aus jenen Worten des Eddaliedes Bjarkamal:
»Folget, Gefährten, dem Fürsten in den Tod! Kein Laut der Zagheit und der Zunge entfliehe.
Solange Leute Land bebauen, überdauert den Tod der Taten Ruhm.«

»Helden und Heldenverehrung« bestimmte unsere jungen Jahre. Zwar waren Kaiser und Könige gestürzt, aber in Bürgertum und Beamtenschaft war man noch weithin monarchistisch gesinnt. Die Träger des Pour le mérite, ein Kapitänleutnant Otto Weddigen von U 9, der rote Kampfflieger Freiherr von Richthofen, Ernst Jüngers »In Stahlgewittern«, Beumelburgs »Sperrfeuer um Deutschland«, Bücher von Walter Flex, das und vieles andere nährte unsere aufnahmebereiten Seelen. Aus einer solchen Gesinnung heraus war kein Verständnis zu erwarten für die Losung: »Nie wieder Krieg!« Und so kam es dann auch bald zum Zweiten Weltkrieg.

Für die Jugend nach diesem Kriege gab es keine Heldenverehrung mehr. Namen bekannter Ritterkreuzträger waren in Acht und Bann getan. Ein ungeheures Völkerringen war zu Ende, aber es hatte offiziell kein Heldentum gegeben. Nur wenige Jahre später wunderte sich die gesamte öffentliche Meinung, daß die Jugend keine Ideale mehr hatte. Nun, das stimmte nicht! Sie hatte ihre Ideale, aber es waren jetzt Fußballgrößen, Filmstars, Idole neuer Musik.

Seit der Frühzeit der Menschheit gibt es in jeder Jugend eine Zeit, in der das Bedürfnis nach Heldenverehrung da ist.

Es muß auf irgendeine Weise befriedigt werden. Für kurze Zeit waren einmal Albert Schweitzer und John F. Kennedy die Vorbilder junger Menschen. Man beklagt heute das verlorengegangene Geschichtsbewußtsein. Es könnte auch damit zusammenhängen, daß eine Jugend die Helden ihres Volkes nicht kennen durfte. Ich will aber mit all dem, was ich bisher sagte, *nicht* eintreten für eine Wiederbelebung kriegerischer Gesinnung. *Im Gegenteil!* Ich möchte nur die Hörer zum Nachdenken anregen. Der Zweite Weltkrieg unterscheidet sich vom Ersten in mehrfacher Hinsicht. Für mich ist entscheidend die Entwicklung der Luftwaffe. Die Soldaten des Ersten Weltkrieges hatten die Heimat noch verteidigen können. Im Zweiten Weltkrieg aber zogen hoch über den kämpfenden Fronten in Ost und West, in Nord und Süd die Bombengeschwader ihre Bahnen und zerstörten aufs furchtbarste gerade das, was die Soldaten draußen schützen wollten: *die Heimat.* Alle Tapferkeit der Front wurde genaugenommen sinnlos angesichts der verheerenden Zerstörungen hinter der Front, durch die unsere Städte in Schutt und Asche gelegt wurden.

Hier ist für mich der Punkt, Einkehr zu halten und nachzudenken.

Die Parole »Nie wieder Krieg!« hat nach 1945 für mich einen tiefen Sinn bekommen. Das Vaterland kann nicht mehr verteidigt, die Heimat nicht mehr geschützt werden, wenn weit über alle Fronten hinweg die weitreichenden atomaren Waffen, wenn Bombengeschwader zertrümmern, was ja eigentlich verteidigt werden soll. – »Die Waffen nieder!« forderte 1889 Bertha von Suttner. Ihr Ruf verhallte ungehört. Nach dem Ersten Weltkrieg beklagte mit vielen anderen Persönlichkeiten auch Rilke, daß der Ausgang des Krieges keinen neuen Anfang gebracht hatte. Nach dem Ende des Zweiten Weltkrieges wollte man allgemein angesichts der ungeheuren Blutopfer keine Aufrüstung, kein Militär. Krupp wollte nie wieder Kanonen bauen, doch es kam alles anders. Bis auf den heutigen Tag sind überall auf der Erde Kriege geführt worden mit dem Willen der völligen Vernichtung des anderen. *Angesichts dieser Situation erhebe ich meine Anklage!*

Diese Novemberwoche wird eingeleitet durch den »Volkstrauertag«. In den ehemals preußischen Ländern liegt dazwischen noch der Bußtag, den einst ein König seinen Untertanen verordnet hatte. Der Totensonntag gehört seit alters zum Kirchenjahr. Der Volkstrauertag ist ein weltlicher Gedenktag, eingeführt zur Erinnerung an das Millionenheer der Toten im Ersten Weltkrieg. Er lag anfangs am Sonntag Reminiscere, ein Wort, das zum Erinnern mahnt. Später wurde er aus der frühlingshaften Zeit in den November verlegt, wo in wallendem Nebel nach altem Glauben die Seelen der Toten ziehen. Während die privaten Gräber unserer Lieben oft schon nach 20 oder 25 Jahren eingeebnet werden, gibt es 60 Jahre nach dem Ende des Ersten Weltkrieges noch immer vielerorts die Soldatenfriedhöfe. Sie sollen ebenso wie die vielen Kriegerdenkmäler in Städten und Dörfern mit dem Wachhalten der Erinnerung an die Gefallenen die Überlebenden und die Nachfahren mahnen, Frieden zu halten!

An jedem Volkstrauertag geben diese Denkmäler Jahr für Jahr die Kulisse ab für Heuchelei und Verlogenheit! Jahr für Jahr wird pflichtgemäß eine Show abgezogen – vorher und nachher bleibt alles, wie es war. Es werden keine Konsequenzen gezogen, weil man sie nicht will. Das Rüstungsgeschäft blüht wie eh und je, Ausfuhr von Waffen wird ein wichtiger Exportartikel. Am 1. September wurde der Wiederkehr des Kriegsausbruchs gedacht, meist in einer Form, als ob es außerhalb Deutschlands nie Kriege gegeben hätte oder gäbe. – »Nie wieder Krieg!« riefen auch die Gewerkschaften, aber sie werden protestieren, wenn durch Einschränkung der Rüstung Arbeitsplätze gefährdet werden. *»Nie wieder Krieg!«* – es gibt gewiß ein paar Idealisten, die es ehrlich damit meinen. Aus dem Munde der Festredner aber klingt es in meinen Ohren wie pure Heuchelei. *Darum ist für mich seit Jahren der Volkstrauertag ein Tag der Anklage!*

Ich klage an die Politiker aller Parteien und Völker, weil sie nichts unternehmen gegen die Erfindung und Herstellung immer wirksamerer Vernichtungswaffen.

Ich klage an die Politiker aller Parteien und Völker, weil sie überall auf der Erde die Kriegführenden unterstützen.

Ich klage an die Politiker aller Parteien und Völker, weil sie bis heute die Mahnung Albert Schweitzers anläßlich der Verleihung des Friedens-Nobelpreises nicht beherzigt haben.

Ich will an den Menschen glauben und seine große Zukunft, – aber mein Herz krampft sich im Schmerz zusammen angesichts dessen, was geschieht!

Licht in dunkler Zeit

Wir wollen uns nichts vormachen. Alle Jahre wieder stehen wir vor der gleichen Frage: Wie können wir Weihnachten feiern? Je ernster wir uns diese Frage stellen, um so schwieriger wird es, eine zureichende Antwort zu finden. Unsere Ehrlichkeit verbietet es uns, uns mit Scheinantworten zufriedenzugeben.

Wir sind noch keinen Schritt weitergekommen, wenn wir das Christliche an diesem Fest *ab*weisen und auf seine vorchristliche Entstehungszeit *hin*weisen. Das sind keine Hinweise, sondern Rück-Blicke, kein Vorwärtsschauen, sondern ein Zurückdenken. Damit ist uns nicht geholfen. So wahr wir keine Christen sind, ebenso wahr sind wir auch keine Germanen mehr. Für ein Geschlecht, das nach dem Mond fliegt, um von dort Gesteinsproben zu holen, gibt es keine Sonnenwende mehr.

Alles, was seit Jahren an Klagen vorgebracht wird darüber, wie sehr dieses Fest seinen Sinn verliert unter all dem lauten Werberummel einer profitsüchtigen Wirtschaft, unter der Hast und Hetze letzter Einkäufe, unter dem ständig steigenden Konsum, der zu immer größeren und teureren Geschenken führt, das alles sollte uns nicht berühren – was geht es uns an? Dies Weihnachten, das Christfest, das Fest der Geburt des Heilandes kann feiern, wer will.

Uns bleibt nur die Wahl: auf dieses Fest zu verzichten oder ihm einen neuen Sinn zu geben. Dieser neue Sinn kann aber nur aus unserer unitarischen Religion kommen. Eine Gemeinschaft aus Religion kann nur religiöse Feste feiern.

Wir wollen uns nichts vormachen. Das heißt im Hinblick auf Weihnachten, wir wollen nicht für ein paar Stunden so tun, als sei alles in Ordnung und wir lebten in einer heilen Welt. Die stille Nacht ist vielerorts gar nicht still, und heilig ist sie schon lange nicht mehr. Wir können zwar die Augen schließen vor allem grauenvollen Geschehen, mit dem wir am Bildschirm konfrontiert werden; ob aber unser Gewissen, die feine, leise Stimme in uns, sich auch so einfach abschalten läßt wie das Fernsehgerät, das ist eben die Frage.

Vor vielen Jahren bekam ich einmal einen kleinen silbernen Kerzenhalter geschenkt. Der trug ganz fein eine rundherumlaufende Inschrift, die hieß: »Schau nach innen, wenn es nachtet!« Man konnte es auch lesen: »Wenn es nachtet, schau nach innen!« An dieses Wort muß ich immer wieder denken, wenn ich dem unitarischen Sinn der Weihnacht nachsinne. Die Dunkelheit sind nicht die langen Nächte der Wintermonate in unserer nördlichen Zone. Diese Dunkelheit haben wir längst überwunden. Es ist die Dunkelheit um uns und in uns, die durch Leid und Not, durch Schmerzen und Tod, durch Bitternis und Verlassenheit, durch Kummer und Sorgen sich wie ein dunkler, schwerer Mantel um uns legt, der oft fast zu schwer zum Tragen wird. Und diesem Dunkel können wir nicht mit Neonröhren beikommen, dieser Dunkelheit wollen wir auch nicht ausweichen.

Die Einkehr in die Tiefe unseres Wesens, diese Wendung nach innen, hat nur Sinn, wenn wir dort uns selber finden. Wenn diese Tiefe sich nicht als ein Abgrund erweist, sondern als ein Urgrund, wenn wir erspüren: »Die Tiefe trägt!« Haben wir den tragenden Grund in uns gefunden, dann tauchen wir aus der Tiefe empor, haben unser Selbst gefunden und haben erlebt, wie es Meister Eckhart verkündet hat: »Gottes Grund ist mein Grund und mein Grund Gottes Grund.«

In Redlichkeit und Wahrhaftigkeit können wir nun ausdrükken, welchen Sinn aus unitarischer Religion ein Weihnachten haben kann, das dann *unser* Weihnachten ist. Drei Worte stehen für seinen Gehalt:

Liebe – Leben – Licht.

Das Wort »Liebe« wird in unserer Sprache für sehr viele und sehr unterschiedliche Beziehungen gebraucht. Für mich als Unitarier wird der Begriff »Liebe« weit über seine übliche Bedeutung hinaus all-umfassend. Der eine große Kreis wird gebildet durch meine Liebe zum Mitmenschen, die etwas anderes ist als die christliche Nächstenliebe. Meine Liebe zum Mitmenschen hat ihre Wurzel in der Tatsache, daß wir alle, die wir Menschen sind, ohne Unterschied von Geschlecht, Lebensalter, Stand, Religion, Volk und Rasse – daß wir alle aus dem gleichen Grund ins Dasein treten, daß wir alle Wirkort des Göttlichen sind, Teilhaber am göttlichen All. Diese meine unitarische, religiös bestimmte Liebe ist damit noch nicht ausgeschöpft. Weil meine Heimat das All ist, umfaßt auch meine Liebe das All. Vor seiner Größe fühle ich mich nicht klein, denn das All und ich, wir sind *ein* Wesen. Noch tiefer verstehe ich diese Liebe. Ich sehe in ihr die Urkraft selber, die in Anziehung und Vereinigung alles bewirkt.

Aus *Liebe* wird *Leben.* Das Fest der allumfassenden Liebe ist zugleich auch das Fest des ewiges Lebens. Leben ist alles!

Geburt und Tod sind nur Durchgangsstationen im ewigen Wechsel und Wandel der Gestalten und Erscheinungen. Es gibt nichts Totes. Leben kreist in den fernsten Sternen, Leben liegt gespeichert, zur Entfaltung bereit, in jeder Eizelle. So wie Leben das All erfüllte, bevor es unsere Erde gab, so wird Leben das All erfüllen, wenn unser blauer Planet einstmals vergangen sein wird. Diesem ewigen Leben sind wir verbunden, es strömt durch uns hindurch und trägt uns auch, wenn unsere jetzige Gestalt sich auflöst, um sich zu verwandeln.

Leben drängt zum Licht. Licht ist alles Helle und Klare, auch im Geistigen, ist jene Redlichkeit und Wahrhaftigkeit, von der ich vorher sprach. »Gott – Freiheit – Unsterblichkeit«: Das waren drei Worte, drei Ideale, die wie Flammenschrift jahrhundertelang über dem Leben der abendländischen Menschen standen. Diese Flammenschrift ist erloschen. Drei neue Worte stehen nun leuchtend über uns: »Liebe – Leben – Licht«!

Die uralten Symbole bleiben: Die immergrüne Tanne und die Äpfel am Weihnachtsbaum sind uns Sinnbild dieses ewigen Lebens, das in uns und um uns wirkt. Die Kerzen sind uns Sinnbild nicht der Sonne, sondern jenes Urfeuers, »das im Grunde des Seins leuchtet«, Sinnbild auch des göttlichen Funkens in uns. Das Sinnbild der All-Liebe aber ist der Mensch selbst, jeder Mensch.

Nachts unter Sternen erfahren wir die All-Einheit als unendliches Leben; in der menschlichen Umarmung erleben wir die All-Einheit als Liebe; in der Tiefe unseres Wesens spüren wir die All-Einheit als Licht.

Licht in dunkler Nacht
ist das Göttliche, das in uns erwacht.

Dritter Teil

Werte als Orientierungshilfe

Was ist Freiheit? Daß man den Willen
zur Selbstverantwortlichkeit hat.

Friedrich Nietzsche

I. Nachdenkliches zu Fragen der Ethik

Das Problem der Werte bei Friedrich Nietzsche

»In irgendeinem abgelegenen Winkel des in zahllosen Sonnensystemen flimmernd ausgegossenen Weltalls gab es einmal ein Gestirn, auf dem kluge Tiere das Erkennen erfanden. Es war die hochmütigste und verlogenste Minute der Weltgeschichte, aber doch nur eine Minute. Nach wenigen Atemzügen der Natur erstarrte das Gestirn, und die klugen Tiere mußten sterben. Es war auch an der Zeit: denn ob sie schon viel erkannt zu haben sich brüsteten, waren sie doch zuletzt, zu großer Verdrossenheit, dahinter gekommen, daß sie alles falsch erkannt hatten. Sie starben und fluchten im Sterben der Wahrheit.«

Der Verfasser der Fabel fügt ihr folgende Deutung hinzu:

»Dies würde das Los des Menschen sein, wenn er eben nur ein erkennendes Tier wäre; die Wahrheit würde ihn zur Verzweiflung und zur Vernichtung treiben, die Wahrheit, ewig zur Unwahrheit verdammt zu sein. Dem Menschen geziemt aber allein der Glaube an die erreichbare Wahrheit, an die zutrauensvoll sich nahende Illusion. Lebt er nicht eigentlich durch ein fortwährendes Getäuschtwerden? Verschweigt ihm die Natur nicht das allermeiste, ja gerade das Allermächtigste, zum Beispiel seinen eigenen Leib, von dem er nur ein gauklerisches 'Bewußtsein' hat? In dieses Bewußtsein ist er eingeschlossen, und die Natur warf den Schlüssel weg.«

Fabel und Deutung finden sich in den »Fünf Vorreden zu fünf ungeschriebenen Büchern«, die der achtundzwanzigjährige Basler Professor für klassische Philologie, Friedrich Nietzsche, zu Weihnachten 1872 Frau Cosima Wagner als Festgabe überreichte, und zwar stehen sie in der ersten Vorrede »Über das Pathos der Wahrheit«.[16] – Wir finden in diesem Text fast alle Grundgedanken Nietzsches, die zu unserem Thema gehören: Die Einbezogenheit des Menschen in das Weltall, das Problem von Wahrheit und Illusion, das gerade beim Wertproblem von Bedeutung ist, das Ungeheuerliche der Natur, die völlige Gottlosigkeit der Weltschau und – zwischen den Zeilen versteckt – auch den Entwicklungsgedanken, wie er schon dem Wort vom »erkennenden Tier« zugrunde liegt.

Die Frage der Werte ist für Nietzsche untrennbar verbunden mit der Frage nach der geltenden Moral. Diese Wert- und Moral-Frage ist für ihn kein Gegenstand der Philosophie, sondern eine Aufgabe für die Psychologie, sie gehört bei Nietzsche nicht in den Bereich der Metaphysik, sondern in den der Naturwissenschaft, das heißt der Entwicklungsgeschichte. Der Standort, den Nietzsche zur Behandlung dieses Fragenkomplexes eingenommen hat, ist bestimmt durch seine eigene Entwicklung und durch die geistige Situation seiner Zeit.

Von seiner eigenen Entwicklung berichtet er in Bezug auf unser Thema, daß er als Dreizehnjähriger, dem Problem vom Ursprung des Bösen nachgehend, in einer kleinen Abhandlung die Lösung des Problems darin sah, Gott zum Vater des Bösen zu machen. Doch allmählich – ich zitiere: »Etwas historische und philologische Schulung, eingerechnet ein angeborener wählerischer Sinn in Hinsicht auf psychologische Fragen überhaupt, verwandelte in Kürze mein Problem in das andere: unter welchen Bedingungen erfand sich der Mensch jene Werturteile gut und böse? und welchen Wert haben sie selbst?«[17)] Er schreibt weiter:

> »Darauf fand und wagte ich bei mir mancherlei Antworten, ich unterschied Zeiten, Völker, Ranggrade der Individuen, ich spezialisierte mein Problem, aus den Antworten wurden neue Fragen.«

Als Philologe in Basel ständig mit den Griechen sich befassend, stieß er auf die Frage: Was bedeuten Pessimismus und Optimismus für das Lebensgefühl und für Aufstieg oder Niedergang der Kultur? Dies ist das Thema seiner ersten Schrift: »Die Geburt der Tragödie« (1872), mit der er in philologischen Fachkreisen weithin auf Ablehnung stieß. In dem vierzehn Jahre später der Neuauflage beigefügten »Versuch einer Selbstkritik« lesen wir darüber:

> »Ist Pessimismus notwendig das Zeichen des Niedergangs, Verfalls, des Mißratenseins, der ermüdeten und geschwächten Instinkte?... Gibt es einen Pessimismus der Stärke? Eine intellektuelle Vorneigung für das Harte, Schauerliche, Böse, Problematische des Daseins aus Wohlsein, aus überströmender Gesundheit, aus Fülle des Daseins?... Und wiederum: das, woran die Tragödie starb, der Sokratismus der Moral, die Dialektik, Genügsamkeit und Heiterkeit des theoretischen Menschen –...könnte nicht gerade dieser

Sokratismus ein Zeichen des Niedergangs, der Ermüdung, Erkrankung, der anarchisch sich lösenden Instinkte sein?«[18)]

Als er dies rückblickend 1886 schrieb, war er in den vergangenen zehn Jahren bei der Untersuchung des Moralproblems immer wieder auf diese Zusammenhänge gestoßen. Diese Frage war 1886 nur noch rhetorisch, er hatte sie in den voraufgehenden Werken wiederholt bejahend beantwortet....

»Im Grunde lag mir gerade damals etwas viel Wichtigeres am Herzen als... Hypothesenwesen über den Ursprung der Moral.... Es handelte sich für mich um den Wert der Moral – und darüber hatte ich mich fast allein mit meinem großen Lehrer Schopenhauer auseinanderzusetzen«[19)]

so betont er nachdrücklich.

Damit sei zunächst umrissen, wie Nietzsche selbst seinen Standort bestimmt. – Was alles aber wirkte von außen bestimmend ein? In summarischer Kürze dies:

Die Verehrung der Persönlichkeit *Schopenhauers* und die kritische Auseinandersetzung mit seiner Philosophie; die Freundschaft zum Ehepaar Wagner, *Wagners* Musik, der Bruch mit Wagner; die Gründung des Deutschen Reiches und der Niedergang des deutschen Geistes; die Entdeckung des Neandertalers (1856) und *Darwins* Hypothese von der Entstehung der Arten (1859); und schließlich der Niedergang des Christentums, die Einsicht: »Gott ist tot!«

Diese verschiedenen und unterschiedlichen Faktoren wirkten mit, daß aus einem Altphilologen schließlich der letzte große europäische Philosoph des 19. Jahrhunderts wurde: Der Skeptiker wurde zum Kritiker, der Philologe zum Psychologen, der Philosoph gar zum Verkünder....

Indem ich im folgenden Nietzsches Meinung darlege, will ich nicht behaupten, daß seine Auffassungen in allem richtig sind, aber es sind seine Auffassungen. Ich gehe davon aus, daß die Beschäftigung mit den Naturwissenschaften für Nietzsche von großer Bedeutung war und daß man Nietzsches Konzeption ohne die naturwissenschaftlichen Aspekte nicht verstehen kann.

Noch kurz zu Nietzsches Wortgebrauch: Nietzsche gebraucht die Worte: »Wert«, »Gut«, »Tugend« wechselweise, gleichberechtigt; »Tugend« oft auch für Charaktereigenschaften. »Moral« als Substantiv ist meist ein System geltender Werte; adjektivisch bedeutet »moralisch« soviel wie »sittlich«.

Da es für Nietzsche keine voraussetzungslose Wissenschaft geben kann, fragen wir: Mit welchen Voraussetzungen geht er an die Behandlung des Wert- und Moral-Problems heran? – Für Nietzsche gibt es weder Geist noch Seele losgelöst vom Körper – auch keinen »reinen« oder »absoluten« Geist im Sinne der Metaphysik. – Der Mensch ist für ihn ein außerordentlich komplizierter Organismus, ein vielschichtiges Gebilde in seiner Ganzheit Leib. Nietzsche betont nachdrücklich die Bedeutung von Gesundheit und Krankheit, von Stimmungen und von der Stärke oder Schwäche des Lebensgefühls für unser Denken, für unsere Philosophie, für unseren Willen....

Auf ihn selber angewandt, müssen wir die Frage stellen: Inwieweit sind seine Anschauungen ein Ausdruck seiner Krankheit? – Ist sein hymnisches Ja zum Leben, sein Lobpreis der großen Gesundheit des Leibes, seine Verherrlichung des Starken mehr als das sehnsüchtige Wunschbild eines Schwerkranken?

Rufen wir uns in Erinnerung:
Nietzsches Vater stirbt mit 36 Jahren an Gehirnerweichung, in seinen letzten fünf Lebensjahren wurden die drei Kinder gezeugt. Nietzsches jüngerer Bruder stirbt, 2 Jahre alt, an Krämpfen. Nietzsche selbst wird, 12 Jahre alt, erstmals wegen Kopf- und Augenschmerzen von der Schule für längere Zeit beurlaubt, im 18. Lebensjahr häufige Kopfschmerzen, mit 26 Jahren regelmäßig wiederkehrende Erschöpfungszustände, seit 1873 ständig heftige Migräne-artige Anfälle, seitdem nie wieder ganz frei von Beschwerden, ab 1879, noch nicht 35 Jahre alt, Anfall über Anfall, Entlassung aus dem Staatsdienst, mit 44 Jahren völliger Zusammenbruch.

Dagegen steht: mit 19 Jahren Abitur, »vorzüglich« in drei Fächern; Ritschls Urteil über den Studenten im dritten Semester: »...nie etwas Ähnliches der strengen Methode, der Sicherheit der Kombination gesehen....« Mit 24 Jahren – ohne Promotion und Habilitation – außerordentlicher Professor in Basel auf Empfehlung von Ritschl; ein Jahr später »in Anerkennung bisheriger Leistungen« ordentlicher Professor. In den sieben Jahren zwischen Entlassung und Zusammenbruch reiche Schaffensfülle: Jahr für Jahr erscheinen neue Werke.[20)]

Ist dies ein Fall jener engen Verbindung von Genie und Wahnsinn? War es eine »Flucht in die Krankheit«, um frei zu sein für seine eigentliche Aufgabe? Sind Schmerz und Krankheit stärkere Antreiber zu geistigen Leistungen als Gesundheit, Ruhe und Zufriedenheit? Macht Krankheit »wissender«, läßt sie »tiefer und schärfer schauen«, wie Nietzsche meint? – Möglichkeiten genug, um Nietzsches Gedanken und Ansichten genau so ernst zu nehmen wie die eines bis zum Tode gesunden Philosophen....

Nach dem medizinischen nun der theologische Aspekt. Nietzsches Vater war Pfarrer, beide Eltern stammten aus Pfarrhäusern, erster Zusammenstoß mit der Mutter, als der Sohn nicht bereit ist, Theologie zu studieren. Schon früh durch die Beschäftigung mit der Antike im humanistischen Gymnasium kritisch gegenüber der christlichen Religion, löst sich Nietzsche dann völlig von den Grundanschauungen des Christentums und bezeichnet sich wiederholt als »Gottloser«, »Atheist« und »freier Geist«. Seine Feststellung: »Gott ist tot!« ist kein billiges Schlagwort, sondern für ihn eine erschütternde existentielle Erfahrung.

Neben der Krankheit ist die Lösung vom Christentum die zweite Voraussetzung für die Behandlung des Wertproblems. Denn ebenso wie zum Beispiel *Sartre*[21)] heute, folgerte auch schon Nietzsche: Wenn Gott tot ist, so muß ja irgendwer anders sein, der die Werte erfindet oder schafft. Wenn wir keine unsterbliche Seele haben, können wir mit uns selber experimentieren, können den Menschen als »Versuchstier« nehmen. Wenn es keine Zukunft im Jenseits gibt, so müssen wir uns mit allen Kräften für die Zukunft des Menschen auf der Erde einsetzen. – So wird jede Aussage Nietzsches zum Wert- und Moral-Problem nur verständlich aus dieser Ausgangsposition: Es gibt keinen Gott; – und daraus ergibt sich die Frage: Wie groß muß dann der Mensch werden, um nun die Verantwortung zu übernehmen?

Als Philologe vom Studium und Beruf her, vermißt Nietzsche bei seinem Übergang zur Philosophie bei fast allen Philosophen in ihren Arbeiten die Vorsicht, Sauberkeit, Exaktheit und Gründlichkeit der philologischen Arbeitsweise. Er sieht zu viele nicht eingestandene Voraussetzungen, zu viele als gegeben angenommene Wahrheiten, zu wenige Fragen, die ins Letzte dringen.

> »Was in uns will eigentlich 'zur Wahrheit'? –... Wir fragten nach dem Werte dieses Willens. Gesetzt, wir wollen Wahrheit: warum nicht lieber Unwahrheit? Und Ungewißheit? Selbst Unwissenheit? – Das Problem vom Wert der Wahrheit trat vor uns hin... Bei allem Werte, der dem Wahren, dem

Wahrhaftigen, dem Selbstlosen zukommen mag: es wäre möglich, daß dem Scheine, dem Willen zur Täuschung, dem Eigennutz und der Begierde ein für alles Leben höherer und grundsätzlicherer Wert zugeschrieben werden müßte. Es wäre sogar noch möglich, daß was den Wert jener guten und verehrten Dinge ausmacht, gerade darin bestünde, mit jenen schlimmen, scheinbar entgegengesetzten Dingen auf verfängliche Weise... vielleicht gar wesensgleich zu sein.... Aber wer ist willens, sich um solche gefährliche Vielleichts zu kümmern!... Die Unwahrheit als Lebensbedingung zugestehn: das heißt freilich auf eine gefährliche Weise den gewohnten Wertgefühlen Widerstand leisten; und eine Philosophie, die das wagt, stellt sich damit allein schon jenseits von Gut und Böse.«[22)]

So wird Nietzsches grundsätzlicher Zweifel an jeder Wahrheit, an allen Gegebenheiten eine weitere Voraussetzung bei der Untersuchung der Werte.

Aus der immer regen und wachen, neugierigen, scharfen und kritischen Beobachtung seiner Mitmenschen wird Nietzsche zum Psychologen; er entdeckt in sich eine ungewöhnliche Begabung zur Menschenerforschung, er erkennt die außerordentliche, ja, grundlegende Bedeutung einer Psychologie als Wissenschaft, die nach Theologie und Philosophie nunmehr an die oberste Stelle aller Wissenschaften treten muß. So verbindet sich das rücksichtslose Fragen nach Wahrheit in seiner Philosophie mit seiner psychologischen Methode zu *der* entscheidenden Voraussetzung, von der aus das Problem anzugehen ist. Ja, ich meine, daß dies für ihn geradezu der Hebel wird, den er ansetzt, um die ganze Moral und alle Werte aus den Angeln ihrer überlieferten Gültigkeit zu heben...

In Peter *Gast* (Köselitz) fand Nietzsche einen guten Berater und Helfer bei seinem naturwissenschaftlichen Selbststudium... Mehrfach finden sich Hinweise in seinen Schriften, daß man Physik, Chemie und Medizin studiert haben müsse, um mit den großen Aufgaben der Zeit, mit den Fragen, die uns gestellt sind, zurechtzukommen. Eine Forderung hat Nietzsche für sich zu erfüllen getrachtet, die auch heute noch nicht selbstverständlich ist, daß nämlich der Philosoph in den Naturwissenschaften Bescheid wissen muß, um noch legitim philosophieren zu können....

Nietzsche hat mit seinem scharfen Verstand und klardenkenden Geist sofort erfaßt, welche Tragweite und Bedeutung viele naturwissenschaftliche Erkenntnisse nicht nur für das praktische Leben, sondern auch für die Beurteilung des Menschen und für die Behandlung der großen Welt- und Lebensfragen, dieser Domäne der Philosophie, haben, und hat seinerseits die Folgerungen rücksichtslos bis ins Letzte gezogen. Diese Konsequenzen aber trafen in den Kern aller Moral und gingen allen Fragen nach den Werten an die Wurzeln....

Schon in früheren Jahren bin ich bei der Beschäftigung mit Nietzsche oft auf Stellen gestoßen, die ich nur in ihrer Bedeutung begreifen konnte, wenn sie von naturwissenschaftlicher Sicht her gesehen wurden. Für dieses Referat nun habe ich systematisch die Werke daraufhin durchgesehen, ob sie meine Vermutung bestätigen. Das Ergebnis ist für mich überzeugend; hat man einmal den Blick dafür gewonnen, so findet man die Spuren, die Auswirkungen naturwissenschaftlicher Denkweise in Fülle. Wenn dies bisher von den Philosophen, die sich mit Nietzsche befaßt haben, nicht so herausgestellt worden ist, so kann ich nur die Vermutung wagen, daß man vielleicht selber nicht viel von Naturwissenschaft hielt.

Der von *Hegel* in die Philosophie aufgenommene Begriff der »Entwicklung« hat nicht nur auf *Marx* und *Darwin* gewirkt, auch Nietzsche hatte ihn aufgegriffen und sah ihn durch Darwin unterbaut.

Ist der Mensch von der Entwicklung des Lebens auf der Erde her zu begreifen, dann muß auch alles, was den Menschen betrifft, von dieser Entwicklung her gesehen werden und ist von daher zu erklären. Somit muß auch das Problem der Werte und der Moral von der Historie und Prähistorie in Verbindung mit Naturwissenschaft und Psychologie aufgegriffen werden.

Nietzsche trennt scharf zwischen dem Problem des Ursprungs der Werte und der Moral und dem Problem des Wertes der Werte und der Moral. Die Frage nach dem Ursprung der Werte überhaupt aufwerfen, heißt verneinen, daß die Werte von einem höchsten Wesen den Menschen verkündet wurden, heißt verneinen, daß es unabhängig vom Menschen irgendwo ein »Reich der Werte« gibt, heißt verneinen, daß es »absolute« Werte gibt. Es bedeutet, daß erst der Mensch sich Werte erfindet, Werte schafft, daß erst der Mensch den Dingen und Eigenschaften einen Wert gibt.

»Wahrlich, die Menschen gaben sich alles ihr Gutes und Böses. Wahrlich, sie nahmen es nicht, sie fanden es nicht,

nicht fiel es ihnen als Stimme vom Himmel. Werte legte erst der Mensch in die Dinge, sich zu erhalten, – er schuf erst den Dingen Sinn, einen Menschen-Sinn!«[23]

Es bedeutet ferner, daß diese Werte, und damit der Begriff »Wert« überhaupt, immer auf den Menschen bezogen ist, das heißt die jeweiligen Werte auf die jeweiligen Menschen.

»Wir haben eine Kritik der moralischen Werte nötig, der Wert dieser Werte ist selbst erst einmal in Frage zu stellen – und dazu tut eine Kenntnis der Bedingungen und Umstände not, aus denen sie gewachsen, unter denen sie sich entwickelt und verschoben haben.«[24]

Es bedeutet, daß die Werte subjektiv, zeitbedingt, umweltbedingt, ambivalent sind.

Der Blick auf Zeiten, Völker, Rassen und Kulturen zeigt die große Mannigfaltigkeit und Unterschiedlichkeit der Werte, zeigt die verschiedene Rangordnung bei gleichen Werten, zeigt im Laufe der Geschichte den Wandel der Werte in ihrer Rangordnung sowohl wie ihrer Wertschätzung überhaupt. Dasselbe gilt von der Moral, die in der Sicht Nietzsches eine Zusammenfassung der jeweils geltenden Werte zu einem System ist. Angesichts der Abfolge der verschiedenen Moralen in ihrer Geltung und Herrschaft kann man gleichsam von Moden in der Moral sprechen. Heutzutage ist zum Beispiel immer noch die christliche Moral Mode, aber sie paßt nicht mehr zum Zeitstil, und viele genieren sich schon, sie zu tragen oder zu zeigen. Aber es fehlt an Mutigen, die neue Werte nicht nur verkünden, sondern vorleben. . . .

Daß man in der Philosophie immer geneigt war, die Werte und die Moral als gegeben anzunehmen und hinzunehmen, mag vielleicht auch darin seinen Grund haben, daß diese in der kurzen Zeit, die wir »Geschichte« nennen, schon immer da sind, so daß man sich also nun um ihre Begründung bemüht. Nehmen wir aber, wie wir müssen, die ganze Entwicklung des Menschen hinzu, dann zeigt sich, daß die etwa 6000 – oder vielleicht 8000 – Jahre der geschichtlichen Zeit sehr wenig sind, gemessen an den Jahrzehntausenden der sogenannten vorgeschichtlichen Zeit. In diesem Dunkel der Frühe, das wir heute nach und nach etwas aufhellen können, in diesen, für den Menschen, gewaltigen Zeiträumen hat sich alles entwickelt, ist alles entschieden worden, was dann später »ins Licht der Geschichte« tritt. In *diesen* paar tausend Jahren aber konnten sich keine großen Veränderungen vollziehen;

das einzige, was sich in geschichtlicher Zeit abgespielt hat, dürfte der Prozeß der Individualisierung sein....

Der Mensch ist nach Nietzsche das »noch nicht festgestellte Tier«, das eben dadurch die Möglichkeit hat, sich über alle anderen Tiere zu erheben. In jenen langen vorgeschichtlichen Zeiträumen und – wie Nietzsche meint – mit Hilfe sehr grausamer und brutaler Mittel vollzieht sich die Selbstzähmung des Menschen in der Horde oder Herde. Dort ist der Ursprung der Moral, aber zunächst sind es die Vorstufen einer späteren Moral, nämlich die »Sittlichkeit der Sitte«. Durch die Gewalt der Mächtigen und die Notwendigkeit des Herdenzusammenhaltes werden den Menschen die wichtigsten Gebote »eingebrannt« und ihnen auf diese Weise ein Gedächtnis anerzogen. So wird der Mensch das Tier, »das versprechen kann«, damit aber wird er berechenbar, »man kann auf ihn zählen«. Nietzsche wendet sich scharf gegen die Auffassung, daß die »Nützlichkeit« für einen einzelnen, das, was für ihn »gut« war, als Ursprung der Werte anzusetzen sei. Dagegen spricht einmal, daß es jahrhunderttausendelang den »einzelnen« gar nicht gab; zweitens macht Nietzsche darauf aufmerksam, daß diese Werte ja tatsächlich sich gegen das einzelne Glied der Herde wenden. Die Werte verlangen alle etwas vom einzelnen zugunsten der Herde, des Ganzen. Nicht der Nutzen für den einzelnen, sondern der erzwungene Verzicht, den das Glied der Herde zu leisten hat, bestimmt den Wert der Handlung.

»Man nennt die Tugenden eines Menschen gut, nicht in Hinsicht auf die Wirkungen, welche sie für ihn selber haben, sondern in Hinsicht auf die Wirkungen, welche wir von ihnen für uns und die Gesellschaft voraussetzen – man ist von jeher im Lobe der Tugenden sehr wenig 'selbstlos'... gewesen! Sonst hätte man sehen müssen, daß die Tugenden (wie Fleiß, Gehorsam, Keuschheit, Pietät, Gerechtigkeit) ihrem Inhaber meistens schädlich sind.«[25)]

Nietzsche unterscheidet in dieser Entwicklung, durch die das Raubtier Mensch zu einem Haustier wird, drei Perioden: Die erste ist die »vormoralische« Stufe, das sind jene langen Zeiträume, da die »Sittlichkeit der Sitte« alles bestimmt. Darauf folgt in geschichtlicher Zeit die »moralische« Stufe. Herrscher und Propheten, Philosophen und Religionsstifter treten als Gesetzgeber auf, proklamieren die Werte und schaffen damit eine Moral, das heißt ein System geltender Werte mitsamt ihrer Rangordnung, bezogen auf einen Höchstwert. Die dritte Stufe weist in die Zukunft: Es ist die Zeit des »außermoralischen« Handelns, deren Wetterleuchten in der Aufklärung zu spüren war, deren »Morgenröte« Nietzsche zu erblicken meinte.

In dieser zweiten Stufe nun, in der Zeit der herrschenden Moralen also, erscheint Nietzsche alles sogenannte »moralische Handeln« äußerst fragwürdig. Zunächst einmal: Wieso handelt ein Mensch »moralisch«, wenn er sich der geltenden Moral »unterwirft?« Wieso handelt ein Mensch »moralisch«, wenn er nur tut, was allgemein als »gut« gilt? Warum gelten die sogenannten »un-egoistischen« Handlungen als »moralisch«? Warum ist ein Mensch »unmoralisch«, wenn er »egoistisch« handelt?...

Daß man nicht moralisch handelt, wenn man das »Gute« in Hoffnung auf Lohn tut und das »Böse« aus Furcht vor Strafe unterläßt, ist heute wohl allgemein anerkannt. Damit ist aber dann auch die christliche »Moral« als »Unmoral« gekennzeichnet. Eine solche Einsicht setzt aber bereits einen Wandel der Moralauffassung voraus, eine Ablösung der christlichen Moral.

Nietzsche unterscheidet nach ihrer Entstehung zwei Arten von Moral-Systemen. Er nennt sie die »Herren-Moral« und die »Sklaven-Moral«. Zu diesen beiden Bezeichnungen ist er auf Grund der geschichtlichen Betrachtung gekommen.... Hinter jedem Moralsystem steht eine die Werte erst prägende und bestimmende Schicht. In dem einen Fall ist es die herrschende Klasse oder Kaste, die, die sich selber als die Vornehmen und Mächtigen und eben damit auch als »die Guten« empfinden. Ihre Werte sind etwa: Stolz, Ehre, Ruhm, Tapferkeit, Lust, Muße. Für sie ist der Gegensatz zu »gut«: »schlecht«. Schlecht ist alles Schlichte, Niedrige, Gemeine (im Sinn von »allgemein«)... Nietzsche schreibt dazu:

> »Den Fingerzeig zum rechten Wege gab mir die Frage, was eigentlich die von den verschiedenen Sprachen ausgeprägten Bezeichnungen des 'Guten' in etymologischer Hinsicht zu bedeuten haben: da fand ich, daß sie allesamt auf die gleiche Begriffs-Verwandlung zurückleiten – daß überall 'vornehm', 'edel' im ständischen Sinne der Grundbegriff ist, aus dem sich 'gut' im Sinne von 'seelisch-vornehm', 'edel' von 'seelisch-hochgeartet'... mit Notwendigkeit herausentwickelt: eine Entwicklung, die immer parallel

mit jener andern läuft, welche 'gemein', 'pöbelhaft', 'niedrig' schließlich in den Begriff 'schlecht' übergehn macht. Das beredteste Beispiel für das letztere ist das deutsche Wort 'schlecht' selber: als welches mit 'schlicht' identisch ist.« [26)]

Im andern Fall ist es die Herde, die Gemeinschaft der vielen, der kleinen Leute, die das Wertsystem bestimmen. Hier fühlen sie sich als »die Guten«, weil sie bescheiden, demütig, mitleidig, hilfsbereit, fleißig, sparsam, verzeihend usw. sind. Das sind ihre Werte. Für die kleinen Leute ist der Gegensatz zu »gut«: »böse«. Böse sind die anderen, die Herren, die Mächtigen, die Reichen und Vornehmen....

In der Entstehungszeit dieser Wertsysteme waren die Werte noch ziemlich rein ausgeprägt. Im Laufe der Geschichte sind verschiedene Vermischungen erfolgt, und heute finden sich die Werte beider Systeme meist in jedem Menschen vereint.

Es gibt also – stellt Nietzsche fest – einen doppelten Gegensatz: gut zu schlecht und gut zu böse, die gegensätzlichen Wertsystemen entstammen. Daraus ergab sich, daß die Guten nach der Herrenmoral zugleich die Bösen nach der Sklavenmoral waren und sind.

Wenn heute mehr und mehr über das Nachlassen der »Arbeitsmoral« geklagt wird, so ist das auch ein Zeichen dafür, daß sich im stillen eine Abkehr von der bis jetzt herrschenden »Sklavenmoral« beim Arbeitnehmer vollzieht; wohingegen unter den Wirtschaftsführern noch die »Herrenmoral« weithin herrschend ist.... – Die Frage: Was wird aus einer Politik als dem Bereich der Herrschenden, wenn in ihr »die kleinen Leute« mit ihrer Sklavenmoral zur Macht kommen? müßte im Sinne Nietzsches dahin beantwortet werden, daß dann die Politik notwendig zum Geschäft werden muß.

Der Schritt zum außermoralischen Handeln »jenseits von Gut und Böse« würde darin bestehen, die willkürliche und geschichtliche Entstehung aller Moral zu durchschauen, um in einer neuen »Unschuld des Tuns« nur den eigenen, selbst gesetzten Werten zu folgen. – Wir werden hier an die Moral des Existentialismus etwa bei *Sartre* erinnert; ebenso finden sich ganz ähnliche Anschauungen im philosophischen Werk von Antoine *de Saint-Exupéry.*

Daß der Mensch überhaupt die Möglichkeit hat, auf eine Stufe des »außermoralischen« Handelns zu gelangen – wenn er es will! –, liegt in der Herkunft des Menschen aus dem Tierreich begründet. War es möglich, vom Affen, wie Nietzsche sagt, von den Herrentieren, wie wir heute sagen, zum Menschen sich zu entwickeln – wobei Nietzsche sich über das Würfelspiel des Zufalls, der dabei eine Rolle spielt, klar ist –, dann muß es auch grundsätzlich möglich sein, daß der Mensch den Weg weitergeht zum »Übermenschen«. Dies um so mehr, wenn der Mensch nunmehr diesen Weg bewußt geht, den bisher die Natur ohne seine Mithilfe vorangetrieben hat.

Der »Übermensch« – das Wort stammt von Goethe (Faust I) – ist nicht der Herrenmensch mit seiner Herrenmoral, überhaupt nicht der einzelne, sondern eine neue Gattung, die sich zum heutigen Menschen verhalten wird wie wir zu den Primaten. Es ist das gleiche Fernziel einer möglichen und anzustrebenden Entwicklung des Menschen – *vom homo sapiens zum homo humanus* –, wie es heute in den Werken von Pierre Teilhard de Chardin, Lewis Mumford, Alexis Carrel, Erich Fromm, Carl Friedrich von Weizsäcker, Konrad Lorenz und vielen anderen gefordert wird.

Die Menschheit, die bisher noch kein gemeinsames Ziel gehabt hat, kann darin ihr Ziel sehen, zu dem sich alle Völker bekennen müßten. Bei der überaus verschwenderischen Art, mit der die Natur vorzugehen pflegt, werden sich wohl Millionen einem solchen Aufstieg zum Übermenschen zum Opfer bringen müssen. Aber es wäre etwas, was dem Leben der einzelnen wie dem der Menschheit einen Sinn geben würde. In »Also sprach Zarathustra« lesen wir Worte wie: »Der Mensch ist etwas, das überwunden werden muß. Er ist noch kein Ziel, sondern eine Brücke, ein Weg zum Übermenschen.« Nach diesem Ziel sollen die Menschen »eines weitgespannten Willens« gleichsam »Pfeile der Sehnsucht« sein.

Einem solchen Ziel dient auch der »Wille zur Macht«. Dieser ist kein politischer Wille, der sich etwa im Faschismus und Bolschewismus manifestiert hat, ist überhaupt kein menschlicher Wille, sondern es ist der Wille *in* allem Lebendigen. Nietzsche meint: Es gibt keinen »Willen zum Leben«, das sei Unsinn; Leben ist immer schon da. Aber der Wille, »der leben will«, um mit Albert *Schweitzer* zu sprechen, *das* eben ist bei Nietzsche der »Wille zur Macht«. Diesen dominierenden Willen in allem Lebendigen sieht Nietzsche: im Höherstreben und Ausbreiten der Pflanzen; im Paarungstrieb, in der Brutpflege, im Beutetrieb der Tiere; in der Liebe der Geschlechter, im beruflichen Vorwärtsstreben, im wirtschaftlichen Konkurrenzkampf beim Menschen, in den Kriegen der Völker. Nietzsche korrigiert damit Darwins These vom »Kampf ums Dasein«, die er für falsch hielt. Dieser »Wille zur Macht« wirkt zum Beispiel in der Liebe im Mann, der sich das Weib erobern will, im Weib, das sich dem Mann hingeben will; er wirkt im Stolz der Vornehmen ebenso wie in der Demut der Dienenden, weil dies ihre Art ist, sich zu erhalten. Denn alle Werte dienen nur dazu, daß sich die jeweilige Art Mensch erhalten kann.

So hängt *für Nietzsche* das Problem der Werte unlösbar zusammen mit der Aufgabe, eine bestimmte Art von Leben zu erhalten, hängt damit eng zusammen mit der Frage einer möglichen Steigerung des Lebens, also mit der möglichen Zukunft des Menschen.

»Moral nämlich als Lehre von den Herrschafts-Verhältnissen verstanden, unter denen das Phänomen 'Leben' entsteht. –« [27)]

Damit hat Nietzsche auch einen Maßstab gefunden, an dem die Moral gemessen, mit dem der Wert geprüft werden kann. Welcher Wert der »richtige« ist, bestimmt sich danach, welche Art von Leben erhalten werden soll. Will man aber eine Steigerung des menschlichen Lebens, der menschlichen Gattung, dann muß man prüfen, welche Werte diesem Ziel am besten dienen können. Diese müssen dann die herrschenden Werte werden, nach denen zu handeln dann als »moralisch« gilt. Nietzsche hat es klar herausgearbeitet und betont es wieder und wieder, daß eine solche »Verwandlung des Menschen« (Mumford), wenn sie überhaupt angestrebt wird, *nur* unter der Voraussetzung einer vorhergehenden Wandlung der Moral, nur nach einer »Umwertung aller Werte«, versucht werden kann. Die jetzt herrschenden Werte der christlichen Moral widersprechen jeder Lebenssteigerung.

Die Alternative zum Übermenschen ist die bedrohliche Zunahme der kleinen Leute, die für sich »das Glück« erfunden haben und in genügsamer Selbstzufriedenheit nichts wollen, was über sie hinausführt.

Für Nietzsche besteht also das Problem der Werte darin, daß sie stets in Relation zum herrschenden Gesellschaftssystem und damit auch zu einer bestimmten Form des menschlichen Lebens stehen. Indem sie herrschen, bestimmen sie das menschliche Handeln, indem sie das Handeln bestimmen, dienen sie der Erhaltung gerade jener Form des Lebens. Die Frage nach dem »Wert« der Werte ist also die Frage:
Was für eine Art Leben ist das, das hier erhalten werden soll?

Albert Schweitzer – ein religiöser Denker unserer Zeit

Das Leben Albert Schweitzers umfaßt rund ein Jahrhundert von seinem Geburtsjahr 1875 bis zum Gedenkjahr 1975. Zehn Jahre vorher ist er gestorben. Am Beginn seines Weges leuchtet das Kaiserreich, zu dem Elsaß-Lothringen gehört, am Ende steht das seit einem Vierteljahrhundert geteilte Deutschland. Aus der Zeit der Kolonialherrschaft führt die Entwicklung zur Selbständigkeit der afro-asiatischen Staaten. Das Attentat von Sarajewo und die Atombombe auf Hiroshima provozieren und beenden zwei Weltkriege. Der fast religiöse Fortschrittsoptimismus des 19. Jahrhunderts schlägt um in eine wachsende Angst vor den Möglichkeiten des technisch Machbaren im Ausgang des 20. Jahrhunderts. Eine weltweite Abkehr vom traditionellen Christentum signalisiert einen zunehmenden Bewußtseinswandel beim abendländischen Menschen. Die Auswirkungen dieser Geschehnisse betreffen uns alle, erzeugen Unsicherheit, Auflösung und Suche nach neuen, haltgebenden Werten.

Die Frage lautet: Was hat Albert Schweitzer uns in dieser Situation zu sagen? Was kann er uns geben?

Vor diesem Forum braucht Schweitzer nicht vorgestellt zu werden. Sein äußerer Lebenslauf ist bekannt. Ich befasse mich daher sogleich mit dem Denker.

Eine Beschäftigung mit seinen Werken führt dazu, einige Begriffe besonders hervorzuheben, weil sein Denken sie ständig umkreist. Es sind dies: Denken, Christentum, Religion, Kultur, Ethik, Humanität, Welt- und Lebensbejahung, Welt- und Lebensanschauung, Mystik, Sinngebung des Lebens, Wille zum Leben und Ehrfurcht vor dem Leben.

Am Anfang steht die Auseinandersetzung mit dem Christentum. Der Theologiestudent stößt bei seiner Seminar-Arbeit über das Abendmahlsproblem plötzlich auf Grundfragen des Christentums. Das »Abendmahlsproblem« ist nicht zu lösen, ohne das »Messianitäts- und Leidensgeheimnis« Jesu zu klären. Dies führt zu der Frage: Wie hat sich Jesus selbst verstanden? Die Antwort darauf kann nur im Leben Jesu gefunden werden. Schweitzer entwirft eine Skizze des »Lebens Jesu«. Die Vorbereitung auf eine umfassende Darstellung seines Lebens findet ihren Abschluß in dem großen Werk der »Geschichte der Leben-Jesu-Forschung«. Das Ergebnis: Ein Leben Jesu läßt sich nicht schreiben. Was bleibt, ist jener einsame Mensch Jesus mit seiner Aufforderung: »Folge mir nach!« Später folgt eine gründliche Beschäftigung mit Paulus. Aus einer Reihe von Vorträgen entstand die Schrift »Das Christentum und die Weltreligionen«. Hierin werden die verführerische Überzeugungskraft und gedankliche Folgerichtigkeit der östlichen Religionen eindrucksvoll anerkannt, um dann die Überlegenheit der Wahrheit des Christentums auf Grund innerer Überzeugung zu verkünden.

Um den Widerspruch, der hier bemerkt werden könnte, aufzuhellen, werde ich versuchen, Schweitzers Religionsbegriff aufzuzeigen, soweit das hier nötig ist. Er meint, daß man alle Religionen in zwei Gruppen einteilen kann, wenn man dieser Einteilung drei Prinzipien zugrunde legt. Eine Religion ist erstens entweder monistisch oder dualistisch, zweitens entweder optimistisch oder pessimistisch. Der dritte Unterschied liegt in der Stärke der ethischen Motivation.

Eine monistische Religion ist pan-theistisch. Die Welt ist Gott. Sie ist optimistisch, weil sie meint, daß die in der Welt wirkenden Kräfte letztlich in Harmonie sind. Sie kennt keinen scharfen Gegensatz zwischen Gut und Böse, weil alles in Gott ist, daher ist der Zwang zum sittlichen Handeln gering.

Eine dualistische Religion ist theistisch. Gott und Welt sind nicht identisch. Sie ist pessimistisch, weil sie nicht davon überzeugt ist, daß die in der Welt wirkenden Kräfte alles zu einem guten Ende führen werden. Der Gegensatz zwischen Gut und Böse wird sehr stark empfunden, daher auch strenge sittliche Gebote.

Ich füge jetzt eine Betrachtung ein, die sich kurz mit Schweitzers Stellung zur Kultur und zur Philosophie befaßt. Die Auseinandersetzung mit der abendländischen Kultur hat bei Schweitzer den gleichen Stellenwert wie die mit dem Christentum. Auch hier eine Kritik, die bis auf den Grund geht. Schweitzer konstatiert schon vor dem ersten Weltkrieg den Niedergang der europäischen Kultur. Er macht die Philosophie seit Descartes dafür verantwortlich. Die Philosophie habe ihr Wächteramt aufgegeben, sich aus der Wirklichkeit zurückgezogen und den Naturwissenschaften das Feld überlassen. So konnte es geschehen, daß dem Fortschritt der Technik kein Fortschreiten des Geistes folgte. Wir gerieten in ein neues Mittelalter. Die Menschen verzichteten mehr und mehr darauf, selbständig zu denken. Die wachsende Belastung durch den immer härter werdenden Existenzkampf war und ist eine der Hauptursachen dafür. In dieser Situation reicht die Ethik der Zehn Gebote seit langem nicht mehr aus. Schweitzer unternahm den Versuch, auf der Grundlage einer neuen Ethik zum Wiederaufbau der Kultur beizutragen. Darin liegt die Bedeutung seiner Kulturphilosophie.

Schweitzer wurzelt philosophisch im Rationalismus und in der Aufklärung. Das Denken steht für ihn an erster Stelle. Zum Vorrang des Denkens gegenüber dem Glauben bekennt sich schon der Konfirmand, und noch drei Jahre vor seinem Tode bezeugt der Siebenundachtzigjährige in einem Zeitschriftenaufsatz, daß er in der Überzeugung, religiöse Wahrheiten seien letztlich Denk-Wahrheiten, nie enttäuscht worden sei.

Von der Philosophie wieder zurück zur Religion. Das Denken läßt uns erkennen, daß in der Welt Schaffen und Zerstören, Werden und Vergehen einander ablösen und daß dies Geschehen weder einen sittlichen Charakter hat noch einen dem Menschen erkennbaren Sinn offenbart. Ich erlebe die in der Welt wirkenden Kräfte als göttliche Kräfte, aber diese stellen keine sittlichen Forderungen an mich. Nun erlebe ich aber Gott nicht nur als in der Welt wirkende Kraft, sondern auch als eine Macht in mir, und von diesem Göttlichen in mir gehen starke sittliche Impulse aus, die mich zu einem verantwortungsbewußten Handeln veranlassen. Schweitzer ist zwar überzeugt, daß »Gott in der Natur« und »Gott in mir« eins sind, aber wie dies möglich ist, vermag er nicht zu erklären. Fest steht, daß ich »Gott in mir« anders erlebe als »Gott in der Natur«....

Dieser Widerspruch setzt sich fort in seiner scharfen Trennung zwischen Weltanschauung und Lebensanschauung. Wir müssen darauf verzichten, meint Schweitzer, zu einer befriedigenden Deutung der Welt zu kommen, weil die im Weltall wirkenden Kräfte für uns ohne Sinn bleiben und wir nicht hoffen können, durch unser Tun darauf Einfluß zu gewinnen. Das sittliche Handeln des Menschen ist für das Weltall belanglos. Um so wichtiger wird für uns die Lebensanschauung. Hier geht es darum, meinem Leben einen Sinn zu geben. Worauf aber soll sich diese Sinngebung gründen?

Die Antwort darauf gibt Schweitzer in seiner Ethik. Er hat viele Jahre damit verbracht zu grübeln, auf welcher Grundlage man das Gebäude einer neuen Ethik errichten könne. Er suchte und suchte. Es müßte ein ethisches Grundprinzip sein, das an die Stelle der Liebe gesetzt werden könnte. Da – an einem Tag wie viele andere, während einer Fahrt auf dem Ogowe, wie er deren schon viele gemacht hatte – kam ihm plötzlich, als er schon längere Zeit unter der Sonnenglut meditierend vor sich hinsann, blitzartig die Erleuchtung. Es war dies eine Offenbarung von der Art, wie sie zu allen Zeiten den großen Gestalten der Menschheit geschenkt werden. In Worte gefaßt, heißt diese intuitive Erkenntnis: »Ich bin Leben, das leben will, inmitten von Leben, das leben will.« Aber diese Wahrheit, die ihm so zuteil geworden war, mußte sich nun vor dem Denken bewähren. Intuition ist zwar der zündende Funke, aber damit der Motor in Gang bleibt und produktive Arbeit leistet, muß ständiger Kraftstoff am Motor wirken. Die Erleuchtung ist immer nur das große Geschenk, aber was daraus wird, ist dann Sache des Betroffenen.

Für Albert Schweitzer hieß das, die Offenbarung vor den Prüfstand des Denkens bringen und denkend die Konsequenzen untersuchen und aufzeigen.

Der »Wille zum Leben« ergab sich als eine erste Folgerung, die das Denken zog. Der Wille zum Leben wirkt in mir und in jedem anderen Lebewesen. Die Grenzen zwischen Mensch, Tier und Pflanze fallen. Alles ist Wille zum Leben. Durch den Willen zum Leben in mir wird mir bewußt, daß auch in jedem anderen individuellen Sein der gleiche Wille zum Leben ist. Das Sein bleibt abstrakt, es wird nur wirklich in der Vielfalt des Seienden. Hingabe an das Sein kann sich nur verwirklichen durch meine Hingabe an die Erscheinungen des Seienden, die mir zugänglich sind. Nicht alle Birken dieser Welt, sondern nur die Birken, zu denen ich Kontakte habe, sind meiner Verantwortung anvertraut. Nicht alle Kinder dieser Welt, aber die Kinder in meinem Lebensbereich sind in meine Fürsorge gegeben. Nicht allen Menschen dieser Welt, wohl aber allen Menschen, die meinen Lebensweg kreuzen, bin ich zur Hilfe verpflichtet.

Aber worauf gründet sich diese sittliche Verpflichtung?

Sie ist fest gegründet auf weiteren Folgerungen, die das Denken aus jener »Erleuchtung« gezogen hat. Auf dem Wege des Denkens fand Schweitzer das »Grundprinzip des Sittlichen«. Er formulierte es so: »Gut ist, Leben erhalten, Leben fördern, entwickelbares Leben auf seinen höchsten Stand bringen. Böse ist, Leben vernichten, Leben schädigen, entwickelbares Leben an seiner Entfaltung hindern.« Albert Schweitzer hat damit neue Maßstäbe für Gut und Böse gesetzt, wobei zweierlei zu beachten ist. Erstens: Gut und Böse sind keine definierbaren Tatbestände, sondern es ist die Art und Weise menschlichen Tuns. Zweitens: Schweitzers Begriff des Lebens bezieht Tier und Pflanze mit ein und erweitert dadurch den Bereich sittlichen Handelns ganz erheblich. Jetzt ist nicht nur das Töten eines Menschen, sondern auch das Ertränken eines Kätzchens und das Brechen einer Blume ein böses Tun. Es gibt keine Liste dessen, was verboten oder erlaubt ist, sondern jeder einzelne muß bei jedem Tun aus eigener Verantwortung entscheiden, und es gibt, da alles Leben miteinander verbunden ist, keine konfliktfreien Entscheidungen. Fast jede macht mich irgendwie schuldig.

Da Schweitzer jede Religion auch und besonders danach beurteilt, wie stark in ihr die ethischen Forderungen und Triebkräfte sind, so läßt sich sagen: Religion gipfelt in der Ethik – Glaube muß sich in Taten auswirken. Es liegt nahe, hier an das bekannte Wort zu denken: »An ihren Früchten sollt ihr sie erkennen!« Nun werden sittliche Entscheidungen ja immer nach bestimmten Wertvorstellungen getroffen, und in jeder Ethik gibt es einen Höchstwert. Albert Schweitzer ging aus vom »Willen zum Leben«. Das Denken über Ethik führte dann zu der Erkenntnis, daß folgerichtig die »Ehrfurcht vor dem Leben« als höchster Wert gesetzt werden muß. Es kann aber leicht übersehen werden, daß die »Ehrfurcht vor dem Leben« in zweifacher Weise wirkt. Einmal ist sie krönender Abschluß einer Ethik und gibt uns dadurch die Orientierungshilfe für unsere Entscheidungen. Ihr kategorischer Imperativ ließe sich etwa so formulieren: »Entscheide dich stets so, daß du dein Tun in der Ehrfurcht vor dem Leben rechtfertigen kannst.« Diese Ethik ist normativ, verzichtet auf Einzelvorschriften und stellt den einzelnen in eine fast unbegrenzte Verantwortung. Die Entscheidung darüber, ob Sterbehilfe gewährt, eine Schwangerschaft abgebrochen, ein Schwein geschlachtet, eine Wiese gemäht, ein Kernreaktor gebaut werden soll, ist in jedem Einzelfall nach Prüfung der Umstände zu treffen. Es gibt keine generellen Entscheidungen für Euthanasie, für Wehrdienstverweigerung, für Schwangerschaftsabbruch oder gegen Atomkraftwerke, gegen das Töten von Tieren, gegen Automatisierung.

Die zweite Wirkung der »Ehrfurcht vor dem Leben« sehe

ich darin, daß sie für den, der sich zu ihr bekennt, nach und nach zum Ausdruck seines eigenen Wesens wird. Ein solcher Mensch handelt bereits aus der Haltung der Ehrfurcht heraus, also emotional, bevor er verstandesmäßig (also rational) sein Handeln überprüft. Schweitzer stellt die Frage, ob denn durch Denken über Ethik mehr Ethik in die Welt kommt, und meint, daß durch das Nachdenken unsere nur gefühlsmäßig bestimmten sittlichen Regungen – auf die man sich ja nicht immer verlassen kann – vertieft und gefestigt werden, so daß wir aus Einsicht handeln. Handeln aus Einsicht führt zu weiterreichenden Konsequenzen als Handeln aus Gefühl.

Ganz anders steht es mit dem Erleben.

Zwar steht für Schweitzer das Denken, also die rationale Überlegung, an erster Stelle. Durch das Denken sollen wir Klarheit gewinnen. Doch dann sollen wir dahin kommen, daß unser Denken in Erleben übergeht. Das Erkennen der Welt soll zum Erleben der Welt führen. Wir sollen durch Denken religiös werden. Alles Denken endet zuletzt in Mystik.

Abschließend kehre ich zurück zu Schweitzers Stellung zu Christentum und Unitariertum.

Eine flüchtige Beschäftigung mit seinem Leben und seinen Äußerungen könnte den Eindruck hervorrufen, daß seine Einstellung zur christlichen Religion wenn nicht gerade schizophren, so doch widersprüchlich, schwankend, zumindest aber unklar genannt werden müßte. Befaßt man sich aber etwas eingehender mit seiner Haltung, dann wird man dazu geführt, genauer festzustellen, was jeweils gemeint ist. Albert Schweitzer unterscheidet zwischen Kirche, historischem Christentum, Christentum als Religion und Religion allgemein. Auch der Zusammenhang, in dem die Äußerungen getan werden, ist Anlaß für unterschiedliche Formulierungen. Es ist etwas anderes, ob Schweitzer sich an den Bund für freies Christentum wendet oder vor einer Versammlung von Missionaren spricht. Es ist etwas anderes, ob er sich mit der Geschichte des Christentums beschäftigt oder seine persönliche Treue zum Evangelium bekennt, wie er es versteht. Im Ganzen ergibt sich zwingend, daß Schweitzer sich zu einem »Christentum« bekannte, das nur so von ihm selbst verstanden wurde. Das ist gerade für uns Unitarier wichtig.

Dieses Christentum war prinzipiell undogmatisch. Es stand abseits vom traditionellen kirchlichen Lehrbestand. Bezeichnend ist ein Telegramm, das Schweitzer am 10. August 1947 aus Lambarene an die Teilnehmer einer Tagung für »Freies Christentum« sandte: »Auf dieser Tagung verhehlen Sie sich nicht, daß Sie einer unzeitgemäßen Sache dienen. Unzeitgemäß, unzeitgemäßer als je, ist freies Christentum heute, weil der in unserer Zeit waltende Geist sich gegen freies religiöses Denken ablehnend verhält. Zeitgemäß aber, zeitgemäßer als je, ist es, weil es für das geistige Leben unserer Zeit eine Notwendigkeit bedeutet. Nur aus der Erneuerung ethischen und religiösen Denkens kann *der* Geist aufkommen, der der Menschheit die Erkenntnisse und die Kraft verleiht, aus dem Dunkel und dem Kampf zum Licht und zum Frieden zu gelangen.«

Auch »Glauben und Wirken« der »Unitarischen Kirche« verstand Schweitzer als ein »Bekenntnis zu christlicher Freiheit zu einer Zeit..., als diese noch verfolgt wurde« (so in dem Brief vom 5. November 1961, in dem er die Ehrenmitgliedschaft der Unitarian Church in Boston, Mass. (USA), dankbar annahm.

In seiner Ethik der »Ehrfurcht vor dem Leben« ist Schweitzer unitarisch. In seiner Religion fühlt er unitarisch in der Einsicht, daß »Gott in der Natur« und »Gott in mir« eins ist, er fühlt »christlich« in seiner Erkenntnis, daß er »Gott in sich« anders erlebt als »Gott in der Natur«. Da nur »Gott in mir« sittliche Forderungen erhebt und da für Schweitzer Religion in Ethik gipfelt, gibt er einem Christentum, so wie er es interpretiert, den Vorrang. Andrerseits: Da die Ethik die Vollendung der Religion ist und die Ethik der »Ehrfurcht vor dem Leben« unitarisch ist, fühlte sich Schweitzer zum Unitariertum hingezogen. Indem er auf eine Deutung der Welt verzichtet, gibt er uns die Möglichkeit zu einer Sinngebung unseres Lebens.

Gedanken zu einer evolutionären Ethik

Unter einer evolutionären Ethik verstehe ich den Versuch aufzuzeigen, wieviel von unserem sittlichen Verhalten erklärt werden kann durch unsere Abstammung von tierischen Vorfahren.

Wenn der Mensch ein Produkt der Entwicklung des Lebens auf der Erde ist, dann müssen alle seine körperlichen Merkmale, alle seine seelischen Eigenschaften und alle seine geistigen Fähigkeiten im Verlauf dieser Entwicklung in ihm angelegt worden sein und sich nach und nach entfaltet haben. So wie nach dem biogenetischen Grundgesetz die Entwicklung des Einzelwesens im Embryonalzustand eine Wiederholung dieser stammesgeschichtlichen Entwicklung ist, so gibt es auch eine Art kulturgeschichtliches Grundgesetz, wonach das heranwachsende Kind in den ersten Lebensjahren die wesentlichen Phasen der Menschheitsentwicklung noch einmal spielerisch durchläuft. Noch nach dem Zweiten Weltkrieg, bevor das Überhandnehmen der Spielzeugindustrie die Kreativität und Initiative der Kinder zerstören konnte, war dieser Vorgang bei spielenden Kindern noch deutlich zu beobachten. Somit kann gefolgert werden, daß auch das sittliche Verhalten der Menschen weitgehend aus der Entwicklungsgeschichte erklärt werden kann.

Hierauf gründe ich meine Überlegungen zu einer evolutionären Ethik. Das aus den Herrentieren (Primaten) hervorgegangene Lebewesen »Mensch« war in seinem Verhalten zunächst noch völlig von seiner tierischen Vergangenheit her bestimmt. Die im Tierrudel befolgten Verhaltensmuster blieben bestimmend für das Verhalten in den Menschenhorden.

Da das Menschenjunge kein Nestflüchter, sondern ein Nesthocker ist, der eine mehrmonatige, extrauterine Entwicklungsphase durchmachen muß, ist die Brutpflege, also die Fürsorge für die Nachkommenschaft, aus der tierischen Vergangenheit übernommen und beibehalten. Man kann also nicht sagen, daß ein Tier ein »moralanaloges« Verhalten zeigt, wenn es sich fürsorglich um seine Jungen kümmert, sondern umgekehrt: Der Mensch verhält sich in der Fürsorge für seine Kinder durchaus »tierisch«. Es geht eine Linie von den Äffchen, die sich im Fell der Affenmutter festhalten, über die Kinder, die von den Müttern ständig auf dem Rücken mitgeschleppt und später auf dem Arm getragen werden, bis in die Gegenwart, da Kleinst- und Kleinkinder im besonders konstruierten Rucksack oder in einer Tragetasche transportiert werden. »Mutterliebe« ist also keine Errungenschaft des Menschen und somit kein »sittliches Verhalten«. Erst dann, wenn Eltern sich nicht nur für ihre eigenen, sondern auch für fremde Kinder und schließlich für alle Kinder auf der Erde mitverantwortlich fühlen, ist die Tierstufe überwunden, beginnt das rein menschliche und somit auch sittliche Verhalten.

Auch Kindesmißhandlungen und Kindestötung durch die Eltern haben ihre – allerdings sehr unterschiedlichen – Vorläufer im Tierreich. Wie im Prozeß der Menschwerdung dem Menschen viele Instinkte verlorengegangen sind, so ist oft auch der ursprüngliche – von daher auch »natürlich« genannte – Mutterinstinkt verkümmert. Dieser »Mutterinstinkt« und der durch das Kind ausgelöste Pflegekomplex (»Angeborener Auslöse-Mechanismus«) kann intellektuell verdrängt werden durch verstandesmäßige Überlegungen oder bei Mißhandlung und Tötung in tierische Vergangenheit zurückfallen. Wenn wir uns – erst jetzt – bei Kindesmißhandlung und Kindestötung empören und nach Gesetzen rufen, die das »Elternrecht« einschränken, so zeigt sich darin hoffnungsvoll ein stärkeres Bewußtwerden unserer »humanen« Menschlichkeit.

Auch im Bereich der Sexualität sind die Verhaltensmuster bereits in der Tierwelt, und so auch bei den Primaten, voll entwickelt von den Liebesspielen bis zum Geschlechtsverkehr in seiner häufig ausgeübten Stellung. Allerdings ist beim Menschen im Laufe seiner Entwicklung die zeitlich begrenzte Brunftzeit verlorengegangen zugunsten einer das ganze Jahr hindurch vorhandenen Bereitschaft. Und selbstverständlich wußten die Menschen der frühesten Frühzeit, wie man für Nachkommenschaft sorgt. Sexualkunde als Nachhilfeunterricht ist ein sehr eindrucksvolles Anzeichen fortgeschrittener Zivilisation. In dieser Beziehung war bis vor wenigen Jahrzehnten noch das Dorfkind dem Stadtkind überlegen, doch durch die Technisierung in der Landwirtschaft hat sich das geändert; Maschinen begatten sich nicht. Auch Sippenverbände, Familiengruppen, Monogamie, Polygamie, ja, sogar der Einzelgänger, sie alle haben ihre Vorläufer in der Geschichte unserer Abstammung, und nichts zeigt, daß nur die Einehe »natürlich« sei. Nach einer mir zugegangenen Mitteilung gibt es sogar bei den Primaten – Schimpanse, Gorilla, Orang Utan und Gibbon – Einehe, Polyandrie und Promiskuität.

In unsere tierische Vergangenheit zurück führt auch die Anerkennung der Herrschaft. Zunächst ist es die Machtstellung des Rudelführers, der seine Herrschaft immer wieder gegen den Nachwuchs verteidigen muß. Das geht dann menschheitsgeschichtlich weiter vom Hordenführer und Stammeshäuptling über die Gaufürsten und Kleinkönige bis zum absoluten Herrscher. So gesehen zeigen alle Versuche zur Demokratie und der Wunsch nach Abbau der Herrschaft von Menschen über Menschen eindeutig eine Richtung auf Ablösung von evolutionärer Vergangenheit mit dem Ziel auf mehr Menschlichkeit. Und was ist Vaterlandsverteidigung der Völker anderes als die Fortentwicklung der Revierverteidigung, allerdings im Laufe der menschlichen Jahrtausende zusätzlich emotional aufgeladen. Es ist hierbei sehr unterhaltsam zu beobachten, wie etwa Amseln in Vorstadtgärten ihre »Grenzen« in der Straßenmitte »verteidigen« gleich Völkern, deren Staatsgrenze in der Flußmitte verläuft.

Schließlich zeigen beispielsweise die Biber, daß auch das gemeinsame Verrichten von Arbeiten nicht erst vom Menschen erfunden wurde. Weiter wäre hier zu nennen die Hackordnung, die jedem Tier im Verband seinen Platz anweist. Dies wirkt ebenfalls in der Menschheitsgeschichte weiter und geht von der Gliederung innerhalb des Stammes zum Kastenwesen und zur ständischen Gliederung und bis zur Klassengesellschaft. Wie stark dies Gefühl der Zugehörigkeit zu einem Stand oder einer sozialen Klasse in den Menschen wirkt, kann heutzutage noch in modernen Industriegesellschaften beobachtet werden. So wäre – entwicklungsgeschichtlich gesehen – erst eine klassenlose Gesellschaft unsere endgültige Lösung von der Tiervergangenheit. Auch das patriarchalische und oft herrschsüchtige Verhalten des Familienvaters in seiner mittelalterlichen Machtfülle, die Machtstellung des früheren Sippenoberhauptes – sie haben ihre Vorstufe im »Oberaffen«, wie ich es in Südafrika in einem »game« (Naturpark) sehr anschaulich beobachten konnte.

In all diesen Bereichen, die hier herausgegriffen wurden, können wir kaum von Sittlichkeit sprechen, solange es sich um die Ausübung vererbter Verhaltensmuster handelt.

Aufbauend auf diesen Verhaltensmustern haben wir dann im Laufe unserer Menschheitsgeschichte neue Verhaltensweisen entwickelt, die für das Zusammenleben des sich mehr und mehr domestizierenden Lebewesens »Mensch« nötig wurden. Diese wurden später zu »Tugenden« im Sinne eines gewünschten Verhaltens und zu »Werten« als Orientierungshilfe des Verhaltens.

Da wir, von den Primaten abstammend, in unserer »Instinktgarnitur« keine Tötungshemmung haben, war es eines der ersten Erfordernisse, das Töten innerhalb des Rudels, des Stammes, später der Volksgemeinschaft zu verbieten. Die indische Forderung des »ahimsa«, welche die Verletzung aller Lebewesen untersagt, ist hier noch weitreichender als das in der europäischen Welt geltende Gebot: »Du sollst nicht töten!«. Auch heute noch gilt dieses Verbot *nicht* gegenüber dem anderen, dem Fremden, dem Feind.

Schon der Rudelführer unter jagenden Tieren mußte sich darauf verlassen können, daß die anderen ihm folgten, um die Beute zu erjagen oder ein feindliches Tier abzuwehren. In der gleichen Lage war dann später der menschliche Hordenführer. Daraus entwickelte sich Unterordnung bis zur Unterwerfung und Demut, Folgsamkeit bis zum Gehorsam und Zusammenhalten bis zur Kameradschaft. Auch jene Verhaltensweisen, die wir in unserer Sprache mit »Mut« und »Tapferkeit« bezeichnen, sind zweifellos schon in unserer tierischen Vergangenheit in uns angelegt und dann in der frühen Stufe der Jäger weiterentwickelt worden. Auch der »tapfere« Einzelkämpfer, der einer angreifenden Schar standhält, hat viele Vorbilder unter den Tieren.

Als es später in der Menschheitsgeschichte dazu kam, daß Gegenstände aller Art als Besitz und Eigentum – zunächst der Sippe, später des einzelnen – angesehen wurden, ergab sich die Notwendigkeit, den Besitz zu schützen. Damit war etwas Neues in das Zusammenleben der Menschen getreten. Es lockte jetzt die Möglichkeit, sich fremdes Eigentum anzueignen, es gab nun den Diebstahl und damit die Nötigung, diesen zu verbieten. Solange kein Eigentum, solange kein Diebstahl. Der Trieb, Besitz anzuhäufen, und zwar nicht als reine Vorratswirtschaft wie bei einigen Tieren, sondern als Reichtum, wurde nun eine sehr menschliche Eigenschaft.

Aus den Jägern wurden Krieger, und aus ihrer Lebensführung erwuchsen als neue menschliche Werte »Ruhm« und »Ehre«. Im Hinblick darauf, daß sich das aus tierischer Vergangenheit stammende »Imponiergehabe« bis heute erhalten hat, halte ich es nicht für wahrscheinlich, daß daraus auch die Werte »Ruhm« und »Ehre« entstanden sind. Wir haben es hier meiner Meinung nach mit Wertorientierungen zu tun, die der Mensch aus neuen seelischen Bedürfnissen heraus entwickelt hat. So sind dies aus meiner Sicht erste wirklich sittliche Gebote, weil ihre Befolgung oft gegen das Wohl des einzelnen gerichtet ist und ihn in sittliche Konflikte bringen kann. Zwar stehen auch diese Entscheidungen unter einem Zwang. »Ehre ist Zwang genug!« hieß es einst. Doch an die Stelle angeborener Verhaltensmuster ist jetzt die Sitte getreten, das heißt das von der menschlichen Gemeinschaft als verbindlich bestimmte Verhalten. Es ist der »Brauch«, die »Meinung der Leute«. Doch der Unterschied ist bedeutsam. Man kann gegen die Sitte verstoßen! In dieser Kann-Möglichkeit liegt der mehr oder weniger kleine Spielraum freier Entscheidung. Es ist fast unmöglich, gegen angeborene Verhaltensmuster zu handeln, aber es ist möglich, sich von Konvention und Sitte frei zu machen. Mitunter aber durchbrechen uralte Verhaltensmuster neu geschaffene Sittlichkeit.

Überall da – von frühgeschichtlicher Zeit an –, wo Herrschende gebieten und die Beherrschten die Arbeit auszuführen haben, prägen die Herren den Knechten die Tugenden auf, die zur Ausführung der Arbeiten wünschenswert sind. Dies sind die Tugenden: Fleiß, Ausdauer, Gehorsam, Pünktlichkeit, Ehrlichkeit, Ordnung und selbstverständlich Unterwürfigkeit. Im Zeugnis der Dienstboten hieß es noch bis zum Ersten Weltkrieg: »war treu, ehrlich und fleißig«. Die Eigenschaften der Herrschenden waren – und sind weithin noch –: Autorität bis zur Herrschsucht, Stolz bis zum Hochmut, Großzügigkeit bis zur Verschwendung, Befehlen bis zur Unterdrückung, Tapferkeit bis zum Übermut, Lust am Spiel bis zum Leichtsinn, Treue bis zur Selbstaufgabe.

Es ist ein langer, langer Weg, der schließlich zu den humanen Werten wahrer Menschlichkeit führt, die ganz und gar und einzig und allein vom Menschen selbst gesetzte Werte sind. Diese sind vor allem: Güte, Liebe, Mitmenschlichkeit, Toleranz und Ehrfurcht vor dem Leben. Wo diese Werte verwirklicht werden, da ist in unserem Verhalten die tierische Vergangenheit verlassen, überwunden, abgetan. Jetzt erst steht der Mensch dem Menschen menschlich gegenüber.

Zwei Worte aus alter Zeit – aus der Stoa und aus der Edda – haben dieses Zukunftsziel bereits anvisiert:

»Der Mensch sei dem Mensch etwas Heiliges« und

»Der Mensch ist des Menschen Freude«.

Wertvorstellungen als Orientierungshilfe im menschlichen Miteinander

Was sind Werte? – Wie schon in der Formulierung dieses Referates angegeben, sehe ich in den Werten vor allem Orientierungshilfen. Nicht mehr, aber auch nicht weniger. Jeder Mensch muß sich in seinem Dasein orientieren, wie es auch der Titel eines neuen Buches von Hubertus Mynarek aussagt. Der Mensch orientiert sich in und an der Umwelt, an Vorbildern und Vorschriften, an Gewohnheiten und am Verhalten anderer. In diesem Bemühen um Orientierung kommt den Wertvorstellungen eine Bedeutung zu, die gar nicht überschätzt werden kann.

Was sind Werte nicht? – Ich halte es für irreführend, Wort und Begriff »Wert« so zu gebrauchen, als ob damit etwas tatsächlich Vorhandenes, etwas Selbständiges bezeichnet werden soll. Es gibt aber kein »Reich der Werte«. Werte sind nicht etwas Absolutes, nicht etwas zeitlos »Gültiges«, nicht etwas, das auch ohne den Menschen da wäre. »Werte« sind also nichts »an und für sich«. Ich halte es daher für sinnvoller, statt von Werten von Wertvorstellungen zu sprechen, also von Vorstellungen, die sich die Menschen in bezug auf Dinge oder Ideen machen, oder anders ausgedrückt: in bezug auf materielle oder geistige Güter. Ich halte es daher auch für falsch, von materiellen und ideellen Werten zu sprechen und sie auf verschiedenen Wertebenen anzusiedeln. Es gibt kein Stück Materie, das an und für sich genommen einen Wert besitzt, auch nicht Gold. Erst indem der Mensch eine Beziehung dazu herstellt, erhält jedes beliebige Stück Materie, also jedes Ding, einen Wert für den die Beziehung herstellenden Menschen. Der Mensch legt dem Ding einen Wert erst bei, spricht ihm einen Wert zu, und zwar immer nur die Wertqualität, die das Ding für ihn hat. Das kann ein gefundener Stein oder Wurzelstock sein, ein altes, fast vergilbtes Foto, ein schon sehr zerlesenes Buch oder ein Schmuckstück, das Eigenheim oder das neue Auto. Ist es ein einzelner Mensch, für den ein Ding wertvoll ist, so wird es wohl immer ein persönlicher Wert bleiben. Sind es viele Menschen, für die ein Ding wertvoll ist, können wir von einem allgemeinen Wert sprechen. Allgemeiner Wert aber nicht, weil das betreffende Ding »an sich« einen Wert darstellt, sondern weil viele, weil die Allgemeinheit, dem Ding Wert beimessen.

Ein sehr anschauliches Beispiel ist die Geschichte jener Materie, die wir »Gold« nennen: Alle Arten von Materie, die es auf unserem Planeten gibt, hatten sich gebildet und waren, lange bevor der Mensch auftrat, vorhanden. Holz, Torf, Kohle, Öl, Eisen, Kupfer, Zinn, Silber, Gold, Bauxit, Titan, Tantal, Uran usw., sie alle wurden erst nach und nach und in dem Maße wertvoll, in dem Menschen sie für ihre Zwecke verwendeten. Wie Sie wissen, gab es Völker mit alten Kulturen, für die Gold keinen besonderen Wert hatte. Sie benutzten es einfach als Material zur Herstellung von Dingen, die sie brauchten. Dann gab und gibt es Völker, zum Teil mit jungen Kulturen, die dem Gold hohen Wert beilegen. Gegenwärtig erleben wir wieder einen »Goldrausch« als Massenerscheinung, der den Preis – das ist der Maßstab, an dem Dinge äußerlich gemessen werden können – in die Höhe treibt. Das Stückchen Gold bleibt, was es immer war. Es sind die besonderen Umstände, die Menschen veranlassen können, einem Ding einen höheren Wert beizumessen. Ein anderes, sehr lehrreiches Beispiel ist das Öl. Dinge von Allgemeinwert werden um so wertvoller, je notwendiger sie gebraucht werden, zum Beispiel Rohstoffe, oder je höher sie eingeschätzt werden, zum Beispiel Luxusgüter.

Kehren wir von den Allgemeinwerten noch einmal zurück zu den Dingen, die nur einen persönlichen Wert haben. Sehr oft handelt es sich dabei um Dinge, die nach der Meinung aller anderen völlig wertlos sind. Nichts zeigt deutlicher, daß es der Mensch ist, der erst einem Ding einen Wert beimißt, und diese Tatsache zeigt außerdem mit aller Deutlichkeit, daß Wertvorstellungen subjektiv sind.

Nun ist das, was ich bisher ausgeführt habe, im Bereich der sogenannten materiellen Werte bekannt und unbestritten. Wie aber steht es damit im Bereich der sogenannten ideellen Werte?

Ich behaupte, daß wir auch hier, wo es sich um die »eigentlichen«, um die »echten«, um die »wahren« Werte handelt, dasselbe Verhältnis vom Menschen zum Wert antreffen. Nur von diesen »edlen«, diesen ideellen Werten wird ja behauptet, daß sie »von oben« stammen, daß sie in einem »Reich der Werte« beheimatet sind, daß sie »zeitlos gültig« und somit »absolut« sind, daß sie auch ohne den Menschen vorhanden sind, ja, daß sogar Gott sich nach diesen Werten richten muß. So wird zum Beispiel von den Wertidealisten die Behauptung aufgestellt, daß die Werte immer da sind, ganz gleich, ob es

Menschen gibt oder nicht. Zweierlei wird aber auch von den Wertidealisten zugestanden: Es wird zwar gesagt, daß der Mensch nichts anderes zu tun hat, als die Werte zu erkennen, um dann nach ihnen zu leben; es wird aber auch gesagt, daß ein Wert zunächst als solcher erkannt werden muß, um vom Menschen verwirklicht zu werden. Die Werte bedürfen also des Menschen, und wenn es keine Menschen mehr gibt, dann bleiben zwar die Werte, so sagen die Wertidealisten, aber sie können nicht mehr verwirklicht werden. Zweitens räumen auch die Wertidealisten ein, daß nicht jeder Mensch für jeden Wert empfänglich ist. Sie geben zu, daß der Mensch, der einzelne Mensch, nur die Werte verwirklichen kann, die er als solche empfindet und bejaht. Kein Mensch wird die Verwirklichung von etwas anstreben, das ihm nichts bedeutet. Die Wertidealisten geben damit indirekt zu, daß die Werte nichts sind ohne den Menschen, und sie geben außerdem zu, daß alles Werterkennen subjektiv ist. Und das ist meiner Meinung nach entscheidend. Weiter geht allerdings die Übereinstimmung zwischen mir und den Wertidealisten nicht, und Sie werden gemerkt haben, daß ich die Theorie des Wertidealismus ablehne.

Ich stehe philosophisch in der Tradition Nietzsches und der Vorsokratiker. Ich werfe der ganzen idealistischen Philosophie vor, daß sie die Werte immer als gegeben hinnimmt, ohne nach ihrer Entstehung zu fragen. Das gilt auch für Nicolai Hartmann und sein Werk über »Ethik«. Die Anregung Nietzsches in seiner Schrift »Zur Genealogie der Moral«, zunächst einmal nach der Herkunft der Werte zu fragen, wurde nicht aufgegriffen....

Im folgenden Teil werde ich mich nun mit der Herkunft von Wort und Begriff »Wert« befassen.... Das »Etymologische Wörterbuch« von Kurt Kluge sagt, daß unser Wort »Wert« eine gemein-germanische Substantivierung des Adjektivs 'wert' ist«. Schon dieser eine Satz ist bedeutungsvoll. Am Anfang steht ein Adjektiv, also eine Eigenschaft. Diese Eigenschaft ist später substantiviert, also zu einem Hauptwort erhoben worden und hat durch diesen rein grammatikalischen Vorgang allmählich die Vorstellung hervorgerufen, daß dem Substantiv »Wert« dann wohl auch eine eigene Substanz zukommen müsse. – Aber blicken wir weiter in den Kluge. Das Adjektiv »wert« hat im Althochdeutschen und Mittelhochdeutschen die Bedeutung »einen gewissen Preis kostend, käuflich für etwas«; dann auch von »herrlich, vornehm«. Im Altsächsischen, Altfriesischen, Angelsächsischen, Altnordischen und Gotischen hat das Adjektiv die Bedeutung von »würdig«.

Das Substantiv »Wert« wird im Althochheutschen und Mittelhochdeutschen sowohl als Neutrum wie als Maskulinum gebraucht in der Bedeutung von »Kaufpreis, kostbare Ware, Herrlichkeit«. Im Altsächsischen hat das Wort die Bedeutung von »Geld, Lohn«, im Altfriesischen, Angelsächsischen, Altnordischen und Gotischen die Bedeutung von »Preis«. Urverwandt ist das Awestische 'avarsta' mit der Bedeutung »Wertgegenstand, Besitztum«....

Im neueren deutschen Sprachgebrauch wird das Substantiv »Wert« nun auf mannigfache Objekte, materielle und geistige Güter, bezogen, ohne daß andrerseits sein Anwendungsbereich durch das vordringende Wort »Preis« wesentlich geschmälert worden ist. »Wert« wird ein wichtiges Fachwort der Volkswirtschaft und der Philosophie, dessen Inhalt umstritten ist und oft definiert wird; darüber hinaus nimmt das Wort »Wert« geradezu den Charakter eines Schlag- und Modewortes an, »das alle Welt bei passender und unpassender Gelegenheit im Munde führt« (Heyde)... Besondere Bedeutung bekommt das Wort »Wert« in fachsprachlichen Anwendungen: Wert der Noten, Wert mathematischer Größen. In der weiteren Entwicklung wird dann das Wort »Wert« auch auf immatierielle Objekte bezogen, auf geistige Güter und auf Ideelles, das als Wert erkannt und geschätzt wird, auch: Bedeutung, Rang, Würde, Ansehen....

Was haben nun Etymologie und Wortgeschichte zur Klärung beigetragen? Da haben wir zunächst einmal die Tatsache, daß am Anfang ein Eigenschaftswort steht. Das Wort »wert« drückt eine Eigenschaft aus, die dem Objekt vom Menschen beigelegt wird. Der Gebrauch des Wortes ist also immer mit einem Objekt verbunden, auf das es sich bezieht. Und die Eigenschaft, die durch das Wort »wert« gekennzeichnet wird, ist die, daß das Objekt teuer ist, einen Preis hat, kostbar ist, geschätzt wird. Dann wird das Eigenschaftswort zum Hauptwort, aus dem Adjektiv wird ein Substantiv. Die Substantivierung von Adjektiven hat zur Folge, daß die Eigenschaft sich vom Objekt löst und dadurch der Eindruck entsteht, daß die Eigenschaft etwas Selbständiges sei, das auch ohne ein dazugehöriges Objekt vorhanden sei. Genau das ist mit dem

Eigenschaftswort »wert« geschehen. Das daraus entstandene Hauptwort »das Wert«, später »der Wert« wird weithin, und zwar nicht nur beim einfachen Menschen, sondern bis in die Philosophie hinein, so aufgefaßt, als entspräche diesem Wort eine für sich bestehende Wirklichkeit, als gäbe es »den Wert an sich«. Und nun jongliert man mit den Werten wie ein Artist mit Bällen.

Der zweite, sehr bedeutsame Gesichtspunkt, den wir der Etymologie und Wortgeschichte entnehmen können, ist der, daß Adjektiv und Substantiv »Wert« von den frühesten Anfängen an dem Bereich der materiellen Objekte entstammen. Wort und Begriff »Wert« sind von daher eindeutig dem Kaufmännischen, der Wirtschaft zugeordnet. Dies zeigt sehr anschaulich der heutige Wortgebrauch. Ich nenne als Beispiel die Adjektive: wertvoll, wertlos, wertbeständig; die Verben: bewerten, abwerten, aufwerten, verwerten; die Substantive: Abwertung, Aufwertung, Verwertung, Mehrwert, Mehrwertsteuer, Bewertungsmaßstab, Wertzuwachssteuer, Taxwert, Gebrauchswert, Kaufwert, Wertminderung, Wertsteigerung, Wertangabe, Wertarbeit, Wertbrief, Wertmesser und Muster ohne Wert....

Es drängt sich nun folgende Überlegung auf: Wenn in sehr viel späterer Zeit im geistigen Bereich nach Wörtern gesucht wird, um etwas Ideelles zu bezeichnen, dann entnahm man diese Wörter dem Bereich der Wirtschaft. Um sie von ihrer ursprünglichen Bedeutung zu unterscheiden, setzte man das Adjektiv »geistig« davor und sprach von »geistigen Gütern« im Unterschied von Waren und von »geistigen Werten« im Unterschied zu Preis und Kosten. Entweder waren die Menschen jener vergangenen Zeit nicht imstande gewesen, sprachschöpferisch neue Wörter zu bilden, oder – was ich für wahrscheinlicher halte – sie sahen keine Notwendigkeit dafür und übertrugen ganz unbefangen Wörter aus dem Alltag und dem vertrauten Umgang mit materiellen Objekten in den ja zunächst neuen und ungewohnten Umgang mit ideellen Vorstellungen. Erstaunlich ist bei diesem Vorgang jedoch, daß ein aus alter Zeit bekanntes Wort, dessen Bedeutung den ganzen in Betracht kommenden Umfang abdeckte, vorhanden war. Ich meine das Wort »Tugend«. Das mittelhochdeutsche »tugent, tugende« (mittelniederdeutsch: dogent) bedeutet »Tüchtigkeit«, »Kraft«, »gute Eigenschaft«. Ich erinnere hier nur an das Nibelungenlied, in dem es in Vers 13 heißt: »Ez troumde Kriemhilde in tugenden, der si pflac, ...« Es ist meiner Ansicht nach das Wort, das bestens geeignet ist, genau das zu bezeichnen, was hier gemeint ist, nämlich die gute Eigenschaft....

Ich habe Ihnen die Herkunft des Wortes »Wert« zunächst von der sprachwissenschaftlichen Seite her dargelegt. Als Ergebnis stelle ich fest: Bis zum Beginn der neueren Zeit kommt das Wort »Wert« in seiner heutigen Bedeutung als »ideeller Wert« nicht vor. Weder die Germanen noch die Menschen des hohen Mittelalters gebrauchen das Wort in diesem Sinne, und in der vorchristlichen Antike sprechen Römer und Griechen von »Tugend«, vom »Ziel« und vom »höchsten Gut«.

Wenn es in der früheren Zeit auch das Wort in diesem bestimmten Sinn nicht gibt, so gibt es doch die Sache. Da ich vom Standpunkt der Evolution ausgehe, gibt es nichts, das gleich fertig da ist. Alles muß sich erst entwickeln. Wie ich mir die Entwicklung denke, in der es allmählich zu Wertvorstellungen gekommen ist, das möchte ich Ihnen nun im nächsten Teil vortragen.

Meine Überlegungen beginnen damit, daß ich mir die Entwicklung zur Sprache vorstelle. Wie wir bei jedem Kleinstkind feststellen können, beginnt es mit Lallen und Urlauten. Durch das Sprechen der Erwachsenen lernt das Kind das Sprechen und lernt die Wörter mit ihrer Bedeutung. Diese Bedeutung liegt seit Jahrtausenden – zum Beispiel Birke, Wasser, Sonne – oder seit Jahrhunderten – zum Beispiel Tabak, Straße, Spiralnebel – oder seit Jahrzehnten – zum Beispiel Eisenbahn, Auto, Computer – fest. Ständig werden – vor allem im technischen Bereich – neue Wörter geschaffen.

Einst mußten die Menschen die allerersten Wörter zur Bezeichnung ihres Tuns und zur Benennung der Gegenstände erst erfinden. Das war gewiß ein langdauernder Prozeß. Neben die Urlaute – ähnlich den Stimmfühlungslauten der Tiere – traten Mimik und Gestik als Mittel der Verständigung im gemeinschaftlichen Tun. – Anmerkung: Jeder Urlaubsreisende erfährt es, in welchem Ausmaß Gestik und Mimik die Verständigung ermöglichen, wenn man der Landessprache unkundig ist. – Zweifellos werden die ersten artikulierten Wörter innerhalb der Horden, in denen Jäger und Sammler lebten, Hinweise und Befehle gewesen sein. Der entscheidende Schritt, mit dem die Kulturgeschichte der Menschheit beginnt, ist dann die Benennung von Pflanzen, Tieren und allen Objekten der Umwelt, die für Jäger und Sammler von Bedeutung sind. Durch das Entstehen der Sprache wird nicht nur die zwischenmenschliche Verständigung erleichtert – mag der Wortschatz zunächst noch so klein sein –, sondern auch ein Faktor geschaffen, der die kulturelle Entwicklung ganz wesentlich beschleunigt. Durch die Sprache wird alles Neue an die jeweils nächste Generation tradiert, so daß diese von klein an mit dem vorhandenen Wortschatz aufwächst und ihn wiederum vermehrt. Nach meinen Überlegungen wird ein langer Zeitraum anzusetzen sein, bis die Jäger und Sammler das Bedürfnis hatten, ein Objekt mit einem neuen Wort zu bezeichnen, das ausdrücken sollte, daß dieses Objekt für die Horde, für die menschliche Gemeinschaft wertvoll ist. Die Eigenschaft »wertvoll sein« wird nun bestimmten Objekten beigelegt. Hiermit haben wir den Anschluß erreicht an das, was wir durch die Etymologie erfahren haben. Am Anfang steht das »Wertvoll-Sein« als Eigenschaft von Gegenständen. Aber diese materiellen Wertvorstellungen sind ja nicht unser Thema.

Wie konnte es nun nach der Wahrscheinlichkeit zur Entstehung jener anderen Wertvorstellungen kommen, die heutzutage viele Menschen als »ideelle Werte« bezeichnen?

Versuchen wir, uns in die Lebensverhältnisse einer Horde von Jägern und Sammlern zu versetzen. Wir dürfen von der Voraussetzung ausgehen, daß alle vom Menschen geforderten Eigenschaften im Interesse der Gemeinschaft liegen – also der Horde, des Stammes, der Dorfgemeinschaft, später der Polis und des Staates. Die Interessen des einzelnen Individuums kommen in der Entwicklungsgeschichte der Menschheit erst ganz, ganz spät zum Zuge. Für diese vom Menschen geforderten Eigenschaften, die nicht seine Tätigkeit, sondern sein Verhalten betreffen, steht uns das Wort »Tugend« in seiner Bedeutung »Tüchtigkeit«, »gute Eigenschaft« zur Verfügung.

Welche guten Eigenschaften, also welche Tugenden könnten es sein, die zuallererst gefordert werden?

Sicher wird man sehr bald gemerkt haben, anders gesagt: aus der Erfahrung gelernt haben, daß der Erfolg bei der Jagd vom guten Funktionieren des gemeinsamen Handelns abhängt. Für den Hordenführer heißt das, daß er die Befolgung seiner Anweisungen verlangen muß. Die erste »gute Eigenschaft«, die von den Hordenmenschen verlangt wurde, dürfte wohl Gehorsam gewesen sein. Weitere notwendige Eigenschaften sind dann Ausdauer, Mut und das Ertragen von Strapazen und Schmerzen. Wir wissen aus Berichten über Naturvölker, daß bei ihren Initiationsriten das Aushalten von Schmerzen eine große Rolle spielt. Sehr bald wurde es Zwang, dem Hordenführer unbedingt zu folgen, woraus sich dann allmählich die Gefolgschaftstreue entwickelte, von der wir Jahrzehntausende später im Bjarkamál der Edda hören:

»Folget, Gefährten, dem Fürsten in den Tod.
Kein Laut der Zagheit der Zunge entfliehe.
Solange Leute Land bebauen,
überdauert den Tod der Taten Ruhm.«

»Ruhm« und »Ehre« sind späte Wertvorstellungen, die sich wohl daraus entwickelt haben können, daß einzelne Männer sich bei der Jagd und im Kampf besonders hervortaten und dafür irgendwie ausgezeichnet wurden. Die Verhältnisse sind hier insofern etwas kompliziert, weil »Ruhm« und »Ehre« keine »Tugenden«, also keine Eigenschaften des Menschen sind. »Ruhm« ist ein Wort für das hohe Ansehen, das jemand durch seine Taten gewinnen kann. Es kann für manche Menschen ein erstrebenswertes Ziel sein. Der Erreichung dieses Zieles werden Opfer gebracht bis zur Hingabe des eigenen Lebens. »Ehre« ist die Bezeichnung für einen sittlichen Besitz, den man hat, den man mehren oder verlieren kann. Ehre ist zwar dem Ruhm eng verbunden, aber dennoch von ihm streng geschieden. Ein ruhmloses Leben ist keineswegs ein ehrloses Leben. Ein Mensch von ehrenhaftem Charakter – wir sagen heute oft: eine integre Persönlichkeit – hat es nicht nötig, dies durch Ruhmestaten zu beweisen. Das ist in der Alltagswirklichkeit auch gar nicht möglich.

Alles, was ich bisher an guten Eigenschaften, an Tugenden, genannt habe, vom Gehorsam bis zur Ehre, ist entstanden aus den Notwendigkeiten, wir können auch sagen: aus den Bedürfnissen einer Kriegergesellschaft. Im Begriff der Ehre verbinden sich – einem Mosaik gleich, das erst aus lauter Einzelstücken zu einem Ganzen wird – die Eigenschaften Mut, Tapferkeit, Ausdauer, Standhaftigkeit, Gefolgschaftstreue zu dem Charakterbild eines Mannes und Kriegers. – In einer bäuerlichen Welt herrschen andere Wertvorstellungen. Der Bauer braucht Frieden, damit er seine Aussaat als Ernte einbringen kann. Für ein gutes Erntejahr und Frieden beteten beim Julfest die nordgermanischen Bauern noch im frühen Mittelalter. Geduld und Ausdauer, fürsorgliche Hinwendung zum Acker und Vertrauen in die göttlichen Kräfte des Wachsens und Reifens sind die notwendigen bäuerlichen Tugenden, die seinen Bedürfnissen entsprechen.

Ich habe die Tugend des Gehorsams, als die Eigenschaft des Gehorchens, an die erste Stelle gesetzt. Das Gehorchen muß in fernster Frühzeit so tief den Menschen eingebrannt worden sein, daß wir erst heutzutage, nach einer Million von Jahren, beginnen, uns vom Gehorsam freizumachen. – Ähnlich hat sich dann später die Forderung eines ehrenhaften Verhaltens tief eingeprägt. »Ehre ist Zwang genug!« Mit diesem Ausspruch ist alles gesagt, und die isländischen Sagas liefern reichlich Beispiele dafür. Über die Einhaltung des Ehrgebots wacht die Sippe, die damals die Gemeinschaft bildet. Durch das ganze, vom Rittertum geprägte Mittelalter bleibt Ehre das höchste Ideal. Noch im »Hamlet« heißt es: »Wahrhaft groß sein heißt, nicht ohne großen Gegenstand sich regen; doch einen Strohhalm selber groß verfechten, wenn Ehre auf dem Spiel.« Doch ganz anders heißt es bei Goethe: »Gut verloren, etwas verloren, Ehre verloren, viel verloren; Mut verloren, alles verloren.« In der Blütezeit der Städte wird der Ehrbegriff vom aufstrebenden Bürgertum übernommen, das den »ehrsamen Kaufmann« als Vorbild aufstellt. Schon sehr veräußerlicht wirkt dann das Ehrgebot noch einmal verpflichtend im Offizierskorps und in den studentischen Korporationen, die »Ehre, Freiheit, Vaterland« als Wappenspruch führen, bis es im Begriff der »Standesehre« völlig verflacht und absurd wird.

Erst aus seßhaftem Bauerntum, also frühestens seit der Bronzezeit, erwächst der Begriff »Heimat«. Heute, knapp 3000 Jahre später, wird dieser Begriff durch zunehmende Entwurzelung in einer mobilen Gesellschaft fragwürdig. Wo der Großvater noch immer der verlorenen »Heimat Ostpreußen« nachtrauert, haben die Enkel längst in Kanada oder Argentinien, in Südafrika oder Australien oder sonst irgendwo eine »neue Heimat« gefunden.

Ganz jung für deutsche Verhältnisse ist der Begriff »Vaterland«. Die Griechen hatten ihre »polis«, den Stadtstaat; Rom hatte sein Imperium, und wir Deutschen hatten bis 1806 das »Reich«, aber kein Vaterland. Erst Freiheitskrieg und Romantik schenkten uns die neuen Begriffe »Volk« und »Vaterland«. Wohl weil sie so jung sind, verglichen mit jahrtausendealten anderen Wertvorstellungen, konnten sie sich noch nicht fest in den Herzen der Menschen verankern.

Nach Bauerntum, Rittertum und Bürgertum ist dann das Beamtentum durch besondere Wertvorstellungen gekennzeichnet. An erster Stelle steht hier die »Pflicht«, die als Norm des Verhaltens durch Kant mit einem alles verklärenden Nimbus versehen wurde. Hier sind Ordnung, Pünktlichkeit und peinliche Genauigkeit gefragt. In ihrem Schatten sinkt der erhabene Begriff der Pflicht herab zur Schutzbehauptung für eigenes Versagen: Ich habe nur meine Pflicht getan!

Werfen wir nun noch einen kurzen Blick auf jene Tugenden, die von den Herrschenden gefordert werden. Für Sklavenhalter und Unternehmer steht an erster Stelle die Forderung, daß die Arbeitenden fleißig sein müssen. Später werden dann Pünktlichkeit und Sorgfalt in der Ausführung als gute Eigenschaften gefordert; von den Dienstboten verlangte man vor allem Sauberkeit und Ehrlichkeit.

Alle diese Tugenden – um das Modewort »Wert« zu vermeiden – waren Eigenschaften, die nicht dem einzelnen zugute kamen, sondern immer nur den Interessen anderer dienten: der Horde, dem Stamm, der Sippe, dem Staat, dem Arbeitgeber. Die Menschen mußten diese geforderten Eigenschaften aufweisen, mußten sie als »Werte« anerkennen, wenn sie im Leben bestehen oder gar vorwärtskommen wollten.

Wurden meiner Meinung nach die ersten gewünschten Eigenschaften von den Häuptlingen befohlen und ihre Befolgung durch strenge, ja, wahrscheinlich grausame Strafen durchgesetzt, so sorgte später die Gemeinschaft selbst für das Einhalten der geforderten Tugenden. Es wird »Sitte«, so zu sein und so zu handeln. Sittlich handelt, wer tut, was die Sitte gebietet; unsittlich handelt, wer gegen Sitte und Brauch verstößt. Wir entdecken hier den engen Zusammenhang zwischen Tugend und Sittlichkeit, oder, wie unsere Philosophen gern sagen, zwischen Wert und Ethik. Dieses »Das tut man nicht« übt nun einen ähnlichen Zwang aus wie früher der Befehl des Häuptlings. Die Tugenden wurden tabuisiert. Doch von den Zeiten der Horde an haben sich immer Menschen gefunden, junge Menschen naturgemäß, die ein Tabu brachen, gegen eine gebotene Tugend verstießen, gegen herrschende Wertvorstellungen rebellierten. Ohne solche Tabubrecher und Wertverächter hätte es keine Entwicklung der Menschheit gegeben.

Ich habe die Entwicklungsgeschichte der Ehre vom höchsten Ideal zur Leerformel als Beispiel gebracht, um klarzumachen, daß alle guten Eigenschaften, alle Tugenden, also all das, was wir heute »Werte« nennen, ihre Geschichte haben.... Jeder Wert, jede Tugend hat einmal in einer bestimmten Zeit und unter bestimmten Umständen einem empfundenen Bedürfnis entsprochen. Es hängt mit dem Trägheitsgesetz zusammen, daß diese Tugend – dieser Wert – auch dann noch weitergeschleppt wird, wenn das ursprüngliche Bedürfnis nicht mehr besteht. Als Beispiele nenne ich Keuschheit, männliche Härte und Gefolgschaftstreue. Nietzsches berühmt-berüchtigtes Wort von der »Umwertung aller Werte« meint eben diesen Vorgang eines Wandels in den Wertvorstellungen, ein Wandel, der dazu führt, daß die Rangordnung der Werte sich wandelt. Ich habe diesen Wandel in der Rangordnung sehr eindrucksvoll erlebt in Seminaren über Erziehungsziele.

Entwicklungsgeschichtlich gesehen ist der einzelne in der abendländischen Kultur eine späte Erscheinung. Wir können den Beginn wohl in der Renaissance ansetzen. Der italienische Graf Pico della Mirandola verfaßte 1486 seine berühmte »Rede über die Menschenwürde«. Der Humanismus entdeckte neu den Menschen und die Menschlichkeit. Die Auswirkungen dieser auf das Wohl des Menschen gerichteten Wertvorstellungen waren die Abschaffung der Sklaverei, die Aufhebung der Leibeigenschaft, das Verbot der Folter sowie der Versuch, die Kriegführung zu humanisieren. Ich erinnere an die Gründung des »Roten Kreuzes«. Jetzt wird es möglich, auch Tugenden zu fordern, die dem Menschen als Menschen zugutekommen und nicht in Dienstleistungen für andere bestehen. Es sind Tugenden, die den einzelnen zum Ziel haben. Diese Wertvorstellungen sind dadurch kenntlich, daß sie meist mit dem Pronomen »Selbst-« verbunden sind, so zum Beispiel Selbstverwirklichung, Selbstwertgefühl, Selbsterkenntnis u.a. Richten sich diese Forderungen auf das eigene Ich, so verlangt eine andere Gruppe neuer Wertvorstellungen die Hinwendung zum Mitmenschen. Orientierungshilfen im menschlichen Miteinander sind alle Tugenden. Schon das Hordenmitglied brauchte solche Orientierungshilfen, und die Forderung des Gehorsams war eine wichtige solche. Heute, in der Umbruchzeit, in der wir uns befinden, sind Orientierungshilfen ganz besonders nötig. Wir beklagen den Verlust von Werten, wir stellen empört fest, daß alle Werte in den Dreck gezogen werden, wir bedauern, daß die heutige Jugend keine Werte mehr hat, wir verlangen, daß ihr Werte mit auf den Weg gegeben werden müssen, aber in diesem allgemeinen Geschwafel werden ganz selten einmal konkrete Beispiele genannt.... In einem Artikel in den »unitarischen blättern« wurde einmal »Arbeit als Zukunftswert« proklamiert. Doch Arbeit ist kein Wert. Arbeit schafft Werte, und zwar ausschließlich materielle Werte.

Die neuen Tugenden als Zukunftswerte, zu denen verantwortungsbewußte Eltern und Lehrer junge Menschen hinführen sollen, sind: Mitmenschlichkeit, Toleranz, Güte, Frieden, soziale Gerechtigkeit, Bereitschaft zur Verantwortung, Mut zum Ungehorsam und ein Offensein für die Nöte der anderen. Es genügt aber nicht, dies bloß zu verkünden, sondern es muß immer wieder an einfachen Beispielen gezeigt werden, wie man das praktisch verwirklichen kann. Dies geschieht allein dadurch, daß man bei sich selbst und in überschaubaren Kreisen anfängt. Toleranz beginnt in der Familie zwischen Eltern und Kindern und unter den Geschwistern. Sie zeigt sich im Verhalten zu Nachbarn und am Arbeitsplatz und muß sich dann bewähren in Vereinen, Parteien und Religionsgemeinschaften. Mitmenschlichkeit wendet sich nicht zuerst in ferne Zonen und zu fremden Völkern, sondern wird glaubwürdig nur, wenn sie sich der Alten, Kranken und Einsamen in der Nachbarschaft annimmt. Erst vom Tun in der Nähe aus kann sie sich dann weltweit auswirken. Auch der »Friede auf Erden« wird nicht durch die UNO geschaffen, sondern nimmt ebenfalls seinen Anfang im kleinsten Kreis der Familie. Nur so können die neuen Wertvorstellungen uns zu Orientierungshilfen werden im menschlichen Miteinander.

Zur Frage des Gewissens

Es geschah am Dienstag, dem 16. November 1982, beim Seminar über Wertvorstellungen in der Jugend- und Familienbildungsstätte Klingberg. Im Rahmen eines Gruppengespräches stellte ich die Frage: »Gewissen – was ist das?«

Da es mir bei diesem Gruppengespräch nicht gelang, mein provozierend vorgetragenes Anliegen deutlich zu machen, da ferner inzwischen wohlmeinende Freunde, die davon hörten, besorgt an mich schrieben, will ich hier den Versuch machen klarzustellen, worum es mir geht.

Was stört mich beim Reden vom »Gewissen«?

1. Die Unklarheit dessen, was gemeint ist. 2. Daß die Berufung auf das Gewissen häufig eine Schutzbehauptung ist. 3. Daß diese Behauptung nicht nachprüfbar ist. 4. Daß die Berufung auf das Gewissen oft eine Heuchelei und Unwahrhaftigkeit ist.

Ich nehme es den meisten Parlamentariern nicht ab, wenn sie sich bei einer Entscheidung hinter ihr Gewissen zurückziehen. Ich sehe darin nur, daß die Betreffenden sich dadurch ihrer Verantwortung entziehen wollen. Die Verantwortung kann man in Frage stellen; das Gewissen nicht. – Wenn sich Zivildienstleistende auf ihr Gewissen berufen müssen, so werden sie dazu durch die Bestimmungen des christlich geprägten Grundgesetzes gezwungen. Sie dürfen eben nicht sagen, daß sie aus ihrer sittlichen (ethischen) Verantwortung heraus den Kriegsdienst ablehnen. Die Berufung auf Albert Schweitzer wird nicht als ausreichend anerkannt. Da muß so etwas Fragwürdiges wie das Gewissen strapaziert werden.

Geschichtlicher Rückblick: Vor vielen Jahren (so lange befasse ich mich mit dem Problem) wurde ich durch einen Ulmer Dozenten in einem Gespräch darauf hingewiesen, daß ein bedeutender Ägyptologe die Entstehung des Gewissens in der altägyptischen Kultur nachgewiesen habe.[28)] Auf Grund meiner religionswissenschaftlichen und völkerkundlichen Kenntnisse weiß ich, daß es in allen Frühkulturen, in allen frühen Religionen und in alten Hochkulturen den Begriff des Gewissens nicht gab. Bei Laotse und Konfuzius, bei Zarathustra und Buddha, im Hinduismus und im Alten Testament, bei den Menschen Homers und den Menschen der altisländischen Sagas kommt das Gewissen nicht vor. Wo das Schicksal waltet, ist kein Platz für ein Gewissen. Es gibt: rechtes

Verhalten, Pflichten, Tugenden, Brauch und Sitte. Das alles genügt völlig, um das Leben der Menschen miteinander zu regeln. – Ob das »Daimonion« (»göttliches Wesen«), von dem Sokrates als einer inneren Stimme sprach, mit unserem Begriff »Gewissen« gleichgesetzt werden darf, wie viele es tun, ist mir fraglich. Dem Zusammenhang nach meint Sokrates doch wohl die Stimme eines Gottes in sich. Das griechische Wort für Gewissen heißt »syneidesis«. Ich brauche einen Altphilologen, der mir sagen kann, wann und in welchem Zusammenhang in der altgriechischen Literatur das Wort »syneidesis« auftaucht. Es erscheint im griechischen Text des Neuen Testaments, aber das ist ja spät. Ich halte es nicht für wahrscheinlich, daß das Wort in der antiken Tragödie vorkommt, denn dort herrscht das Schicksal. Als Ergebnis meiner historischen Retrospektive neige ich zu der Annahme, daß das Gewissen eine Erfindung des Christentums ist, so wie Himmel und Hölle, Sünde und Erlösung, Jungfrauengeburt und Auferstehung.

Der sprachliche Befund: In meiner Vermutung werde ich durch die Herkunft des Wortes bestärkt. Im »Etymologischen Wörterbuch« von Kluge heißt es: »Althochdeutsch 'giwizzani' (f) tritt zuerst bei Notker in St. Gallen um 1000 als Lehnübersetzung des lateinischen 'conscientia' auf, das seinerseits griechisch 'syneidesis' übersetzt, von Wulfila mit gotisch 'miþwissei' nachgebildet. Der Form nach ist althochdeutsch 'giwizzani' ein Adjektiv-Abstraktum zum Partizip 'giwizzan', während im Mittelhochdeutschen 'gewizzen' (n) der Infinitiv substantiviert ist. Das lateinische Wort ist in französisch und englisch 'conscience' bewahrt. Die deutsche Vorsilbe 'ge-' entspricht der lateinischen 'con-' und der griechischen 'syn-'. Das Stammwort 'wissen' ist gemeingermanisches Präterito-Präsens. Zugrunde liegt die indogermanische Wurzel *u̯eid- = 'sehen' mit dem Perfekt *u̯eida- = 'ich habe gesehen', 'ich weiß'.« Soweit der Kluge. (Anmerkung zum Mittelhochdeutschen: Auch das Nibelungenlied kennt ein »Gewissen« noch nicht! Das Wort »gewizzen« kommt an zwei Stellen vor: In Vers 1427,4 in der 24. Aventiure heißt es: »daz ist mir niht gewizzen«, der Kommentar erläutert: »das ist mir nicht bekannt.« In Vers 1729,4 in der 28. Aventiure heißt es: »wie dir si gewizzen umb der küneginne muot«, dazu der Kommentar: »mir ist gewizzen umb = ich habe Kenntnis von«. In beiden Fällen ist es also ein Wissen im Sinne von »ich weiß«.)

Was sagt die Bibel? Ich habe die 20 Stellen im Alten Testament und die 30 Stellen im Neuen Testament nachgesehen. Im Alten Testament kommt das Wort nicht vor. Das ist erklärlich nach dem, was ich eingangs im Rückblick ausgeführt habe. Auch im Neuen Testament kommt der Begriff an 7 Stellen nicht wörtlich vor, sondern als Schuldgefühl, das vom Kommentar als erwachendes Gewissen gedeutet wird. Sonst wird das Wort »Gewissen« fast ausschließlich (an 24 Stellen) in den Briefen des Paulus gebraucht, der ja griechisch schreibt. In 1. Kor. 8 kommt das Wort dreimal, in 1.Kor. 10 sogar fünfmal vor. In beiden Fällen handelt es sich um das Essen von Götzenfleisch.

Der Unitarier und »das Gewissen«: Ich bekenne mich zur Verantwortung und dazu, daß man auch seine Verantwortung tragen muß. Ich bekenne mich zu Verpflichtungen, die man einhalten muß. Ich bekenne mich zu Schuld und Sühne. Ich bekenne mich dazu, daß ich selber der Gesetzgeber meines Sittengesetzes bin, das heißt praktisch, daß ich das tue, was ich für richtig halte. Als Unitarier stehe ich außerhalb des Christentums. Ich habe mit der christlichen Seelenvorstellung auch die christliche Vorstellung vom Gewissen abgelegt. Da das sogenannte »Gewissen« für den Unitarier niemals die »Stimme Gottes« sein kann, weil es für ihn einen außerweltlichen Gott nicht gibt, so kann der Unitarier meiner Meinung nach nur mit Sokrates von seinem »Daimonion«, von dem »Göttlichen« in sich sprechen. Aber das ist eben nicht so etwas wie ein Gewissen. Da ich den Begriff des Gewissens ablehne, weil es keine Art Instanz in mir ist, halte ich alles Reden von gutem und schlechten Gewissen für unsinnig. Die Äußerung, daß man »mit gutem Gewissen« etwas Schlechtes tun kann, beweist mir nur die völlige Unsinnigkeit des Redens von einem Gewissen.

In diesem Zusammenhang möchte ich auch darauf hinweisen, daß wir das bekannte Gedicht von Storm: »Der eine fragt, was kommt danach ...« nicht mehr zitieren können, weil es auf unsere veränderten Verhältnisse nicht mehr anwendbar ist. – Was so gemeinhin das »Gewissen« genannt wird, ist nichts anderes als die Gesamtheit der in uns gespeicherten Verhaltensnormen, die uns als Orientierungshilfen durch Erziehung (Eltern) und Umwelt (Sitte) eingeprägt wurden. Die sittliche Reife eines Menschen ermißt sich daran, in welchem Umfang er sich von überlieferten Vorschriften frei machen kann. Zu diesen Überlieferungen gehören auch alle Tabu-Vorstellungen. Ich spreche von Verantwortung statt von Gewissen, weil ich mit dem anderen über seine Verantwortung diskutieren kann, ihn »zur Verantwortung« ziehen kann, ich kann aber nicht mit ihm über sein angebliches Gewissen diskutieren, und ich kann ihn wegen seiner behaupteten »Gewissensentscheidung« nicht zur Rede stellen. Ich meine, daß der Mensch nicht von seinem vorgeblichen »Gewissen« bestimmt wird, sondern von seinen Trieben, Wünschen und Begierden. Viele wollen dies nur nicht zugeben. Oft ist das sogenannte »Gewissen« nur Angst vor Strafe oder Mangel an Mut, etwas Ungewöhnliches zu tun. Nicht das sogenannte Gewissen, sondern ein Gefühl tiefer Schuld kann zu Neurosen führen.

Da ich mich zur Theorie der Evolution bekenne, ist es für mich selbstverständlich, daß so manche unserer Verhaltensnormen und Tabu-Vorstellungen bis in die Zeit der Ur-Horde zurückreichen. Sich von solchen Normen frei zu machen, ist am schwersten. Solcher Versuch kann unter Umständen zu Neurosen führen. Die sogenannte »Instanz in mir«, das bin ich selbst! Meine Gehirnzellen, das bin ich! Ich *bin* mein Körper mit allen seinen Funktionen! Mein Asthma gehört genauso zu mir wie meine Intelligenz. Es liegt in mir selbst begründet, daß ich einen Herzinfarkt erlitt.

Eberhard Achterberg ist kein »gewissenloser« Mensch, weil er die Vorstellung eines Gewissens für christlich und für überholt hält. Er ist ein Mensch, der sich möglichst keinerlei Illusionen machen will, und der es mit dem, was uns umtreibt, sehr genau nimmt.

Aber: Dies sind *meine* Ansichten! Die will ich keinem andern auf- oder einreden! Ich möchte aber auch nicht, daß man, weil man mich mag, mir wohlwollend einzureden versucht, ich hätte doch ein Gewissen.

II. Mitmenschlichkeit als Erziehungsauftrag

Partnerschaft – nur ein neues Wort?

Man spricht jetzt so viel von Partnerschaft, seit langem schon. Partnerschaft in der Ehe, Partnerschaft zwischen Eltern und Kindern, Partnerschaft in der Schule, im Betrieb und ich weiß nicht, wo noch überall. Was soll's? Wieder einmal ein neues Modewort, und wenn man genauer zusieht, steckt nichts dahinter. Partnerschaft – wenn ich das schon höre! Die Kinder sollen gehorchen, in der Schule müssen sie was lernen, na, und im Betrieb? Was verstehen die Arbeiter schon von der Führung eines Betriebes! – Und in der Ehe ändert sich auch nichts, wenn man von Partnerschaft spricht.

Ja, wenn sich wirklich nichts ändern würde, wäre es allerdings sinnlos, von Partnerschaft zu sprechen. Dann wäre es in der Tat nur ein neues Wort, das man gebraucht, um sich modern zu geben. Aber ist es denn so? Hat sich noch gar nichts geändert? Es ist doch wohl schon manches in Bewegung gekommen. Die stürmischen sechziger Jahre mit den Studentenrevolten, der Wirbel um die antiautoritären Kinderläden, der jahrelange Kampf um die Mitbestimmung, die Reform des Scheidungsrechtes – das, und noch manches andere dazu, sind die sehr unterschiedlichen Mosaiksteinchen, die ein neues Bild der Gesellschaft in Umrissen andeuten.

Wir haben mehrere Wörter, um enge menschliche Verbindungen auszudrücken: Gefährten, Genossen, Kameraden. Kumpel, Partner. Jedes Wort hat seinen eigenen Sinn und kommt ursprünglich aus einem bestimmten Bereich. Der Partner ist der »Teilhaber« und der »Mitspieler«. Die Wortbedeutung als Teilhaber kommt aus dem Wirtschaftsleben. Es ist der, der einen Anteil am Unternehmen hat und damit an Rechten und Pflichten, an Vorteilen und Risiken teilhat. Den Mitspieler finden wir, wo Geselligkeit herrscht. Er spielt mit, das heißt er ist wie alle anderen am Gelingen oder Mißlingen des Spiels beteiligt. Sein Mitspielen ist wichtig für den Ausgang des Ganzen.

Aus dem Neu-Englischen »the partner« ist das Wort ins Deutsche übernommen worden. Das deutsche Wort findet sich erstmals 1813 in Goethes »Dichtung und Wahrheit« im 11. Buch des 3. Teils. – Wenn Sie das Werk nicht kennen, haben Sie etwas Hübsches versäumt. Aber das läßt sich nachholen. Bestimmt haben Sie aber gehört von der Liebesromanze des Studenten Goethe mit Friederike. Im Bericht über sein Leben, der aus Dichtung und Wahrheit gemischt ist, lesen wir bei der Beschreibung eines Tages in Sesenheim: »... und Friederike, welche tanzte wie sie ging, sprang und lief, war sehr erfreut, an mir einen geübten Partner zu finden.«

Kehren wir von der liebesseligen Idylle des 18. Jahrhunderts in unser 20. Jahrhundert zurück, und beantworten wir die Frage: Was ist Partnerschaft, wenn es mehr sein soll als ein neues Wort?

Partnerschaft in der Ehe: Das bedeutet, daß beide – Mann und Frau – gleichberechtigte Teilhaber und Mitspieler sind. Hier wird Schluß gemacht mit der mittelalterlichen Vorstellung, die dem Eheherrn eine besondere Stellung zuerkennt. Goethes bekanntes Wort »Dienen lerne beizeiten das Weib nach seiner Bestimmung« wird im Namen der Partnerschaft ebenso dick durchgestrichen wie das Bild der Frau und Mutter in Schillers »Glocke«. Die Berufstätigkeit der Frau bleibt aber eine rein formale und damit im Grunde unwahrhaftige Gleichberechtigung, wenn nicht der Mann gleichzeitig in die Verpflichtungen eintritt, die der Haushalt und die Sorge für die Kinder mit sich bringen. Solange der berufstätige Mann darauf wartet, daß die berufstätige Frau das Essen bereitet und aufträgt, den Haushalt macht und sich um die Schularbeiten der Kinder kümmert, kann von Partnerschaft keine Rede sein, mag auch der Tag der Silberhochzeit nahen. Partnerschaft besteht nicht darin, daß man sich über Urlaubspläne und Neuanschaffungen einigt, sondern verwirklicht sich erst dann – und nur dann –, wenn der Mann im Haushalt, in der Kocherei und Kinderversorgung genau so tätig ist wie seine Partnerin, und diese in allen Gelddingen mitentscheidet und verfügt.

Partnerschaft zwischen Eltern und Kindern fängt gleich nach der Geburt an. Nachher ist es meist zu spät, damit zu beginnen. Nur wer sein Kind vom ersten Lebenstag an nicht als Eigentum, Spielzeug oder Geschöpf ansieht und entsprechend behandelt, sondern in dem neugeborenen Wesen einen Menschen eigener Persönlichkeit erkennt, wird die Voraussetzungen schaffen für eine Partnerschaft, in der schon früh das Kind im Familienrat sein Stimmrecht hat. Es ist der schwere Erziehungsweg zu früher Selbständigkeit und Mitverantwortung. Dadurch wird eine Familienatmosphäre geschaffen, in der Begriffe wie »befehlen« und »gehorchen« der Vergangenheit angehören. Es gehört dazu, daß man nicht versucht, den Eigensinn des Kindes zu brechen, sondern sich bemüht, seinen Eigenwillen zu stärken.

Partnerschaft in der Schule: Das läßt sich nie verwirklichen, werden viele meinen und eine Fülle von Beispielen anführen, die beweisen sollen, daß unter solchen neumodischen Gesichtspunkten alle Autorität verlorengeht und die Lehrer dem Terror der Schüler ausgeliefert sind. Man muß aber wissen, daß grobe Auswüchse immer nur Kennzeichen einer Übergangszeit sind. Wenn alte Ordnungen und Spielregeln nicht mehr gelten, ist eine chaotische Zwischenstufe nicht zu vermeiden, bis die neuen Spielregeln gelernt sind und von beiden Seiten gehandhabt werden. Schüler und Lehrer können Partner werden, wenn die Lehrer die Schüler so behandeln wie partnerschaftlich eingestellte Eltern ihre Kinder, daß heißt sie ernst nehmen. Schüler können sehr wohl in vielen Fragen der Unterrichtsgestaltung mitbestimmen, wenn man sie an den Problemen und Sorgen teilhaben läßt. Sie sind durchaus verständig und keineswegs uneinsichtig, wenn man mit ihnen eine Sache bespricht. – Aber so wie Männer und Frauen erst zur Partnerschaft heranreifen müssen, so müssen es auch Lehrer und Schüler erst noch lernen.

Wachsende Partnerschaft – was bedeutet das? Es ist ein Prozeß von Generationen. Am Ziel dieser Entwicklung steht der mündige Mensch. In Kindheit, Schule und Ehe hat er gelernt, mitverantwortlich zu sein. Erst nun kann er, reif geworden, auch die Mitverantwortung für das Leben auf der Erde übernehmen. Sie soll nicht mehr nach verbreiteter Fehlauslegung eines Bibelwortes ein Untertan des Menschen sein, der als ihr Herr mit ihr machen kann, was er will, sondern Mensch und Erde sollen in ein partnerschaftliches Verhältnis treten. Diese Partnerschaft läßt sich aber nur verwirklichen, wenn der Mensch zugleich in eine neue Beziehung zum Göttlichen tritt.

Liebe allein genügt nicht

Diese Überschrift ist der Titel eines Buches von Bruno Bettelheim [29)], in dem die Erziehung emotional gestörter Kinder behandelt wird. Ich meine, daß dies auch die am besten zutreffende Überschrift für einen Beitrag ist, der einige Gedanken beitragen möchte zum uralten Problem der Heirat. Ich möchte mit Beispielen aus den isländischen Sagas beginnen. In dieser Zeit um die erste Jahrtausendwende nachchristlicher Zeitrechnung ist die Sippenbindung noch weithin eine bestimmende Macht. Die Eheschließung ist noch keine persönliche Angelegenheit zwischen zwei Menschen, sondern ein bedeutungsvolles, schicksalsschweres Band zwischen zwei Sippen. Dennoch werden die Beteiligten beide – die Frau ebenso wie der Mann – um ihre Meinung und Neigung dazu gefragt. Alle wissen, daß es nicht gut ist, jemanden gegen seinen Willen zu verheiraten. In den Fällen, wo dies doch geschieht, führt es zu Ehekrisen, die dann oft beide Sippen in notvolle Schwierigkeiten führen. Bei Kindern aus solchen erzwungenen Ehen kommt es mitunter zu schweren Verhaltensstörungen, wie sie uns heute nur zu gut bekannt sind.

In späteren Jahrhunderten wurde der Einfluß der Sippe abgelöst durch die aus dem römischen Recht übernommene Herrschergewalt des Familienoberhauptes. Besonders im bäuerlichen Lebensbereich – aber auch in städtischen Verhältnissen – war es selbstverständlich, daß die Sippe, die Großfamilie, der Familienrat, der Bauer entschied, wer wen heiratete. Die Sorge für den Hof, Erhaltung und Vermehrung des Besitzes wogen schwerer als persönliche Neigungen. In der Stadt wurden die immer stärker sich herausbildenden Standesunterschiede – das Kastenwesen – bestimmend für eine Eheschließung. Die Beteiligten wurden immer weniger gefragt, je stärker sich die eheherrliche und väterliche Gewalt durchsetzte. Es war also jahrhundertelang keineswegs üblich, »aus Liebe« zu heiraten. Liebe war nicht gefragt – weder zwischen den Ehegatten noch zwischen Eltern und Kindern. Man traf viele Vorkehrungen, um das Auftreten von Liebe unter jungen Menschen zu verhindern.

Liebe war gefährlich; Liebe zerbräche die Ordnung; Liebe konnte Pläne zerstören; Liebe war nicht kontrollierbar, nicht in den Schranken von Recht und Gesetz zu halten. Liebe war ein Einbruch aus einer anderen Welt, aus der Welt des

Gefühls – und für Gefühle war jahrhundertelang kein Raum. Liebe wurde etwas Heimliches, Verbotenes, das mit dem Tod in inniger Beziehung stand. Das Leben aber verlief in geordneten Bahnen täglichen Tuns. Es wurde gearbeitet und gegessen, die ehelichen Pflichten wurden erfüllt und Kinder gezeugt, die wiederum recht früh zur Arbeit herangezogen wurden, auf dem Lande sowohl wie in den Handwerken.

Diese klare Ordnungswelt wurde erheblich gestört, als im Zeitalter der Empfindsamkeit nun die Seele leidenschaftlich ihr Recht forderte. Es ist der Aufstand des so lange unterdrückten Gefühls gegen die Prinzipen der Nützlichkeit und Pflichterfüllung. Jetzt erst wird auch der Liebe ihr Recht. Jetzt wird es möglich, »aus Liebe« zu heiraten oder doch zumindest der Liebe der Beteiligten ein Mitspracherecht einzuräumen. – Es zeigte sich aber im Laufe der Zeit, daß diese Entwicklung für ein auf Recht und Ordnung gegründetes Gemeinwesen keine guten Auswirkungen haben konnte. Der Hoferbe heiratete »aus Liebe« ein Mädchen, das der verantwortungsvollen Aufgabe einer Bäuerin gar nicht gewachsen war. Ähnliches geschah in städtischen Berufen. Standesunterschiede wurden nicht mehr beachtet; man heiratete »unter« oder »über« »seinem Stand«. Eine Fülle neuer Konflikte, die es vorher nicht gegeben hatte, trat nun im Gefolge der Gefühlswelle im Gemeinschaftsleben auf. Die »unglückliche Liebe« wurde in Kunst und Wirklichkeit zu einem Hauptmotiv. Immer deutlicher trat in Erscheinung, wie sehr ein »Recht auf Liebe« die gesicherten Ordnungen der Ehe, die Heiligkeit der Familie gefährdete. Hier liegen die Keime einer Entwicklung, die mehr und mehr zur Auflösung der Familie, zur Zerstörung der Ehe geführt hat.

Man kann nicht beides haben.

Man muß wissen, was man will.

Aber man kann eine einmal eingetretene Entwicklung, die zur Entfaltung der menschlichen Persönlichkeit sehr wesentlich beigetragen hat, nicht wieder rückgängig machen.

Man kann aber auch nicht alles einfach weiter so treiben lassen. Man muß bereit sein, Folgerungen zu ziehen und Entschlüsse zu fassen.

Zuallererst müssen wir wieder lernen, einzusehen und zu begreifen, daß Liebe und Ehe nur wenig miteinander zu tun haben.

Liebe ist etwas, das dem Bereich des Irrationalen, des nicht Machbaren, nicht Faßbaren zugehört. Man kann Liebe weder fordern noch erzwingen, weder unterdrücken noch verbieten. Sie ist da, oder sie ist nicht da. Sie ist unberechenbar, spottet jeder Regel und aller Vernunft. Liebe ist gefährlich. Sie schenkt höchste Lust und tiefstes Leid, ihre Leidenschaft zerstört alle Dämme von Ordnung und Gesetz. Liebe kann schöpferische Fähigkeiten wecken und die Freude am Schaffen steigern; sie kann aber auch alle Tätigkeit lähmen, alles Geschaffene vernichten. Man wird von der Liebe ergriffen und wieder von ihr fallengelassen. Man ist ihr wehrlos ausgeliefert. Man kann sie nicht wollen und nicht aufbewahren, man kann sie auch nicht verhindern. Liebe ist immer ohne Warum. Sie ist Geschenk, Geschehen, Schicksal.

Aus all dem folgt, daß man Liebe nicht in Ordnungen und Regeln einfügen kann. Liebe kann niemals Grundlage sein für etwas, das man für Dauer errichten möchte.

Ehe ist eine Einrichtung der menschlichen Gemeinschaft. Als Einehe, Vielehe, Gruppenehe hat sie die jeweils kulturgeschichtlich festgelegte und überlieferte Form, die gesetzlich verankert ist und allgemein als Sitte gilt. Es gibt keine »natürliche« Form der menschlichen Beziehungen, sondern die verschiedenen Formen der Ehe sind soziologisch und historisch, ethnologisch und kulturgeschichtlich zu erklären. In jedem Fall war es die menschliche Gemeinschaft, die alle diese vielfältigen Formen des Zusammenlebens der Geschlechter bestimmte. Hier ist alles gewollt, festgesetzt, geregelt. Hier *kann* die Einhaltung der gesetzlich vorgeschriebenen Form erzwungen werden (ob man es tun soll, ist eine andere Frage), solange das sinnvoll erscheint.

Die Form der Einehe ist weder biologisch »natürlich« noch religiös »göttlich geheiligt«. Es ist ausschließlich Sache der Menschen selbst, innerhalb einer staatlichen Gemeinschaft über die jeweils anzuerkennenden Formen des Zusammenlebens zu entscheiden. In welcher Form auch immer gehört die Ehe zu den Grundlagen des Staates und ist mit einer Fülle von gesetzlichen Rechten und Pflichten verbunden.

Wir leben in einer Umbruchzeit. – Diese Aussage ist eine Binsenweisheit geworden. Nur wird keineswegs überall begriffen, was das bedeutet und was das für Folgen hat.

Die Folgen des Umbruchs wirken sich auch im Bereich von Liebe, Ehe und Familie aus. Die Liebe ist freier geworden.

Die Ehe ist im Stadium der Versuche, verschiedene neue Formen zu finden, die nebeneinander bestehen können. Die Familie ist in einem Strukturwandel, der von der vertikalen Form der Herrschaft zur horizontalen Form der Partnerschaft strebt.

Da aus der größeren Freiheit der Liebe auch eine größere Gefährdung von Ehe und Familie erwächst, ist ein Umdenken notwendig, das uns ausgeglichenere mitmenschliche Beziehungen ermöglichen soll. Die erste Voraussetzung wäre die radikale Trennung von Liebe und Ehe.

Wenn sich zwei Menschen lieben, dann sollen sie in dieser ihrer Liebe auch Erfüllung zu finden suchen, solange sie sich durch die Liebe aneinander gebunden fühlen. Sie sollen aber um ihrer Liebe willen oder aus Liebe keine gesetzlich festgelegte Bindung, zum Beispiel keine Ehe, eingehen. Auch ein Kind sollte kein Grund zur Ehe sein. Die meisten dieser jungen Ehen, die um des Kindes willen geschlossen wurden, zerbrechen sehr schnell wieder.

Selbstverständlich ist nichts, aber auch gar nichts dagegen einzuwenden, daß zwei Menschen, die sich lieben, auch heiraten. Aber Liebe allein genügt nicht! Das inhaltsschwere Wort: »Ich liebe dich!« hat nur Geltung innerhalb der Liebe, es ist bedeutungslos für die Aufgaben der Ehe. Liebende brauchen nur ihre Liebe – und die ganze Welt um sie herum ist überflüssig. Zur Ehe aber gehört mehr. Es gehören dazu gemeinsame Neigungen und Interessen, weitgehende Übereinstimmung in den Fragen der Lebensgestaltung, Verständnis für den Beruf und die Arbeit des anderen, Bereitschaft zur Partnerschaft, die Lust, gemeinsam etwas aufzubauen, zu schaffen, der Wille, den Weg in die Zukunft gemeinsam zu gehen. Rechte Ehe ist keine Liebes-, sondern eine Schicksalsgemeinschaft, in der gerade das gemeinsam durchlittene Leid, die Jahre der Not, gemeinsames Erleben der vielfältigen Wirklichkeit des Alltags stärker binden und zusammengehören lassen als Liebe. Liebe kann immer dabeisein. Es ist schön, wenn es so ist. Aber Liebe allein genügt nicht.

Heiratet nicht aus Liebe, sondern heiratet aus vernünftigen Überlegungen, aber laßt die Liebe mit dabeisein!

Erziehung zur Zärtlichkeit

Ein Plädoyer für Liebe und Geborgenheit

Eine Erziehung zur Zärtlichkeit setzt voraus, daß auch Zärtlichkeit ein Lernziel sein kann. Zärtlichkeit als Lernziel verträgt sich nur mit einer ganz bestimmten Gruppe anderer Lernziele, sie paßt zum Beispiel nicht zum Gehorsam. Beides schließt sich aus, wenn eine harmonische Persönlichkeitsstruktur das Leitbild sein soll. Die Schwervereinbarkeit unterschiedlicher Lernziele macht deutlich, daß es sich hier um grundsätzliche Überlegungen handelt, die *vor* der Entscheidung für Erziehungsziele angestellt werden müssen. Die Frage ist: Will ich eine Welt des Gehorsams oder eine Welt der Liebe?

Wohin eine Erziehung zum Gehorsam geführt hat, braucht nicht mehr ausgeführt zu werden. Wohin uns eine Erziehung zur Zärtlichkeit führen kann, kann ich nicht voraussagen. Es verhält sich damit genau so, wie mit einer Erziehung zur Güte oder zur Ehrfurcht vor dem Leben. Da wir jedoch auf dem bisher eingeschlagenen Wege in zunehmendem Maße auf Warntafeln stoßen, spricht meines Erachtens nichts gegen, aber alles für den Versuch eines anderen Weges. Jede Erziehung ist ein Wagnis! Eine Erziehung zur Zärtlichkeit birgt ein ebenso großes Risiko wie eine Erziehung zur Mannhaftigkeit!

Ich habe sehr bewußt das Wort »Mannhaftigkeit« gewählt, denn die Wahl des Wortes »Mannhaftigkeit« gibt mir die Möglichkeit, gleich am Anfang eindeutig zu erklären, daß Zärtlichkeit nichts, aber auch gar nichts mit Weichherzigkeit, Weichheit, Schlappheit oder gar Unmännlichkeit zu tun hat. Es fragt sich bei letzerem allerdings, was man unter »Männlichkeit« versteht, wenn das Wort mehr bedeuten soll als biologische Geschlechtsmerkmale. Versteht man unter »Männlichkeit« eine variable Summe von körperlicher Stärke, seelischer Härte und Beherrschung des Gefühls, so ist leicht einzusehen, daß ein so einseitiges Bild von Männlichkeit mit einer Erziehung zur Zärtlichkeit nicht vereinbar ist. Diese Art von Männlichkeit, bei der ein Mann keine Gefühle zeigen, keinen Schmerz äußern, nicht weinen und nicht gerührt sein darf, ist das Ergebnis einer sogenannten »spartanischen« Erziehung, die sich unter dem Einfluß einer falsch verstandenen

Antike auch als preußisch-soldatische Erziehung einen Namen gemacht hat. Das eben ist das uns Erschreckende an der bisher weithin üblichen Erziehung zur Männlichkeit, daß als ihr Ergebnis so wenig Zartheit und Zartgefühl, so wenig Einfühlung anzutreffen ist. Einige allgemein bekannte Redensarten mögen das Gemeinte verdeutlichen: »Sei ein Mann!« – »Ein Junge weint nicht!« – »Hab dich nicht so, du bist doch kein Mädchen!« (besonders typisch für das Rollenklischee). Und für unser Thema noch wichtiger jene allgemein bekannten Redewendungen, die das Verhältnis des Mannes zur Frau am Beispiel des Siegers und des Unterlegenen illustrieren: »Frauen und Burgen müssen sich geben!« – »Mädchen erobern« – »erstürmen« – »Zeig ihr, wer der Herr ist!« Viele unschöne, drastische Ausdrücke der Vulgärsprache legen den völligen Mangel an Zärtlichkeit erschreckend bloß. Aber dies sind keine schichtenspezifischen Merkmale, wir haben diesen Mangel an Zartheit auch im gebildeten Bürgertum, denn Zärtlichkeit gehörte ja nicht zur Allgemeinbildung. Als Folge solchen Erziehungsstils wurde so manche Hochzeitsnacht zu einem schweren Schock für die Frau, von dem sie in vielen Fällen nie wieder frei wurde.

Es ist eine alte Lebensweisheit, daß man Kinder nicht erziehen kann, wenn die Eltern nicht erzogen sind. Die Erziehung zur Zärtlichkeit als einem Erziehungsziel neben anderen muß also bei den jungen Eltern anfangen, bevor sie Kinder haben. Hier sei aber nachdrücklich klargestellt, daß eine Erziehung zur Zärtlichkeit nicht das Verhalten der Eltern zu ihren Kindern betrifft, sondern auf den *ganzen* Menschen gerichtet ist. Die Eltern-Kind-Beziehung ist nur *ein* Aspekt, allerdings insofern der wichtigste, als in diesem Bereich immer wieder die Weichen gestellt und die Grundlagen für zärtliches Verhalten gelegt werden müssen. Anders ausgedrückt: Daß Eltern zu ihren Kindern zärtlich sind, ist nicht der Endzweck, sondern ein Mittel zum Zweck, damit Kinder lernen, zärtlich zu sein.

Wir wissen, welche große Bedeutung dem Milieu, der ganzen häuslichen Atmosphäre zukommt. Sie ist das Klima, in dem soziale oder asoziale, mitmenschliche oder eigensüchtige, gefühlsarme oder liebevolle Eigenschaften und Verhaltensweisen aufblühen und sich entfalten können.

Die Erziehung zur Zärtlichkeit beginnt mit der Einstellung zum eigenen Leben überhaupt. Nur wo das eigene Leben bejaht wird in seinem ganzen Umfang, in seinen Tiefen und

Höhen, in seinem Leid und seinem Glück, kann der Boden bereitet werden, in den wir unsere Saat ausstreuen können. Es geht hier im besonderen um die Bejahung der zwischenmenschlichen (zärtlichen!) Beziehungen und im Zusammenhang damit im besonderen um die Bejahung der Körperlichkeit und Sinnlichkeit.

I. Bejahung der Körperlichkeit

Betrachten wir zunächst den Begriff der Körperlichkeit. Im allgemeinen ist damit gesagt, daß eine Erscheinung sich als Materie darstellt mit bestimmten, feststellbaren Eigenschaften. Auf den Menschen angewandt, bedeutet dies die fundamentale Erkenntnis, daß ich ein Körper *bin.* Nicht, daß ich einen Körper habe, wie ich einen Anzug habe, sondern daß ich der Körper bin. Mein Körper bin *ich* in materieller Gestalt. Da läßt sich nichts voneinander trennen. Ich bin es, der einatmet und ausatmet, der Nahrung aufnimmt und Unverdautes ausscheidet. Ich spüre den Schlag meines Herzens, der mein Blut durch meine Adern treibt. Ich kann im autogenen Training meine Körperschwere und meine Körperwärme spüren. Ich empfinde meine äußeren Organe, durch die ich auf mannigfache Weise mit der Außenwelt, mit anderen Menschen in Berührung trete, und ich erleide schmerzhaft meine inneren Organe, wenn sie krank sind. Die Geschlechtsorgane sind genau so wie Arme und Beine Organe meines Körpers. Mein Körper ist meine natürliche Erscheinung, und von der Natur her gesehen ist zwischen dem nackten Arm und dem nackten Penis, zwischen dem entblößten weiblichen Knie und einer entblößten weiblichen Brust kein Unterschied. Diese Unterschiede werden den Menschen erst künstlich anerzogen als Folge einer naturwidrigen Einstellung zum Körper.

Ich sagte, die Bejahung des Körpers ist ein Teil der Erziehung zur Zärtlichkeit. Und diese Beziehung muß nun schon beim Kleinstkind anfangen. Der zum Kleinstkind heranwachsende Säugling will sich und seine Umwelt spielend-greiferisch erfassen. Er spielt mit seinen Armen und Fingern, mit seinen Beinchen und Zehen und mit seinem kleinen Geschlechtsorgan. Hier darf nun kein Pfui-Tabu, kein Wegnehmen der Händchen eine verbotene Zone schaffen, deren Berührung die Grundlage für spätere Schuldgefühle wird. Im Gegenteil sollen

Mädchen und Jungen von früh an lernen, ihren ganzen Körper zu liebkosen und zu bejahen. Sie werden es lernen durch die zärtlichen Liebkosungen von Mutter und Vater. In völliger Unbefangenheit erleben so Junge und Mädchen den eigenen Körper wie den des anderen Geschlechts – wenn keine Geschwister da sind, dann eben bei anderen Kindern – und im Anblick von Vater und Mutter auch den Körper des Erwachsenen....

Damit Vater und Mutter so selbstverständlich natürlich mit ihren Kindern umgehen können, müssen beide vorher diese Natürlichkeit und Unbefangenheit, diese Offenheit voreinander und dieses Vertrautsein miteinander haben. Wenn beide ein solches Verhalten schon von zu Hause her mitbringen in ihre neue Gemeinsamkeit, sind die besten Voraussetzungen für eine Erziehung zur Zärtlichkeit gegeben. Da wir dies aber nicht in jedem Fall erwarten können, so müssen sich beide darin üben und miteinander in der Bejahung der Körperlichkeit vertraut werden. Zuallererst aber müssen sie es überhaupt wollen! Dieses Wollen muß bei beiden vorhanden sein. Ist dies nur bei einem der Fall, muß dieser mit viel Geduld und Zartheit den anderen langsam zu dieser Bejahung der Körperlichkeit hinführen.

Dies setzt aber noch etwas anderes voraus. Am Anfang allen Bemühens um Zärtlichkeit muß die Bereitschaft zur Partnerschaft stehen. Eine Erziehung zur Zärtlichkeit verlangt nicht nur eine bestimmte Einstellung zum Leben, sondern auch eine bestimmte Einstellung zum Menschen überhaupt. Damit verbunden ist ein neues Verhältnis der Geschlechter zueinander außerhalb und innerhalb der Ehe. In einem vor Jahren gehaltenen Vortrag über Liebe und Ehe habe ich davor gewarnt, aus Liebe zu heiraten. Wenn zwei Menschen sich lieben, sollen sie sich lieben und zu ihrer Liebe stehen, aber sie sollen daraus keine Ehe machen in der Einbildung, Liebe konservieren zu können. Die bessere Grundlage für eine Ehe ist Partnerschaft. Hier begegnen sich beide als Partner, das heißt als Teilhaber und Mitspieler, als Ebenbürtige und Gleichberechtigte. Menschen mit gleichen Interessen und Anschauungen, die eine gemeinsame Aufgabe vor sich sehen, haben bessere Voraussetzungen für eine Ehe als Verliebte. Eine Übereinstimmung der Partner ist vor allem erforderlich in der Einstellung zum Leben, zur Körperlichkeit und Sinnlichkeit und im Hinblick auf den Erziehungsstil und das Erziehungsziel.

Auf welchem Wege kann man zur Zärtlichkeit erziehen?

Wir nehmen an, daß zwei junge Menschen sich begegnen und eine Gemeinsamkeit von längerer Dauer wünschen. Wir nehmen ferner an, daß beide von ihrem Elternhaus her keine Anleitung zur Zärtlichkeit erfahren haben. Der Einfachheit halber nehmen wir weiterhin an, daß beide aus einer Sehnsucht nach Liebe und Geborgenheit den Willen zur Zärtlichkeit haben und es anders, besser machen wollen als ihre Eltern. Der Wunsch nach Austausch von Zärtlichkeiten äußert sich beiderseits in schüchternen und teilweise etwas unbeholfenen Versuchen. Sie suchen Rat. Wenn die beiden viel Glück haben, treffen sie auf gute, erfahrene, reifere Gesprächspartner. Finden sie diese nicht, werden sie nach Büchern Ausschau halten. Es gibt gute Bücher, aus denen man Anregungen und Hinweise entnehmen kann, und ich rate zu solchen Büchern. Aber es gehört auch Glück dazu, die richtigen Bücher in die Hand zu bekommen. Durch falsche Bücher kann viel Unheil angerichtet und alle Zärtlichkeit pervertiert werden. Doch auch das gute Buch darf man nicht als Rezeptbuch mißverstehen und es etwa als Anweisung nehmen, um nun gewissermaßen Zärtlichkeit wie ein Programm oder wie Yoga-Übungen zu praktizieren. Nein und abermals nein! Die meisten Menschen brauchen Ratschläge, Tips und Beispiele. Das ist überall im Leben so, warum sollte es bei der Zärtlichkeit anders sein? Aber ebenso richtig ist, daß die meisten Menschen aus sich heraus schon – oft zu ihrer eigenen Überraschung – zu allerlei Zärtlichkeiten und intimen Liebkosungen kommen. Sie finden sich dann durch die Bücher bestätigt und ermutigt, ihrem Gefühl und eigenem Empfinden zu folgen. Sie erfahren nun, daß das, was sie selber ganz heimlich miteinander getan haben, gar nichts so Besonderes ist, sondern allgemein üblich. Das gibt Mut zu neuen Zärtlichkeiten. Es kann zerstörend wirken, in dem Gefühl zu leben, man habe da in aller Heimlichkeit etwas getan, was man eigentlich nicht hätte tun dürfen. Noch schlimmer ist es, wenn man sich deshalb womöglich hinterher schämt. Auf solcher Grundlage kann kein Vertrauen zueinander aufblühen, keine Geborgenheit geschenkt werden. Wenn man sich nach intimen Zärtlichkeiten schämt, so ist man nicht auf dem richtigen Weg. Dann hat man die Vorbedingung noch nicht erreicht, die Bejahung der Körperlichkeit. Einmal auf diesen falschen Weg geraten, ist die Umkehr, die Rückkehr zu unbefangener Natürlichkeit sehr schwer. Dann ist oft schon dem reinen Gefühl im Erleben des Schönen der Weg versperrt.

Das junge Paar in unserem Beispiel hat das eine oder andere gute Buch gelesen, teils jeder für sich, teils gemeinsam. Sie haben darüber miteinander gesprochen. Sie sehen nun vieles in Worte gefaßt, was sie selber schon immer empfunden hatten. Sie fühlen sich bestätigt und ermutigt. Jeder liebt den Körper des anderen in allen seinen Erscheinungen. Besonders war der junge Mann, ein gesunder, kräftiger Bursche, sehr beeindruckt, in dem Buch zu lesen, daß es kein Zeichen männlicher Stärke sei, ein junges Mädchen gleich zu nehmen, notfalls sogar gegen ihren Willen, nur um seine Lust mit ihr zu haben. Wirkliche Männlichkeit zeige sich gerade in größter Zartheit. So bemühen sich die beiden gemeinsam, Zärtlichkeit zu lernen und auszuüben. Und sie erfahren es immer wieder, daß die sanftesten Berührungen die stärksten Empfindungen hervorrufen. Dies Warten aufeinander, dies Aufleuchten der Augen beim Wiedersehen – das der Umwelt verrät, wie es um die beiden steht –, der Druck der Hand, die leichte Berührung, dieser Blick in die Augen, der sich nicht lösen kann, dies Streichen übers Haar, der Kuß, der so sanft mit dem Berühren der Lippen beginnt, um sich dann im Zungenkuß festzusaugen, ganz eins mit dem geliebten Wesen. Dieses sanfte Gleiten über den ganzen Körper, wenn die Finger kaum die Haut berühren; all die vielen Möglichkeiten des Liebesspieles sind eine geradezu heidnische Anbetung des Körpers, eine völlige Erotisierung des ganzen Leibes! Heilige Handlungen werden zelebriert im Dienste des Göttlichen, das als Leben, als Natur, als Eros erfaßt und ergriffen wird und das seinerseits die Menschen ergreift und überwältigt im rauschhaften Erleben des Glücks.

In fast allen Büchern der Sexualliteratur ist die Rede von besonders »erogenen Zonen« des Körpers – das ist nach meiner Ansicht alles Quatsch! Für den Liebenden – aber nur für ihn – ist der ganze Körper erotisiert. Man kann die Empfindsamkeit des menschlichen Körpers nicht katalogisieren oder in einer Tabelle erfassen. Der lebendige Mensch ist keine Maschine, an der man bestimmte Knöpfe betätigen muß, um etwas zu erreichen. Die Zärtlichkeit verlangt Amateure und nicht Techniker. Das Liebesspiel ist ein kunstvolles Improvisieren und kein Experiment mit Versuchsanordnung und berechneten Ergebnissen. Eine Erziehung zur Zärtlichkeit ist etwas völlig anderes als sexuelle Aufklärung, als »biologische Informationen zur Sexualität des Menschen«[30].

Die beiden jungen Menschen in unserem Beispiel haben sich kennengelernt – sie haben sich »erkannt«, heißt es in der Luther-Bibel –, sie haben sich erprobt, und sie haben gelernt, miteinander zärtlich zu sein. Sie haben nun ein Kind. Eingedenk ihres Entschlusses, es anders und besser zu machen, als ihre Eltern es mit ihnen taten, und reif geworden durch erfahrene Zärtlichkeit und Geborgenheit, erfährt nun ihr Kind liebevolle Zuwendung, Liebkosung und Zärtlichkeit, Ruhe und Geborgenheit. Es festigt sich in dem Kind ein »Urvertrauen«, das ihm später helfen wird, zum Leben »Ja« zu sagen und sein Leben aus eigener Kraft zu gestalten.

Das Lernziel »Zärtlichkeit« wird nicht erreicht durch Gebote, durch eine Verbalisierung des Gewünschten. Hier erreicht man nur etwas durch nonverbales Vorbildsein. Es ist immer das Vor-Bild, also das Bild, das das Kind ständig vor Augen hat, durch das die stärksten prägenden Wirkungen ausgehen. Beides: die Zärtlichkeit, die die Eltern von der Geburt an bis zur Volljährigkeit dem Kinde erweisen, und die Zärtlichkeit, mit der die Eltern untereinander umgehen, wirkt – sich gegenseitig verstärkend – auf das Kind ein, ohne daß mit Worten darüber gesprochen wird. Wohl werden beim Kleinkind die Gesten und Handlungen zunächst durch Worte unterstützt, aber nicht als Aufforderung, sondern als begleitende Erklärung des Tuns. Also nicht: »Na, nun mach mal schön 'ei' beim Vati!«, sondern die Bewegung des Streichelns, dessen angenehme, lustvolle Wirkung das Kind ja an sich selber erfahren hat, wird untermalt und begleitet mit Worten.

Die Aufforderung: »Nun gib der Tante mal einen Kuß!« steht in vollem Widerspruch zu einer Erziehung zur Zärtlichkeit. Das ist im allgemeinen nur eine Erziehung zur Unaufrichtigkeit, zum Gehorsam und weckt nicht Zuneigung, sondern Abneigung. Ein in Zärtlichkeit aufwachsendes Kind gibt ganz von sich aus – impulsiv – der Tante einen Kuß, wenn es sie mag, oder eben nicht. Und diese Entscheidung muß respektiert werden. Bei allem Mitgefühl für die Tante, die so gern ein Küßchen haben möchte, ist die Rücksicht auf die Gefühle des Kindes wichtiger. Ein wiederholtes Zureden: »Na, nun gib doch der lieben Tante ein Küßchen!« ist für die Tante demütigend, für die Eltern peinlich, für das Kind quälend und für eine Erziehung zur Zärtlichkeit vernichtend.

Es ist für ein Kind wichtig zu wissen, daß die Großen auch zueinander zärtlich sind. Kinder wollen ja die Großen nachahmen. Das bedeutet für uns Erwachsene, daß wir unsere Gefühle zeigen. Eine Erziehung zur Zärtlichkeit ist nur möglich, wenn man sich zu seinen Gefühlen bekennt und sie offen zeigt: seine Freude und seinen Kummer, sein Lachen und sein Weinen. Aber Vater und Mutter können nur dann vor den Augen der Kinder zärtlich sein, sich streicheln, küssen, umarmen, wenn das ihre *wahren* Gefühle sind. Komödie zu spielen, wäre zwecklos!

Zwischen Eltern und Kindern muß von klein an eine so enge Beziehung aufgebaut sein, daß die Eltern sich in keiner Situation aus der Ruhe bringen lassen. So wie es keine Rolle spielt, wenn ein Kind plötzlich Vater oder Mutter nackt sieht, weil es diesen Anblick von klein an kennt – ohne daß die Eltern ständig nackt durch die Wohnung rennen! –, so darf auch keine Unruhe entstehen, wenn ein Kind ins Zimmer kommt und Mutti auf Vaters Knien sitzt. Der Vater darf auch nicht hastig – und eben dadurch auffällig und so, als hätte er etwas Verbotenes getan – seine Hand wegziehen.

Bei einer Erziehung zur Zärtlichkeit ist keine sogenannte »sexuelle Aufklärung« nötig, weil das Kind im Heranwachsen alles sieht, erfährt, erlebt und auf alle Fragen die sachgemäßen Antworten erhält. Am allereinfachsten ist dies, wenn ein Geschwister erwartet wird. Diese behutsame Zärtlichkeit des Kindes der Mutter gegenüber, wenn es in Muttis Bauch das Geschwister weiß, seine Bewegungen im Mutterleib fühlen kann. Bleibt das Kind ein Einzelkind, müssen die Eltern sich etwas mehr einfallen lassen, um ihrem Kinde das Wunder der Geburt, die Entstehung des Lebens wirklichkeitsnah erlebbar zu machen....

Wenn ich sagte, wir müssen bereit sein, unsere Gefühle zu zeigen, so heißt dies, daß wir ohne jede Scheu offen zugeben, daß der Austausch von Zärtlichkeiten Lustgefühle hervorruft. Vati und Mutti sind zärtlich miteinander, weil es Freude macht. Aber man kann nur zärtlich zueinander sein, wenn man sich freudig diese Zärtlichkeiten schenkt. Ein Recht, einen Anspruch darauf gibt es nicht!...

Aber auch kranke und vor allem alte Menschen brauchen in erhöhtem Maße die Zuwendung und Zärtlichkeit, die zum Beispiel schon beim geduldigen Zuhören, beim Zeithaben beginnt. Wo sich Erziehung zur Zärtlichkeit optimal entfalten kann, hat man auch immer Zeit für den Mitmenschen. Zärtlichkeit ist nicht nur Kuß; Zärtlichkeit ist auch, einen alten Menschen liebevoll über eine verkehrsreiche Straße bringen, wenn man es selber sehr eilig hat. Die Wirklichkeit zeigt uns, daß auch körperbehinderte und mißgestaltete Menschen einen Partner finden können und durch ihn Zärtlichkeit und Geborgenheit erfahren. Erziehung zur Zärtlichkeit ist keine illusionäre Wunschvorstellung, sie ist nur noch zu wenig verbreitet.

II. Die Bejahung der Sinnlichkeit

Unsere fünf Sinne sind die Stellen, durch die die Außenwelt zu uns eintritt und durch die wir die Erscheinungen der Außenwelt ergreifen, teils wortwörtlich mit den Händen, viel mehr aber durch Hautkontakte, durch Augen und Ohren, durch den Mund und mit der Nase.

Wieweit wir uns auf unsere Sinnesorgane verlassen können, ist eine in der Philosophie immer wieder diskutierte Frage. Ganz gewiß können uns unsere Sinne gelegentlich täuschen; ganz gewiß sind aber unsere Sinne die einzige Möglichkeit, die Mannigfaltigkeit, Buntheit und Vielschichtigkeit des Lebens, das heißt aller Erscheinungen der Natur, zu erfahren. Jede Philosophie, Weltanschauung oder Religion ist letztendlich lebensfeindlich, wenn sie sinnenfeindlich ist.

Im engeren Sinn wird der Begriff »Sinnlichkeit« im Bereich der Ethik gebraucht, um ein Verhalten zu kennzeichnen, in dem der Genuß, den uns die Sinne vermitteln, bejaht wird. Der Begriff »Sinnlichkeit« schließt also in jedem Fall die Bejahung der Sinne ein. Man muß ihn ausdrücklich als negativ abwerten, wenn man eine Verneinung der Sinnlichkeit will. Von der natürlichen Gegebenheit her verstehen sich also eine Bejahung der Körperlichkeit und eine Bejahung der Sinnlichkeit von selbst, woraus folgt, daß ihre negative Abwertung naturwidrig ist. Für unsere Erziehung zur Zärtlichkeit bedeutet die Bejahung der Sinnlichkeit, daß sowohl die Erwachsenen untereinander wie auch die Erwachsenen bei der Erziehung des Kindes die Freude an jeder Art von Sinneswahrnehmung anregen, fördern und verstärken....

Erziehung zur Zärtlichkeit bezieht sich nicht nur – und das sei an dieser Stelle deutlich gesagt – auf die Beziehungen zu anderen Menschen, sondern auch auf unser Verhalten den Tieren gegenüber, sowie zu allen Gegenständen. Alle Sinne auftun, heißt sich allem Geschehen öffnen, sich allen Wesen und Dingen zärtlich zuwenden. Im Umgang mit Tieren aller Art verbindet sich Erziehung zur Zärtlichkeit ganz eng mit der Ehrfurcht vor dem Leben. Aber auch das behutsame Blumenstecken, das aufmerksame Gießen, das Gleiten der Hand über reifendes Korn oder an Bäumen entlang, das greifende Abtasten schön geformter Gegenstände aus Holz, Keramik oder Metall – anders ausgedrückt: das Gespür für die Schönheit der Form –, das alles stellt Beziehungen her zwischen uns und den Dingen, beseelt sie und gibt allen Handlungen einen zärtlichen Grundakkord....

Menschen, die zur Zärtlichkeit erziehen wollen, bleiben auch Menschen mit Fehlern und Schwächen. Was sie von anderen Menschen unterscheidet, ist einmal ihre grundsätzliche Einstellung gegen jede Form von Gewaltanwendung und Unterdrückung und zum anderen ihr ständiges Bemühen, an sich selbst im Sinne eines zärtlichen Verhaltens zu arbeiten. In der Erziehung werden diese Menschen versuchen, ohne Gebote, mit wenig Verboten und möglichst ohne Strafen auszukommen. Mit begründeter Aufforderung und mit freundlich geäußertem Wunsch erreicht man mehr! Auf gar keinen Fall werden sie das höchst bedenkliche Mittel des Liebesentzuges anwenden. Das würde dem angestrebten Lernziel völlig widersprechen.

Eine Erziehung zur Zärtlichkeit muß intensiv alle Sinnesorgane erfassen. Indem solche Erziehung zu allen Sinnen ihr Ja sagt, bejaht sie den Sinnengenuß, die Sinnenfreude, das heißt das Genießen des Lebens durch alle unsere Sinne. Es ist die Verwirklichung der Philosophie Epikurs – also im Grunde eine alte Sache.

Meine Meinung zur Toleranz

Ich bin nun fünfunddreißig Jahre Mitglied unserer Religionsgemeinschaft. Als wir uns 1947 auf dem Klüt bei Hameln unter Leitung von Pfarrer Walbaum trafen, da hat dieser gütige alte Herr mit der Öffnung seiner Religionsgemeinschaft Freier Protestanten für uns ehemalige Gottgläubige und Deutschgläubige ein Beispiel hochherziger Toleranz gegeben. Seit jenen frühen Tagen waren wir der Meinung, daß religiöse Toleranz zu einem unabdingbaren Wesenszug unitarischen Glaubens gehört. Um so mehr bedrückt es mich, auch jetzt noch – nach dreißig Jahren – von Streitgesprächen über Toleranz und sogar von »Grenzen der Toleranz« zu hören und zu lesen. Diskussionen, die in manchen, auch kleinen Gemeinden geführt werden und bei denen das Gemeinsame zerredet wird. Es sind Fälle bekannt, wo in der »Basis« die »Meinung« vertreten wurde, daß wir innerhalb der Religionsgemeinschaft nicht tolerant sein dürfen, weil dadurch die »Verbindlichkeit« unserer Aussagen gefährdet würde. Wir haben die »Grundgedanken«, die von allen anerkannt werden, als das uns »Verbindende« und »Gemeinsame«! Das soll uns genügen.

In der Welt der Religionen spielt das Problem der Toleranz und Intoleranz eine große Rolle. Ich verweise auf die beiden Bücher der Religionswissenschaftler Prof. Hauer und Prof. Mensching, die beide über Toleranz und Intoleranz in den Religionen geschrieben haben. Sie haben unter anderem festgestellt, daß die Offenbarungsreligionen alle mehr oder weniger zur Intoleranz neigen. Die vielen entsetzlichen Beispiele der Intoleranz in der Geschichte des Christentums sind bekannt; gegenwärtig erleben wir die Schrecken der Intoleranz innerhalb des Islams im Iran. Hauer und Mensching zeigen, daß es bei den Religionen auch Unterschiede gibt zwischen einer Toleranz nach innen und einer nach außen.

So kennen die missionierenden Offenbarungsreligionen keinerlei Toleranz nach innen. Die Folge ist das immer wieder auftretende Problem der »Ketzer«, »Häretiker« und »Abweichler«. Diese Religionen, im vermeintlichen Besitz »absoluter Wahrheit«, gewähren auch keine Toleranz nach außen, wenn sie die Macht haben. Nur wenn sie in der Minderheit sind, lassen sie nach außen hin die Fahne der Toleranz flattern, um im Schutz der von den anderen gewährten Toleranz leben zu können.

Intoleranz ist immer verbunden mit dem Wahn, allein den rechten Weg zum Heil für alle zu wissen. Intoleranz ist aber auch meist ein Zeichen für eigene Unsicherheit. Wer unsicher ist, kann es nicht ertragen, daß jemand anderer Meinung ist, weil die Möglichkeit einer anderen Meinung, die auch »wahr« ist, als Angriff auf die »Wahrheit« der eigenen Meinung aufgefaßt wird. So ist Intoleranz einerseits ein Beweis, daß man Macht ausüben kann, indem man andere Meinungen unterdrückt; andererseits aber auch ein Zeichen von Schwäche der eigenen Überzeugung: Man muß andere Meinungen unterdrücken, damit an der eigenen Meinung keinerlei Zweifel möglich ist.

Im Gegensatz zur Intoleranz ist Toleranz immer ein Beweis für innere Unabhängigkeit, für Selbständigkeit im Urteil und für die Stärke der eigenen Überzeugung, die durch andere Meinungen nicht gefährdet wird. Nur die geistig Starken können tolerant sein, weil sie fest und sicher in sich ruhen. Toleranz wird so zum Zeichen seelischer Größe, geistiger Reife und sittlicher Überlegenheit.

Intoleranz ist meist kleinkariertes Denken und Kirchturmshorizont; Toleranz ist großherziges Denken und Weltoffenheit. Die Entwicklung hat dazu geführt, daß wir in einer pluralen Gesellschaft leben. Was heißt das? Es heißt, daß in unserer Zeit verschiedene Religionen, verschiedene politische Parteien, verschiedene Wertvorstellungen gleichberechtigt nebeneinander vorhanden sind. Dies gilt auch in dem kleinen Rahmen unserer Religionsgemeinschaft, die nur existieren kann, wenn im Staat religiöse Toleranz herrscht. Sie kann aber auch nur überleben, wenn wir untereinander tolerant sind in dem Wissen, daß keiner von uns »die Wahrheit« besitzt, keiner von uns allein den Weg zum »Heil« kennt und keiner von uns sich anmaßen kann zu bestimmen, was der rechte Weg unitarischer Religion ist, also darüber befinden, wer Unitarier ist und wer nicht.

Toleranz bedeutet nicht einfach Dulden und Ertragen! Das ist ein weit verbreiteter Irrtum. Dulden und Ertragen bedeutet nur, nachsichtig zu sein, den anderen in Ruhe zu lassen. Toleranz aber bedeutet geradezu, den andern anerkennen und seine »Wahrheit« neben meiner »Wahrheit«, seinen »Weg« neben meinem »Weg« als gleichberechtigt zu sehen.

Consensus, Übereinstimmung, Gemeinsamkeit gibt es nur auf der Grundlage der Toleranz. Alles andere ist Zwang, und

Zwang ist das Gegenteil von Glaubensfreiheit. Die jahrhundertelang geforderte Glaubensfreiheit ist ein zartes Pflänzchen, das sorgsamer Pflege bedarf und gar leicht zertrampelt werden kann. Seien wir tolerant untereinander, und unsere Religionsgemeinschaft wird wachsen, blühen und gedeihen!

Arbeit für den Frieden als religiöser Auftrag

Wenn Tao herrscht auf dieser Welt,
so zieh'n die Pferde friedlich hin zum Acker.
Wo aber Tao fehlt, da zieh'n die Rosse fort zum Kriege.

Lao-tse

1. Erziehung zum Frieden

Die Weisheit, die aus dem Tao-te-king spricht, ist Jahrtausende alt. Aber wir haben keine Jahrzehnte mehr Zeit, um dieser Einsicht gemäß zu handeln. Auch das bekannte Wort: »Es ist später, als du denkst!« soll aus der altchinesischen Kultur stammen. Warum werden solche Wahrheiten immer nur zitiert, warum werden sie so selten ernst genommen? Was ist es in uns Menschen allen, das uns immer wieder hindert, aus Vernunft zu planen, aus Erkenntnis zu handeln, aus Einsicht zu unterlassen? Ja, es ist schwer, gegen den Strom zu schwimmen; es ist sehr anstrengend, Gewohnheit, Trägheit, Gleichgültigkeit, Bequemlichkeit, Angepaßtheit zu überwinden und abzulegen. Aber wenn uns das Wissen lehrt, daß wir uns anstrengen müssen, wenn wir – als Menschen – überleben wollen, sollte diese Motivation, diese Antriebskraft nicht stark genug sein? Waren tatsächlich zwei Weltkriege noch nicht genug?

Oh, es war eine starke und echte Friedenssehnsucht in den Herzen vieler nach dem Ende des Ersten Weltkrieges. »Nie wieder Krieg!« war die Losung, die gewiß unzählige nicht nur auf den Lippen trugen. Über das Grauen der Materialschlachten hinweg, für die Verdun ewiges Mahnmal bleibt, reichten sich die Frontkämpferverbände beider Seiten versöhnend die Hände, und viele Worte wurden gewechselt, daß man verhindern wolle, sich je wieder mit Waffen gegenüberzustehen. – Im alten Gudrun-Epos wird der Krieg wieder aufgenommen, nachdem die Knaben erwachsen sind und an die Stelle der gefallenen Väter treten können. Reichten zwanzig Jahre aus, um die Millionen Toten durch die Nachgeborenen zu ersetzen? Der Zweite Weltkrieg überbot den ersten an Grauenhaftem in nicht vorstellbarer Weise. Und es sind schon wieder fünfundzwanzig Jahre vergangen! Ist »man« schon wieder bereit...?

Mit vielen Argumenten hat sich auseinanderzusetzen, wer sich zu einer Erziehung zur Friedensfähigkeit bekennt. Aus der Fülle dessen, was einem dann entgegengehalten wird, möchte ich hier einige Ansichten herausgreifen.

2. »Der Kampf ist der Vater aller Dinge!«

Mit diesem Wort des Heraklit, das rund zweitausendfünfhundert Jahre alt ist, begründen viele ernsthaft ihre Meinung, daß Krieg sein muß zur Auslese des Starken, zur Erhaltung des Gesunden, für den Fortschritt der Menschheit. Sie fügen dann wohl auch das bekannte Nietzsche-Wort hinzu (Nietzsche war ein Verehrer Heraklits): »Gelobt sei, was hart macht!« Und wer naturwissenschaftlich gut informiert ist, beruft sich auf Darwin und spricht vom »Kampf ums Dasein« und vom Überleben des Tüchtigeren.

Hier ist nun zuallererst darauf aufmerksam zu machen, daß man die Worte und das, was sie bedeuten, nicht durcheinanderbringen darf. Die allgemeine Laxheit und Verschwommenheit im täglichen Sprachgebrauch ist keine Entschuldigung für Begriffsverwirrung und Unklarheit im Denken. Krieg, Kampf, Streit, Konflikt – um nur diese vier herauszugreifen – haben alle ihre besondere Bedeutung. Heraklit spricht vom Kampf – eigentlich vom Streit (polemos) –, und dieser Kampf ist für ihn ein metaphysisches Weltgesetz, aus der Erkenntnis heraus, daß nur aus dem polaren Spannungsfeld der Gegensätze sich Leben entfalten und entwickeln kann. Man muß die Bedeutung dieser Begriffe in Heraklits großartiger Philosophie kennen, dann wird man nicht mehr aus Unkenntnis ihn zum Kronzeugen dafür angeben, daß Kriege sein müssen.

»Kampf ist der Vater von allem, der König von allem;
die einen macht er zu Göttern, die andern zu Menschen,
die einen zu Sklaven, die andern zu Freien.«

»Man muß wissen, daß der Kampf das Gemeinsame ist
und das Recht der Streit,
und daß alles Geschehen vermittels des Streites und der Notwendigkeit erfolgt.« [31)]

Folgen wir Heraklits Gedanken, dann vertreten wir jene Weltschau, nach der aus dem ruhenden Einen nichts hervorgehen kann, sondern daß im Urbeginn die Polarität, das Prinzip Yang und Yin (dessen Symbol auch auf dem Umschlag des Buches von Phillip Hewett, »Koexistenz der Gegensätze«, steht!), angelegt ist und daß aus diesem Spannungsfeld heraus im Trennen und Vereinen sich alles Leben vollzieht. Sigrid Hunke hat die gewaltige Konzeption solcher Weltschau in ihrem Buch »Das Ende des Zwiespalts«[32)] ausführlich dargelegt. Dieses »Weltgesetz« hat nichts mit den Kriegen unter Artgenossen zu tun; denn Artgenossen stehen sich nicht in Polarität oder Gegensätzlichkeit gegenüber, Artgenossen – dieses Wort darwinistisch verstanden! – sind Gleiche einer Art, zum Beispiel Menschen.

Nun können viele gut unterrichtete Vertreter der anderen Meinung sagen, daß *doch* der Krieg der Vater, wenn nicht aller, so doch vieler Dinge sei, und auf Erfindungen hinweisen, die unter dem harten Druck der Forderungen, die der Krieg stellte, gemacht worden sind und vielfach dann auch für friedliche Zwecke nützlich waren. Die Sache ist bekannt genug, es bedarf dafür keiner Beispiele. In diesen Zusammenhang gehört auch die Tatsache, daß die Regierungen aller Völker viel leichter bereit sind, große Summen für Rüstungszwecke auszugeben, es aber immer sehr schwer ist, die gleichen Beträge für friedliche Vorhaben bewilligt zu bekommen.

Dem ersten Argument kann zunächst entgegengehalten werden, daß sehr viele Erfindungen im Frieden für friedliche Zwecke gemacht wurden, daß aber die Herrschenden sich dieser neuen Möglichkeiten meist sehr schnell für ihre kriegerischen Zwecke bemächtigten (zum Beispiel Flugzeug, Atomkraft). Zum andern: Es ist eine allgemein bekannte Volksweisheit, daß Not erfinderisch macht, aber ist das ein zureichender Grund, um Notsituationen herbeizuführen?

Das andere, daß es leichter sei, Milliardenbeträge für Zwekke der Vernichtung als für Aufbauprojekte zu bewilligen, ist eine Tatsache. Tatsachen können nicht widerlegt, sie können nur beseitigt werden. Beseitigt werden kann eine solche Geisteshaltung nur durch einen inneren Wandel. Es muß – darauf hat Albert Schweitzer in seiner berühmten Rede aufmerksam gemacht – ein neuer Geist, eine neue Gesinnung in den Menschen zur Herrschaft kommen, die uns hoffen läßt, daß aus Vernunft und Einsicht geplant und gehandelt wird.

Wir brauchen keine Kriege, um den Fortschritt der Menschheit in Gang zu halten, aber wir stehen vor der sehr ernsthaften Möglichkeit, durch einen neuen Krieg den Fortbestand der Menschheit zu beenden.

3. Kriege hat es immer gegeben

Wer so argumentiert, um seine Meinung von der Notwendigkeit der Kriege zu begründen, ist sich wohl kaum bewußt, daß er sich damit gegen jeden möglichen Fortschritt, gegen jede Entwicklung ausspricht. Nur weil es bisher Kriege gegeben hat, soll es auch in alle Zukunft Kriege geben – was ist das für ein seltsamer Standpunkt. Kriege sind kein Naturgesetz. Kriege gibt es erst, seit es Menschen gibt. Und durch Jahrzehntausende menschlicher Frühzeit hat es sehr wahrscheinlich noch keine Kriege gegeben. Es bleibe dahingestellt, ob es jemals in der Frühzeit, durch günstige Klimaverhältnisse bedingt, so etwas wie »paradiesische« Zustände gegeben hat. Sicher ist, daß Kriege sich erst entwickelten, als die Stämme und Völker durch wachsende Bevölkerungszahl einander näher rückten und anfingen, sich zu bedrängen. Außerdem müssen wir auch hier wieder unterscheiden zwischen Kriegszügen (Wanderzügen) aus Raumnot zu neuer Landnahme, zwischen Kämpfen unter Kriegerbünden, Landsknechten und stehenden Heeren und Kriegen der Völker, bei denen es praktisch keinen Unterschied mehr gibt zwischen Soldat und Zivilist. Wir müssen unterscheiden zwischen den Fehden des Mittelalters, den Kabinettskriegen des Absolutismus, zwischen Religions- und Bürgerkriegen. Der Zweikampf nach festen Regeln, der »ritterliche« Kampf, das Turnier – das waren »ritualisierte« Kämpfe, ähnlich denen, die uns die Verhaltensforschung aus dem Tierreich zeigt. Was sie uns aber aus dem Tierreich nicht zeigen kann, ist die bewußte und geplante, die rücksichtslos durchgeführte Tötung und Ausrottung von Artgenossen. Das war neu in der Entwicklung des Lebens auf der Erde, und es kam so nach und nach durch den Menschen und nur unter Menschen in Gebrauch. Sehr wahrscheinlich waren durch Jahrtausende hin Kriege nötig, um sich als Stamm oder Volk oder Staat zu erhalten und zu behaupten. Aber vor Jahrtausenden gab es auch schon von einsichtigen, weisen Menschen ausgesprochen die Warnung vor dem Krieg und die Mahnung zum Frieden. Da der Krieg mitsamt der dazugehörigen Waffentechnik vom Menschen entwickelt worden ist, so kann auch der Mensch diese Entwicklung aufhalten und in eine andere Richtung lenken. Keine höhere Macht hat je dem Menschen befohlen, Kriege zu führen; keine Macht kann ihm verbieten, den Kriegen ein Ende zu machen.

Ja, ich weiß: Die Völker der Frühzeit haben vor einem Kriegszug ebenso wie vor einem Jagdzug durch Orakel oder Opfer die Götter um Rat gefragt oder um Hilfe gebeten. Und das Alte Testament ist voll von Befehlen Jahves an sein Volk Israel, Krieg zu führen und andere Stämme auszurotten.

Damit kommen wir zu einem neuen Faktor, der in der Geschichte der Menschheit für das Führen von Kriegen bestimmend wurde. Die drei monotheistischen und absolute Geltung beanspruchenden Offenbarungsreligionen: Judentum, Christentum und Islam – und ebenso alle Weltanschauungen ähnlicher Struktur – haben die Kriege unter den Menschen verschärft und bis ins Unmenschliche gesteigert. Dabei haben zwei den Menschen anerzogene Meinungen die entscheidende Rolle gespielt: 1. Frieden gibt es nur innerhalb der betreffenden Religion oder Weltanschauung (also nur unter Glaubens- und Gesinnungsgenossen). 2. Der außerhalb der Religion oder Weltanschauung Stehende ist friedlos und rechtlos, ist nicht nur der Feind, sondern das Böse, der Teufel, er muß nicht nur bekämpft, sondern vernichtet und ausgerottet werden. Hier gilt das Wort: Nur der tote Feind ist ein »guter Feind«, hier ist Friede erst auf dem Friedhof der Besiegten.

Wenn sich nun in unserer Zeit dieses dualistische Freund-Feind-Denken (vgl. Sigrid Hunke, »Das Ende des Zwiespalts«[32]) verbindet mit den »Errungenschaften« der modernsten Rüstungstechnik, dann wird das alte Wort wieder wahr: »Homo homini lupus« (»Der Mensch ist dem Menschen ein Wolf«). Wenn der Mensch dem Menschen keine Gnade gibt, wird die Situation des Menschen gnadenlos (Biafra, Vietnam, Nordirland).

4. Krieg ist eine Art Naturzustand

Diese Ansicht folgt unmittelbar aus der Meinung, daß es immer Kriege geben wird, wie sie es »schon immer« gegeben hat. Zunächst spielt auch hier wieder die allgemein übliche Verschwommenheit und Begriffsverwirrung eine Rolle. Immer wieder werden Krieg, Kampf, Streit und Konflikt in einen Topf geworfen, miteinander verwechselt oder unterschiedslos gebraucht. Nur so ist es vielleicht zu verstehen, daß durchaus ernstzunehmende Menschen meinen, Krieg sei so etwas wie ein Naturgesetz, sei sozusagen im Menschen erblich festgelegt, gehöre, anders ausgedrückt, zum Wesen des Menschen einfach hinzu. Man fragt sehr überlegen, meist spöttisch, mitunter ironisch, ob ich denn wirklich meine, daß die Menschen einmal »sanft wie die Lämmer« werden und es unter ihnen keinen Zank und Streit mehr geben würde? Schon im Kinderzimmer unter Geschwistern ...

Ich meine nicht, daß es die Aufgabe des Menschen sei, sanft wie ein Lamm zu werden, ich bin der Ansicht, daß es die Bestimmung des Menschen ist, sein Menschsein zu entfalten. Ich verstehe darunter, daß es immer mehr selbständig Denkende geben wird, die aus Vernunft und Einsicht zu handeln beginnen. Wenn ich der Meinung bin, daß es keinen Krieg mehr geben darf, so unterscheide ich den Begriff »Krieg« sehr genau von den anderen Begriffen. Auch auf dem langen Weg zu einer inneren Reife wird es immer wieder Zank und Streit geben. Es wird Kampf geben als Wettkampf und als Kampf gegen Naturgewalten und als geistigen Kampf. Und das Bild einer künftigen Welt kann niemals das Ideal einer konfliktfreien Gesellschaft sein. Konflikte wird es immer geben, aber wir werden lernen, unsere Konflikte auf der Ebene der Partnerschaft in Offenheit und Toleranz auszutragen.

Eine Welt ohne Krieg ist keine Welt der Ruhe und des Stillstands und des satten Behagens, aber es wird eine Welt sein, in der unsere Kinder werden *leben* können.

5. Sehnsucht nach einer heilen Welt

> »Von seinen Waffen gehe weg der Mann keinen Fuß auf dem Feld:
> nicht weiß man gewiß, wann des Wurfspießes draußen man bedarf.«
>
> *Edda Havamal*

Die Welt, die hier in diesem Vers gekennzeichnet wird, war keine friedliche, keine heile Welt. Es ist etwa die Zeit um die Jahrtausendwende in Nordeuropa. Und es galt für Jahrhunderte vorher und erst recht für viele Jahrhunderte nachher. Es ist eine friedlose Welt, in der man ständig auf Angriff und Feindschaft, auf Überfall und Bedrohung gefaßt sein muß. Es waren unruhevolle, kriegerische Jahrhunderte im Mittelalter, es war eine heillose Zeit der Reformation und Gegenreformation (Dreißigjähriger Krieg), es folgten friedlose, kriegerfüllte Jahrhunderte bis in unsere Tage. Und das soll der normale Zustand sein? Ist das die »heile Welt«, nach der man sich in den Erschütterungen unserer Gegenwart so sehr sehnt?

Nein – der Zustand der Friedlosigkeit und der jederzeit möglichen Kriege, der Zustand des »kalten Krieges« darf nicht als Normalzustand betrachtet werden. Es ist der Ausnahmezustand, in dem die Menschen sich ständig in Gefahr und unter Bedrohung befinden. Eine »heile« Welt kann nur eine Welt sein, in der der Zustand des Friedens als der normale angesehen wird, in der man Krieg als eine »seelische Krankheit« ansieht, die geheilt werden kann und um unseres Überlebens willen geheilt werden muß!

6. Der religiöse Auftrag

Freie Religion, wie man mit Recht auch die unitarische Religion nennt, wie sie sich als »Europas andere Religion« [33] in Jahrhunderten entwickelt hat, ist ihrem Wesen nach geeignet, die Menschen zur Friedensfähigkeit zu erziehen. Eine Religion, durch die die Menschen lernen, Grenzen nicht als trennend zu empfinden, sondern als etwas Verbindendes, eine Religion, in der die Menschen die »Koexistenz der Gegensätze« (vgl. das gleichnamige Buch von Phillip Hewett [34]) als eine Wirklichkeit des Lebens erkennen, trägt alle Voraussetzungen in sich, die Menschen über alle Grenzen, Klassen und Rassen hinweg einander näherzubringen, weil hier *jeder* Mensch als »Gestaltwerdung des Göttlichen« (Hunke) erfahren wird. – Der Glaubenszerfall ist die Bankrotterklärung der christlichen Religion, die Kriege sind die Bankrotterklärung der christlichen Ethik! Die christliche »Weihnachtsbotschaft« ist weltweit als Lüge entlarvt. *Sie* beten für den Frieden; *wir* aber wollen für den Frieden arbeiten. Wir wollen die Werte des Friedens an die Stelle der kriegerischen Tugenden setzen. Wir wollen mit der Arbeit für den Frieden beginnen, sofort, in dieser weihnachtlichen Zeit. Jeder fängt bei sich selber an. Unitarier muß man überall an ihrer Arbeit für den Frieden erkennen. Wenn wir das recht erkennen und danach handeln, könnte es die Sternstunde des Unitariertums werden. In Abänderung eines weihnachtlichen Liedes möchte ich sagen: »... Daß auf Erden Friede werde, sind wir allzumal bereit.«

Größe und Grenzen eines religiösen Humanismus

Wort und Begriff »Humanismus« werden im allgemeinen Sprachgebrauch und auch innerhalb der Wissenschaft in unterschiedlicher Bedeutung verwendet. Das Wort ist eine neulateinische Bildung der Gelehrtensprache. In der Renaissance geht es um die Wiederentdeckung der bedeutsamen Kulturgüter der Antike, insbesondere um Neuherausgabe und Übersetzung der Literaturdenkmäler lateinischer, vor allem jedoch griechischer Sprache. Diese erste Welle war begleitet von dem Wiederaufleben eines »heidnischen«, das heißt vorchristlichen Lebensgefühls voller Heiterkeit und Sinnenfreude. Geradezu zwangsläufig mußte das zu schweren Konflikten mit der katholischen Kirche führen. Folgerichtig trieb diese geistige Strömung auf mannigfache Weise zur Reformation und zu den Sozinianern und Antitrinitariern. Ich erwähne hier nur Michel Servet, Erasmus von Rotterdam, Ulrich von Hutten, Sebastian Franck. Es gab viele. Eine zweite Welle überflutete als »Neuhumanismus« die Zeit der Klassik. Ich erinnere an Schillers »Die Götter Griechenlands«, an Hölderlins »Hyperion«, an Goethes »Iphigenie«, um nur ein paar Beispiele zu nennen.

In der Neuzeit brandete dann eine dritte Welle auf, die unter den Eindrücken des Ersten Weltkrieges als »Dritter Humanismus« und nach den Erlebnissen des Zweiten Weltkrieges als »Offener Humanismus« ihre namhaften Vertreter in Wissenschaft und Kunst findet. Da wären zu nennen: Rudolf Binding, Rainer Maria Rilke, Saint-John Perse, Pierre Teilhard de Chardin, Max Planck, Albert Einstein, Albert Schweitzer, später dann unter anderem: Lewis Mumford, Alexis Carrel, Erich Fromm, Aldous Huxley, Bertrand Russell, Antoine de Saint-Exupéry, Ernst Bloch.

Von ganz anderer Art ist jener Humanismusbegriff, der in der Pädagogik des 19. Jahrhunderts auftaucht als Bezeichnung für die Vertreter der alten Gymnasialbildung, also des sogenannten »humanistischen« Gymnasiums mit Vorrang der Altphilologie und Vernachlässigung der Naturwissenschaften. Dieser Begriff von Humanismus war in jener Zeit in breiten Schichten des Bürgertums am ehesten bekannt.

In der abendländischen Philosophie wird der Begriff »Humanismus« nicht eindeutig gebraucht. Er steht meist ganz allein für jede Art Betrachtung, in welcher der Mensch zum

Maß aller Dinge genommen wird oder wo der Mensch allein Gegenstand der Erkenntnis ist.

Von allen diesen Betrachtungsweisen unterscheidet sich meine Auffassung von »Humanismus«. Für mich ist es zunächst das Wort, mit dem ich *praktizierte Menschlichkeit* bezeichnen kann, denn das neulateinische Wort »Humanität« läßt sich am besten zutreffend durch das deutsche Wort »Menschlichkeit« wiedergeben. In der lateinischen Heimat des Wortes bedeutet »humanitas«, zum Beispiel bei Cicero, die kultivierte Art und Weise, in der Menschen miteinander umgehen.

»Humanitas« hatte einstmals zum Inhalt eine Heiterkeit des Herzens, Gelassenheit der Seele, Milde der Gesinnung. Sie war das Gegenteil jeder Art von Maßlosigkeit. Zu einer in solcher Weise vorgelebten Menschlichkeit gehört dann auch unabdingbar ein Gefühl für die Würde des Menschen und für seine Integrität, das heißt Unbescholtenheit. Ich verstehe also unter »Humanismus« eine praktizierte und beispielhaft vorgelebte Menschlichkeit.

Nun zu dem anderen so vieldeutigen Wort in der Themenstellung dieses Artikels, zu dem Wort »religiös«. Dieses Wort ist hier nicht gemeint als Ausdruck irgendeiner Religion oder Konfession, es wird auch nicht aufgefaßt als Bezeichnung für »unitarisch« oder »freireligiös«. Weil mein Begriff des Religiösen keine Art von Gottesbegriff zuläßt, kann ich – ohne daß darin ein Widerspruch liegt – statt von *»religiösem«* auch von einem *»atheistischen«* Humanismus sprechen. Da jedoch in dem griechischen Wort »A-theismus« eine Verneinung enthalten ist, die keinerlei positive Aussage zum Inhalt hat, ziehe ich es vor, von einem religiösen Humanismus zu sprechen.

Religiös im Sinne dieses Artikels ist jeder Mensch – gleich welcher Rasse oder Hautfarbe, welchen Geschlechts oder Alters, welcher Religion oder Weltanschauung, welcher Herkunft oder sozialen Stellung –, der in seinem Denken und Handeln der Menschlichkeit den höchsten Rang zuerkennt, um seine Mitverantwortung weiß und ein Gefühl für Ehrfurcht hat.

Einfacher gesagt und unserem Alltagsleben näher gerückt, ist jeder Mensch »religiös«, der in seinem Tun nicht *vorrangig* von Profitdenken und Erfolgsstreben geleitet wird, sondern auf irgendeine Art und Weise helfend für Mitmenschen tätig ist. So gesehen sind – um ein Beispiel zu geben – Unternehmer, die von Profitgier besessen sind, nicht religiös, Zivildienstleistende religiös.

Somit könnte der kategorische Imperativ eines religiösen Humanismus in die Worte gefaßt werden:

»Handle stets so, daß du dir bei allem Tun deiner Verantwortung für deine Mitmenschen bewußt bist.«

Nach diesen einleitenden Worten werde ich nun von der Größe eines religiösen Humanismus sprechen. Hierbei ist es wohl ohne weiteres einsichtig, daß nicht von einem abstrakten Begriff »Humanismus« gesprochen wird, sondern ausschließlich Menschen als Repräsentanten eines solchen »religiösen Humanismus« die Beispiele für Größe und Grenzen aufzeigen können. »Größe« meint hier die geistig-sittliche Stärke des Menschen in seiner Bereitschaft zur Verantwortung, in seinen Taten und seinen höchsten Augenblicken. In den »Grenzen« werden die geistig-sittlichen Schwächen des Menschen in seinem Versagen, seinen Untaten und in seinen tiefsten Abgründen offenkundig. Die Möglichkeiten zu beidem liegen in *jedem* Menschen! Sie werden aber erst sichtbar durch Umstände, in denen der Mensch so oder so handelt. Noch eine letzte Vorbemerkung: In diesem Artikel spreche ich nur vom abendländischen Menschen.

Das Wissen um seine Größe beginnt beim abendländischen Menschen im 7. Jahrhundert vor Beginn unserer Zeitrechnung im frühen Griechentum. Es ist das Erwachen des Geistes, der sich langsam aus der prämentalen Phase seiner mythischen Vergangenheit löst. Mit der Entwicklung des selbständigen Denkens geht der Glaube an die Macht der Götter zurück. Dieser Vorgang ist an Hand der vorhandenen Texte der Vorsokratiker sehr anschaulich zu verfolgen. Am Anfang steht Thales von Milet, der für Erdbeben nicht mehr den Zorn der Götter als Ursache annimmt, sondern nach natürlichen Erklärungen sucht. Höhepunkte in diesem Prozeß zur geistigen Mündigkeit sind Anaximandros, dem die Unendlichkeit des Seins aufgeht; Xenophanes, der erkennt, daß der Mensch die Götter nach seinem Bilde geformt hat und der das All-Eine an ihre Stelle setzt; Heraklit, der erklärt: »Alle Menschen haben die Fähigkeit, sich selbst zu erkennen und vernünftig zu denken«, der aber auch schon die Grenzen menschlicher Erkenntnis sieht; Protagoras, der den Menschen zum Maß aller Dinge erklärt; Leukippos, der im Atom die Bausteine der Materie erdenkt; schließlich Sokrates, der das Gewissen als ratende Stimme in seinem Selbst erfährt.

Während in den Epen Homers die Helden einer mythischen Zeit nur Marionetten im Spiel der Götter sind, wird in der antiken Tragödie die Melodie von der Größe des Menschen in machtvollen Akkorden angestimmt. So sagt der Chor in der »Antigone« des Sophokles: »Vieles Gewaltige lebt, und nichts ist gewaltiger als der Mensch.«

Im 3. vorchristlichen Jahrhundert beginnt die Stoa in herausragender Weise von der Größe des Menschen zu sprechen. Ich nenne nur Kleanthes und Seneca, dessen Leben schon in die nachchristliche Zeit – was die Datierung betrifft – hinüberleitet.

Wie Sie alle wissen, beginnt nach einem Zeitraum von fast einem Jahrtausend im 2. Jahrhundert unserer Zeitrechnung mit den christlichen Kirchenlehrern – als da sind: Irenäus, Tatian, Tertullian – der Angriff gegen die griechische Philosophie mit ihrer Hochschätzung des Menschen. In der zweiten Hälfte des 4. Jahrhunderts erreichte dieser Kampf mit Augustin einen Höhepunkt und ersten Abschluß. Kennzeichnend hierfür ist sein Ausspruch, daß »alle Weisheit der Welt nur Torheit ist vor Gott«, angelehnt an paulinische Bibelworte.

Es folgt ein Jahrtausend des Niederganges aller geistigen Selbständigkeit. Philosophie wurde zur Magd der Theologie. Erst im 13. Jahrhundert ging dann aus dem Geist der Renaissance der Humanismus hervor, durch den dem Menschen wieder sein Wert zurückgegeben wurde. Mit der Schrift des jungen italienischen Reichsgrafen Pico della Mirandola »De dignitate hominis« (»Von der Würde des Menschen«) begann die große Bewegung, die sich von der Vorherrschaft der Kirche zu befreien bemühte. In diesem bis in unsere Zeit andauernden und sich in die Zukunft hinein fortsetzenden Prozeß sind vor allem die »Aufklärung« – für die hier die Namen Lessing und Kant stehen mögen – und der »Neuhumanismus« des 18./19. Jahrhunderts – ich verweise auf die Klassik – Höhepunkte, die wir Menschen des 20. Jahrhunderts noch nicht wieder erreicht haben. Im Gegenteil! Zwei Weltkriege und die Fülle der Kriege seit 1945 überall auf der Erde mit all dem, was erdenweit an Intoleranz, Verfolgung, Vertreibung, Folter und Mord noch täglich in vier Erdteilen geschieht, das alles zeigt einen erschreckenden Niedergang der Humanität, also der Menschlichkeit.

Doch zunächst möchte ich noch von der Größe eines religiös bestimmten, wenn auch im strengen Sinne durchaus atheistischen Humanismus sprechen.

In dieser Weltanschauung ist der Höchstwert die Menschlichkeit, verstanden als Mitmenschlichkeit. Das ideale Ziel ist eine möglichst harmonische Ausbildung und Entfaltung aller im Menschen vorhandenen Anlagen, die auf Werterfüllung ausgerichtet sind.

Verbunden ist damit die Förderung geistiger Kultur und sittlicher Gesinnung. Man kann sagen, daß in der Menschlichkeit überhaupt das Ziel der menschlichen Entwicklung gesehen wird. Nun wissen wir alle, daß hochgesteckte Ideale nur sehr teilweise ihre Verwirklichung finden. Ideale bedürfen der Menschen zu ihrer Erfüllung; Menschen bedürfen der Ideale zu ihrer Wertorientierung. Wir stoßen hier auf eine Wechselwirkung. Daß Ideale grundsätzlich *nicht* unerfüllbar sind, zeigen die großen Gestalten der Menschheit, die ihr Ideal ganz oder fast vollkommen verwirklicht haben. Ich nenne als Beispiele:
Laotse, Buddha, Sokrates, Epikur, Seneca, Jesus, Franz von Assisi, Meister Eckhart, Lorenzo de Medici, William Penn, Johann Heinrich Pestalozzi, Henry Dunant, Albert Schweitzer, Nahum Goldmann.

Aber wir anderen, wir Menschen des Mittelmaßes, sind auch, gewiß in sehr unterschiedlicher Weise und mit wechselndem Erfolg, nach unseren Fähigkeiten, vor allem aber nach unserer Wertorientierung, *bemüht,* den hohen Zielen näherzukommen. Dies bedeutet, sich immer wieder neu zu fragen: Wie kann ich die Werte, zu denen ich mich in einem religiösen Humanismus bekenne, in die Praxis umsetzen? Es geht also um unser Verhalten im alltäglichen Leben. Weil der Mensch es ist, der in diesem Wertsystem die höchste Stelle einnimmt, muß sich alles Tun daran messen lassen, ob es dem Menschen dient. Aus der Rechtsprechung kennen wir den Grundsatz: »Im Zweifel für den Angeklagten.« Die Umweltschützer haben aus ihrer Sicht heraus verkündet: »Im Zweifel für das Leben.« Dem Wesen des Humanismus entspricht es zu proklamieren: »Im Zweifel für den Menschen.«

Worte aus sehr verschiedenen Jahrhunderten abendländischer Geistesgeschichte weisen auf die Bedeutung hin, die der Mensch für den Menschen hat. So heißt es bei Seneca: »Der Mensch sei dem Menschen etwas Heiliges«, in der Edda lesen wir: »Der Mensch ist des Menschen Freude.« Von besonderem Gewicht ist Kants *»praktischer Imperativ«* – nicht zu verwechseln mit dem »kategorischen Imperativ«. Er hat diesen Imperativ gleich zweimal in gleichem Wortlaut formuliert, in der »Kritik der praktischen Vernunft« und in der Schrift »Grundlegung zur Metaphysik der Sitten«. Der Text heißt:

> »Handle so, daß du die Menschheit sowohl in deiner Person als in der Person eines jeden andern jederzeit zugleich als Zweck, niemals bloß als Mittel brauchst.«

Schiller schreibt einmal: »Der Mensch bedarf des Menschen sehr zu seinem großen Ziele«; Nietzsche entwirft das Bild des »Über-Menschen«, des kommenden Menschen, zu dem wir »Pfeile der Sehnsucht« sind, und von Karl Marx stammt der Ausspruch: »Das höchste Wesen für den Menschen ist der Mensch.« Nur mit einem solchen »Aufblick zum Menschen« können wir die ganze Schwere der Bedeutung jener Sätze erfassen, die Sartre in seinem Essay »Ist der Existentialismus ein Humanismus?« niedergeschrieben hat. Die Konsequenz seiner Ausführungen läßt sich darin zusammenfassen, daß, wenn Gott nicht existiert, notwendigerweise der Mensch es ist, der die Werte setzt und sich die Gebote seines Handelns gibt. In ganz ähnlicher Weise hatte sich vor Sartre schon Nietzsche geäußert. Sie alle folgen darin Kant, der von dem »moralischen Gesetz in mir« schrieb.

Diese Aussagen über den Menschen sind für unser Thema deshalb so bedeutungsvoll, weil in diesem Artikel ein Bild des eigenständigen Menschen vorgestellt wird. »Eigenständig« heißt, daß der Mensch auf seinem »Eigenen« steht. Dieses »Eigene« ist seine Erbwelt und Umwelt. Seine Erbwelt teilt er mit keinem anderen Menschen, sie ist in vollem Wortsinn sein »Eigen«. Seine Umwelt teilt er zwar mit anderen, aber es ist wiederum die aus seinem »Eigenen« kommende Art und Weise, wie er auf die vielen gemeinsame Umwelt reagiert.

In dem uns vor allem beschäftigenden Bereich des Sittlichen heißt »eigenständig«, daß der Mensch sich selber seine Werte setzt und sich selber die Gebote seines sittlichen Handelns gibt.

Nun bedeutet das nicht, daß der in unserer Zeit heranwachsende Mensch seine Werte neu erfinden muß. Er findet ja ein Überangebot an Werten vor. Eigenständigkeit bedeutet, daß der junge Mensch sich so unbeeinflußt wie möglich zu *den* Werten bekennt, die er seinem Wesen gemäß bejaht. Dies ist praktisch deshalb so schwer zu verwirklichen, weil von den ersten Lebensjahren an zunächst die Eltern, später Schule und Umwelt mit großem Eifer bemüht sind, dem Heranwachsenden keinen Spielraum für eine *eigene* Entscheidung zu lassen, sondern ihn auf *ihre* Werte festzulegen. Dieses Verfahren ist im allgemeinen jahrhundertelang so abgelaufen. Glücklicherweise gab es aber auch in vielen Jahrhunderten revoltierende Jugend, die alte Werttafeln zerschlug und den Aufbruch zu neuen Werten wagte. Diese Werte waren – geschichtlich gesehen – nicht immer neu, aber sie waren anders als die, die den Heranwachsenden aufgezwungen werden sollten. Selbstverständlich gibt es im Laufe der Geschichte auch das Setzen *neuer* Werte, die es vorher nicht gegeben hatte. Die Zahl der Werte, die um die Zeitenwende zur Verfügung standen, war sehr viel kleiner als jene, die uns heute angeboten werden.

Es ist wichtig, sich dessen bewußt zu sein, daß neben die bleibenden Werte auch neue Werte treten und daß alte Werte ihre Bedeutung verlieren. Hier geht es jetzt darum, die Forderung herauszustellen, daß der Mensch, der sich zu einem religiösen Humanismus bekennt, durch dieses Bekenntnis verpflichtet ist, sich um eine eigenständige Wertsetzung zu bemühen. Dazu gehört dann auch, daß solche Menschen wachen Geistes ihr Leben lang darauf achten müssen, sich gegen jede Art von Manipulation zu wehren. Diese Manipulationen gehen aus von Eltern und Schule, von Religionsgemeinschaften und Gewerkschaften, von Parteien und Vereinen, von Medien und Werbung. Niemand kann allen Manipulationen entgehen. Das ist in der Welt, in der wir leben, nicht mehr möglich. Wer jedoch einen festen Standpunkt gewonnen und ein kritisches Bewußtsein entwickelt hat, das ihn befähigt, alles zu hinterfragen und nichts gutgläubig einfach hinzunehmen, der hat immerhin die Chance, sich gegen Fremdbestimmung einigermaßen immun zu machen.

Verstehen wir unter Fremdbestimmung jede Art von Einflußnahme, so unterliegt naturgemäß auch ein religiöser Humanist solchen Einwirkungen. Wichtig ist die Einsicht, daß hier kein Automatismus vorliegt, das heißt, daß kein zwangsläufiges Geschehen abläuft. Der Anreiz von außen ist das eine; der Mensch, der auf den Anreiz reagiert, das andere. Wie schon vorhin festgestellt, reagiert jeder Mensch aus seinem Eigenen heraus. Ein religiöser Humanist wird auf *die* Anreize antwortend handeln, die seiner gewonnenen Überzeugung entsprechen.

So finden wir religiöse Humanisten unter den künstlerisch Schaffenden, den geistig Tätigen, den freien Berufen und unter denen, die ohne Amt und Auftrag in ihrem privaten Kreise wirken; wir finden sie unter Zivildienstleistenden und Umweltschützern, unter Aussteigern, die das einfache Leben suchen, und bei den Entwicklungshelfern, die oft auf verlorenem Posten stehen, bei Bürgerinitiativen und Atomkraftgegnern, unter den freiwilligen Helfern der vielen Wohlfahrtsverbände, im Pflanzen-, Tier- und Kinderschutz, unter den ehrenamtlich Tätigen in der Fürsorge, in der schulischen Betreuung der Ausländerkinder und in der Flüchtlingshilfe. Es ist ein weites Feld, das religiöse Humanisten zur Betätigung locken kann. Sollte irgend jemand gemeint haben, religiöser Humanismus sei ein bißchen welt- und lebensfremd, so wird ihn dieser Blick ins Praktische eines Besseren belehrt haben.

Neben seinem Handeln ist der religiöse Humanist auch bei wichtigen öffentlichen Problemen zur Stellungnahme herausgefordert. Bei den Diskussionen um den § 218 BGB, also um die Möglichkeit, eine entstandene Schwangerschaft abzubrechen, wird er die für ihn wesentliche Doppelfrage stellen: a) Ist ein gesundes Kind zu erwarten? b) Ist die Umwelt des zu erwartenden Kindes so, daß es mit Freude erwartet und mit Liebe betreut wird?

Er unterstützt »amnesty international« in dem Bemühen, das sogenannte »Weltgewissen« wachzurütteln bei der Anklage gegen *alle* Staaten, in denen Menschen verschwinden, mißhandelt, gefoltert und gemordet werden. Die grausigen Foltermethoden des Mittelalters waren durch den Humanismus und die Aufklärung abgeschafft. Wir erleben im 20. Jahrhundert weltweit ihre entsetzliche Wiederkehr. Seine Aufmerksamkeit gilt allen Mißständen in der Rechtsprechung und im Strafvollzug. So setzt er sich ein für eine Humanisierung im Strafvollzug und für die Bemühungen um eine Rehabilitation der Haftentlassenen. Seine Empörung richtet sich gegen skandalöse Mißstände in Altersheimen und psychiatrischen Heilanstalten. Mit wachem Gewissen ermutigt er seine Mitbürger, sich gegen Behördenwillkür und Anmaßung der Ämter zu wehren. Er hat weder Verständnis für jahrelang leerstehende Häuser bei vorhandener Wohnungsnot noch für den

Abriß schöner alter Häuser, um an ihre Stelle profitbringende Betonklötze zu setzen. Er wendet sich in gleicher Weise gegen die Verschandelung alter Stadtbilder wie gegen die Zerstörung noch vorhandener Landschaft. So findet er ein reiches Betätigungsfeld in der Kommunalpolitik. Er tritt ein für die Berücksichtigung des Elternrechtes und für ein gleichberechtigtes Nebeneinander aller Schultypen, von der Konfessionsschule bis zur Integrierten Gesamtschule. – Stets setzt er sich in gutem Glauben ein für das, was er für richtig hält. Dabei kann es geschehen, daß er einem Irrtum unterliegt. Er ist kein anpassungswilliger Untertan, sondern ein mündiger Staatsbürger. Er ist seinen Grundsätzen gemäß gegen jede Anwendung von Gewalt. Aber oft erfüllt ihn eine ohnmächtige Wut, wenn er erfahren muß, wie hilflos der Bürger der Macht der Herrschenden ausgeliefert ist. Doch diese schmerzhafte Erfahrung kann seinen Willen nicht auf Dauer lähmen.

Er wird immer wieder eintreten für die Wahrung der Grundrechte, für Toleranz in einem pluralistischen Staat, für die Freiheit der Meinung auch des andern, für Gewaltverzicht und Mitmenschlichkeit. Es ist nicht leicht, ein religiöser Humanist zu sein. Doch stärker als alle Enttäuschung ist das stille Glücksgefühl, der Stimme des Gewissens zu folgen.

Die *Grenzen* eines religiösen Humanismus werden durch die schlichte Tatsache bestimmt, daß religiöse Humanisten auch nur Menschen sind. Menschen mit allen Schwächen und Unvollkommenheiten. Es ist der Mensch, der durch seine Taten die Größe seines Menschseins aufleuchten läßt; es ist der Mensch, durch dessen Versagen die Grenzen seines Menschseins sichtbar werden.

Wenn »der Mensch das höchste Wesen für den Menschen ist«, wenn »der Mensch das Maß aller Dinge ist«, wenn die Menschlichkeit der Höchstwert ist, dann macht das Wissen um die Abgründe im Menschen die ungeheure Tragik offenbar, die mit einem Humanismus unlösbar verbunden ist.

Es ist mir ganz wichtig, daß wir uns jetzt verstehen in dem, was gemeint ist. Ich habe als junger Mensch den Glauben an Gott verloren; ich bin überzeugt, daß Gott nicht existiert. Es gibt das Wort des Dichters Heinrich Lersch: »Ich glaub' an Deutschland wie an Gott.« Das war einmal in gewissem Sinne auch mein Glaubensbekenntnis. Ich habe dann als Pantheist im Glauben an die All-Einheit und in dem Bekenntnis der Ehrfurcht vor dem Leben die Fixsterne gesehen, an denen ich mich orientieren konnte. Auf langen Wegen des Suchens gelangte ich schließlich dazu, mein Vertrauen in den Menschen zu setzen, als das einzige Wesen auf der Erde, das in der Lage ist, verantwortlich handeln zu können. Ich sehe im Menschen einen Versuch der Evolution, das Leben auf der Erde zu höherer Entfaltung zu bringen.

Bewundernd stehe ich vor den großartigen Zeugnissen menschlichen Schöpfertums, wie es sich darstellt in den frühen Kulturen von China und Indien, von Ägypten und Mesopotamien: Assur, Sumer, Babylon, dann Iran und auch die Inka- und Mayakultur, schließlich Griechenland und die Gotik, die Renaissance, das Barock – und mein Herz schlägt hoch angesichts dessen, was Menschen geschaffen haben. – Und dann lerne ich nach und nach, in welchem Ausmaß durch die Jahrhunderte hin Pflanzen, Tiere und Völker ausgerottet worden sind, Kulturen vernichtet wurden, Landschaft zerstört wurde. Alles durch den Menschen. Doch es kommt noch schlimmer. In früheren Zeiten hat man sicher nicht gewußt, welche irreparablen Schäden man anrichtet durch Eingriffe in die Lebensräume. In unserer Zeit haben wir alles Wissen, das nötig ist. Trotzdem geht das Ausrotten und Zerstören, das sinnlose Vergeuden wertvoller Naturschätze hemmungslos weiter. Wider besseres Wissen. Allein angetrieben von Profitgier. Nicht das Leben von Pflanzen und Tieren, nicht das Leben von Menschen ist wichtig. Wichtig allein ist das Geld. Es sind die Erwachsenen, die heute in allen Positionen sitzen, die den jungen Menschen *dieses* Vorbild geben. Es herrscht weltweit ein solches Ausmaß von Verantwortungslosigkeit, von Gleichgültigkeit, von Herrschsucht und Machtgier bis hin zur Kriegslust, von Raubbau und Ausbeutung, daß darunter alles Vertrauen auf den Menschen auf der Strecke bleiben muß. Ich habe keinen Glauben an Gott. Wenn nun auch noch mein Glaube an den Menschen zerbricht, habe ich nichts mehr. *Das* ist die Tragik eines jeden Humanismus! Seine Grenzen liegen in der Natur des Menschen, der nicht hält, was man von ihm erhofft.

Ringsum stehen die Zeichen auf Sturm! Ratlose Regierungen, ratlose EG, ratlose NATO – Sterben für Polen? –, ratlose Konferenzen in Madrid und Genf, ratlose Gipfeltreffen der afrikanischen Staaten. Steigende Inflation, zunehmende Arbeitslosigkeit, kriegerische Auseinandersetzungen, wachsende Rüstungen. Dabei wissen wir alle: Das vorhandene Rüstungspotential reicht aus, unseren Planeten gleich mehrmals zu zertrümmern. Overkill! Man hat für alles einen Namen. Die Sprache des Unmenschen steht wieder hoch im Kurs. Ein einflußreicher Mann erklärt, es gäbe Wichtigeres als den Frieden. Eine machtvolle Demonstration für den Frieden wird diffamiert. Länderregierungen erklären ihren Austritt aus dem Institut für Friedensforschung. Das Wort »Pazifist« ist wieder – wie in der NS-Zeit – zum Schimpfwort geworden. Man erzählt uns, die Neutronenbombe sei harmlos. Sie töte nur Menschen, die Gebäude bleiben erhalten. Ein Zyniker könnte darin ein Mittel sehen, die Bevölkerungsexplosion zu stoppen. Und dann reden alle vom »Ernstfall«, als ginge es um die Weltmeisterschaft im Fußball und nicht um die Existenz der Menschheit.

Sind nun also alle die im Recht, die seit 1945 landauf, landab lauthals erklären: »Humanismus genügt nicht! Der Humanist ist den Greueln der Geschichte, dem Bösen nicht gewachsen! Seine Humanität ist hochmütig, eitel und leer!« – »Diese Feinde des Humanismus können der stillschweigenden Zustimmung der Massen sicher sein.« »Aber die Gegenfrage ist erlaubt: Was haben die sechshundert bis siebenhundert Millionen Christen getan, um zwei Weltkriege und die mit ihnen zusammenhängenden Schändungen des Menschen zu verhindern?« [35)]

Ein neuer Humanismus hat es aus mehreren Gründen schwer, sich eine Basis zu schaffen und sich auszubreiten. Erstens weil sie durch »Trägheit und instinktive Abwehrhaltung die Massen« an einem Humanismus überhaupt nicht interessiert sind. Für sie ist »Mensch, geachteter und beachteter Mitmensch nur der, von dem man in der geschlossenen Gesellschaft der Interessenverbände etwas wünscht, fordert, erwartet oder auch fürchtet; ein Herr der Gaben, ein Herr des Geldes, ein Herr des Schreckens oder ein Genosse, ein Mitglied des Vereins«. »Darüber hinaus ist der Mensch uninteressant.« [35)]

Zweitens weil die gefährlichsten Gegner nicht die sind, die Gewalt anwenden, sondern die, die alles verharmlosen mit ihrem Gerede: es sei ja alles nicht so schlimm. Gerade sie verhindern durch diese Beruhigungspillen, daß die Menschen zur Einsicht kommen und den Ernst der Situation erkennen.

Drittens weil die schärfsten Bekämpfer die sind, die einmal – vor zwanzig oder dreißig Jahren – sich öffentlich zum Humanismus bekannten, aber dann, durch Schwierigkeiten enttäuscht, sich abwandten und nun lautstark das Gegenteil von dem verkünden, wovon sie einmal überzeugt waren.

So jagt das Schiff des Humanismus mit gebrochenem Mast und zerfetzten Segeln vor dem Orkan her über aufgewühlte Meere. Aber es treibt nicht steuerlos dahin. Noch steht eine kleine Mannschaft an Deck, hält das Ruder fest in Händen, errichtet einen Notmast und setzt neue Segel. Der Kurs führt in das Land der Zukunft, zu »unserer Kinder Land«.

Woher nehme ich den Mut, in einer Zeit, deren Zustände ich an Beispielen aufgezeigt habe, einen religiösen Humanismus zu vertreten und für ihn zu werben? – Weil ich neben den flammenden Fanalen, die eine Katastrophe anzeigen, überall im Lande auch die stillen Leuchtfeuer sehe, die den Weg der Umkehr markieren. Solche ermutigenden Zeichen sehe ich in der Gründung der »Humanistischen Union«, in den immer zahlreicher werdenden Bürgerinitiativen, die zeigen, daß die Menschen sich nicht mehr alles gefallen lassen. Es sind die immer häufiger zu lesenden Beispiele eines alternativen Lebens. Es ist die wachsende Bereitschaft, sich im Lebens- und Umweltschutz für die Erhaltung des Gesunden einzusetzen. Es ist die zunächst noch kleine Zahl junger Arbeitsloser, die auf mannigfache Weise als kleine Unternehmer risikobereit ihr Schicksal selber in die Hand nehmen. Es ist ganz besonders der wachsende Widerstand *gegen* den Rüstungswahnsinn und das Eintreten *für* Erhaltung des Friedens. Es erfüllt mich als religiösen Humanisten mit Hoffnung für die Zukunft, daß die Friedensbewegung weltweit immer mehr Anhänger findet. – Wohl tobt sich noch der amtliche Unsinn aus, etwa beim Festhalten am Rhein-Main-Donau-Kanal oder an der Beibehaltung einmal geplanter, aber längst überflüssig gewordener Straßen oder in der Zerstörung von Landschaft und Städten. Aber nichts geht mehr ohne den Protest wacher Bürger oder geht nur noch gegen den Widerstand der Betroffenen.

So wirkt religiöser Humanismus in einer ruhelosen, hoffnungslosen, ratlosen Zeit als *Utopie, Hoffnung* und *Herausforderung. Utopie* im Sinne von Ernst Bloch als das, was die Möglichkeit der Verwirklichung in sich trägt. *Hoffnung,* daß sich eine Mehrheit für die Einsicht zur Umkehr findet. *Herausforderung,* an dieser Umkehr mitzuwirken, um der Zukunft der Menschen willen.

Vierter Teil

Erntezeit ist

Wer das Tiefste gedacht,
liebt das Lebendigste.

Friedrich Hölderlin

Erntedank eines Lebens

Durch die Jahrhunderte hin haben Menschen immer wieder ihr Leben im Gleichnis des Jahreskreises gespiegelt gesehen. Da wurde die Geburt etwa mit dem aufsteigenden Licht nach der Mittwinterzeit, die Jugend mit dem Frühling, die Hochzeit der Menschen mit der Hoch-Zeit des Jahres im Mai, das Leben in seiner Reife mit dem reifenden Korn des hohen Sommers, der Lebensabend mit der herbstlichen Erntezeit und das Ausklingen und Erlöschen des Lebens mit dem – scheinbaren – Sterben der Natur in Novembernebel und Winterkälte verglichen. Sehr ähnlich wird unser Leben auch gesehen im Sinnbild des bäuerlichen Jahres, der Bauernarbeit zwischen Aussaat und Ernte.

Nehmen wir beide Bilder zusammen, so ist in beiden die herbstliche Zeit, in der wir uns jetzt befinden, die Zeit der Ernte, und seit alters ist das Einbringen der Ernte verbunden mit einem tiefen Gefühl des Dankes, denn – wie Hölderlin sagt – »es wuchs durch Hände der Menschen allein die Frucht nicht«. Und Hölderlin fragt:

»Wenn wir segnen das Mahl,
wen darf ich nennen
und wenn wir ruhn vom Leben des Tags,
saget, wie bring ich den Dank?
Nenn' ich den Hohen dabei?...
Ihn zu fassen, ist fast unsere Freude zu klein.
Schweigen müssen wir oft; es fehlen heilige Namen!«

Dieses tiefe Dankgefühl unseres Herzens zur Erntezeit reicht zurück bis in die Bronzezeit, bis in die Jungsteinzeit wahrscheinlich, jedenfalls bis zum Beginn des Ackerbaus. *Darum ist es so tief;* es wurzelt im Stammhirn, in dem die Erinnerungen an früheste Zeit gespeichert sind.

Aus der heiligen Hochzeit zwischen Himmel und Erde ging alle Frucht hervor, und mit Namen der Götter dankten die Menschen einst den himmlischen Mächten. Aber wir haben keine Namen mehr. Götterlos ist unser Geschlecht, ist unsere Zeit; zerstört die heilige Natur – und dennoch ist in uns ein überströmendes Gefühl des Dankes, und wenn wir als Unitarier unseren Dank keinem Gott darbringen können, so bleibt doch der Dank als eines der schönsten menschlichen Gefühle; ein Dank, der nun um so selbstloser und reiner ist, da er frei ist vom Gedanken eines Lohnes.

Heute aber will ich zu Ihnen nicht sprechen vom Dank für die Ernte, die gereift ist in den Gärten und auf den Feldern, und auch nicht von jener Ernte, die als steigendes Bruttosozialprodukt ein Zeugnis unserer deutschen Tüchtigkeit ist, sondern ich will sprechen vom Erntedank eines menschlichen Lebens.

Nach sechs Jahrzehnten eines gelebten Lebens ist es wohl angemessen, Rückschau zu halten, um einen Überblick zu gewinnen.
Wer sind wir? – Wer bin ich?
Wo kommen wir her?
Wie wurde ich zu dem, der ich bin?
»Gen Abend geht's!«
Erntezeit ist.
Ist da Anlaß genug, dankbar zu sein?
Was hat mein Lebensschicksal bestimmt?

Eine Antwort auf diese letzte Frage gab Goethe:

»Wie an dem Tag, der dich der Welt verliehen,
Die Sonne stand zum Gruße der Planeten,
Bist alsobald und fort und fort gediehen,
Nach dem Gesetz, wonach du angetreten.
So mußt du sein, *dir* kannst du nicht entfliehen.
So sagten schon Sybillen, so Propheten;
Und keine Zeit und keine Macht zerstückelt
Geprägte Form, die lebend sich entwickelt.«

In diesen Worten lebt ein Wissen fort, das zurückreicht bis zum Sternenkult der Babylonier, sich erhalten hat durch das Mittelalter hin – Paracelsus und Faust stehen hier als große Namen – und weiterlebt in der Astrologie und den Horoskopen unserer Tage. Aber anders als Goethe *wissen* wir seit Mendel von den Gesetzen der Vererbung, wissen wir *auch* vom Einfluß der Umwelt. Nicht alles ist »geprägte Form«, was im Zeugungsakt geboren wird. Nicht alles kann sich »lebend entwickeln«, was in kümmerlichen Verhältnissen heranwächst. Aber auch Erbwelt und Umwelt können zu einem unerbittlichen Gesetz werden, dem wir »nicht entfliehen« können. Grausam und schrecklich ist dann dieses: »So mußt du sein!«

So gilt der erste Dank eines Menschenlebens der Stunde der Geburt. *Die* haben zu danken, die als Wunschkind in Liebe gezeugt wurden und in der Geborgenheit einer Familie aufwachsen konnten, darin sie das »Urvertrauen« in den »guten Grund des Seins« erfahren durften und daraus die Kraft gewannen, ihr Leben zu gestalten und allen Widrigkeiten standzuhalten. Ihnen konnte keine feindliche, notvolle Umwelt die Lebenskraft zerstören. So sei in dieser Stunde der *erste* Dank dem Elternhause dargebracht.

Wohl denen, die in Kindheit, Schule und Jugendzeit ihres Wesens eigene Art entfalten konnten, deren Eigenwille nicht gebrochen wurde und deren Streben nach Mündigkeit nicht in Anpassung endete. Glücklich sind die, die sich das kindliche Spielen und das kindliche Staunen bewahrt und die Ideale ihrer Jugend nicht an die sogenannten Notwendigkeiten ihres Alltags verraten haben. Heil war ihnen beschieden, wenn sie auf ihrem Wege Menschen begegneten, die ihnen Rater, Helfer und Freunde wurden. Dann erfuhren sie die Wahrheit jenes alten Spruches aus der Edda:

»Jung war ich einst, einsam wanderte ich,
da ward irr mein Weg.
Glücklich war ich, als den Gefährten ich fand:
der Mensch ist des Menschen Freude.«

So gilt der *zweite* Dank der schönen Zeit der Jugend, wenn uns eine solche vergönnt war.

Mädchen und Jungen treten ein in die Welt der Erwachsenen und bereiten sich in der Berufsausbildung auf ihren Platz in der Gesellschaft vor. Die Generation, der ich angehöre, hat die Zeit der großen Arbeitslosigkeit am eigenen Leibe erfahren, aber dann auch die große Wende, die es mit sich brachte, daß wir die Möglichkeit hatten, uns unseren Beruf zu wählen, und uns darauf vorbereiten konnten. Es ist eine ganz neue, uns alle erschreckende Tatsache, daß Jugend keine Ausbildungsplätze, keine Lehrstellen findet. Doch wir, die wir auf unser Leben zurückblicken, da es Erntezeit für uns geworden ist, wir haben vielleicht das Glück gehabt, verständnisvolle Meister, Lehrer, Professoren zu finden, die über die Vermittlung des Fachwissens hinaus uns etwas Lebensweisheit mit auf den Weg gaben, und war es vielleicht auch nur ein einziges weg-weisendes Wort, das in uns haften blieb. Als *dritter* Dank sei dieser Zeit der Lehrzeit und Ausbildung gedacht.

Wir treten ein in die Zeit der Reife. An ihrem Beginn steht im allgemeinen auch der Anfang eines gemeinsamen Weges zu zweit, wenn zwei sich gefunden haben als Weggefährten und Lebenskameraden. Nicht die frühlingshafte Zeit der Liebe ist hier gemeint, sondern die Sommerzeit der Ehe. Ehe als der »Wille zu zweien«, sich eine Existenz aufzubauen, zu schaffen, etwas zu leisten, eine leuchtende Spur durch die Zeit zu ziehen, eine Familie zu werden, in der neues Leben weitergegeben wird. – »Des Mannes bester Kamerad ist die Kameradin«, schrieb Rudolf Kinau einmal, und »der beste Freund der Frau ist ihr Lebensgefährte«, so möchte ich hinzufügen. Für eine gute Ehe gilt, so meine ich, das Wort von Antoine de Saint-Exupéry: »Es ist nicht so wichtig, daß man einander ansieht, sondern daß man in die gleiche Richtung schaut.«

Der *vierte* Dank – ein Dank aus tiefstem Herzensgrunde – gilt dem Lebensgefährten, der Freud und Leid, sonnenhelle Tage und schicksalsschwere Dunkelstunden mit uns teilte.

Arm sind die Menschen, die in ihrem Leben die Liebe nie erfuhren. Wenn es Abend geworden ist, sitzen sie da mit einem leeren Herzen und ohne den Schatz der Erinnerung. – Glücklich zu preisen sind die Menschen, die in ihrem Leben viel Liebe schenken konnten und viel Liebe erfahren haben. Zwischen den Sternen der Güte und der Mitmenschlichkeit ist es die Sonne der Liebe, die unser Leben leuchtend durchstrahlt! Zwar wird die Welt durch die Liebenden nicht verändert, aber je reicher eine Gesellschaft an Liebenden ist, um so mehr wird sie von Mitmenschlichkeit erfüllt sein. Aber dies ist ein Glaubensbekenntnis! Goethe sei noch einmal zitiert, der in seiner Jugend Maienblüte dichtete:

»Und doch, welch Glück, geliebt zu werden,
Und lieben, Götter, welch ein Glück!«

So gelte der *fünfte* Dank eines glücklichen Herzens allen Tagen und Stunden der Liebe und den Menschen, die sie uns schenkten.

Des Dankens ist nie genug, und manches wäre noch aufzuzählen. Doch blick' ich zurück den Weg, den ich gegangen bin, den meine Generation gehen mußte, so ziehen dunkel und schicksalsgewaltig die Wolken zweier Kriege herauf. Der Erste Weltkrieg überschattete frühe Kindheit und pflanzte düstere Erinnerungen in ein kindliches Gemüt. Viele, viele verloren ihren Vater. Der Zweite Weltkrieg traf in der Fülle der Jahre, in der besten Zeit unseres Lebens, und er traf das ganze Volk und riß uns in die Wirbel der Vernichtung.

Wir, die wir überleben durften, arbeiteten hart, damit aus den Ruinen neues Leben erblühen konnte. Angesichts der Trümmer ringsum notierte ich damals in meinem Büchlein:

»Bleib in Zerstörung und Grauen
gläubig dem Schönen doch offen!
Herz, fasse wieder Vertrauen;
immer noch bleibt uns das Hoffen!«

Der *sechste* Dank wird geboren aus einem Trotzdem und Dennoch! Es ist der zukunftsgläubige Dank der Überlebenden an ein Großes, Unbekanntes, das wir »Schicksal« nennen.

Sechsfach ist der Dank erklungen, sechsmal haben wir Dank gesagt, aber ein Letztes bleibt noch zu sagen, das ist der Dank an das Leben selber.

Wir nennen unsere unitarische Religion auch eine »Religion des Lebens«, wir sprechen von ihr als einer »lebensbejahenden Religion«. Unitarische Menschen sind Menschen der Lebensfreude vor dem stets bewußten Hintergrund des Lebensernstes.

So gilt am Ernteabend eines persönlichen Lebens der Dank dem ganzen Leben in »all seiner Herrlichkeit und reichen Fülle«!

Und so will ich einst an meines Lebens Ende meinen Dank an das Leben bekennen mit den Worten Friedrich Nietzsches:

»War Das – das Leben?
Wohlan! Noch einmal!«

Ausgewählte Gedichte

Geburt und Tod sind die zwei Schritte nur
am Anfang und am Ende eines Weges,
der sich wie eine große Brücke spannt.

Und ganz in unsre Hand ist es gegeben,
daß wir aus allen hell' und dunklen Stunden
den Diamanten unsrer Seele schleifen,
bis drin Unsterblichkeit sich leuchtend bricht.

Sonnenaufgang

Es leuchten Purpurläufer zwischen goldnen Säulen,
darüber ein Gewölb von Patina –
so steht dein Tempel an der Welt Gestade,
von Himmels Azurfluten sanft umspült.
Da blitzen plötzlich tausend goldne Lanzen
aus allen Säulengängen sieghaft vor,
und rot auf gold – wie feurig' Flammenspiele –
beginnt dein Wagen seine Weltenfahrt.
Die Flügelrosse steigen auf zur Höhe,
du wirfst den Purpur von dem Goldgewand,
daß auf gen Himmel seine Falten wehen,
und strahlend glänzt dein Schild in jedem See.
Die Kiefern glühn im Wald wie altes Kupfer,
und Birken stehn wie zartes Porzellan,
und deiner Wagenpferde schaum'ge Flocken
sind Diamanten, auf die Flur gestreut.

Trost

Vorüber sind die Nächte voller Schrecken,
und die Ruinen sind erstarrter Schrei,
doch hilft Natur, sie gnädig zu bedecken:
es keimt das erste Gras im frühen Mai.
In häuserlosen Gärten Blumen blühen,
zerspellte Bäume treiben frisches Grün,
indessen Menschen, stumpf von Leid und Mühen,
gewohnten Gang zur Arbeitsstätte ziehn.
Ein Vogel zwitschert seinen Sonnensang
von hoher Mauerkante in die Luft,
und abends, wenn der Tag versank,
spürst du erschauernd zarten Blütenduft.
Aus einem Keller, unter Schutt geborgen,
dringt Kinderlachen in den Abendschein.
O wirf von dir Verzweiflung und Sorgen:
Das Leben ist der Sinn in allem Sein!

Meditation

Schwarzer Vogel
im Tiefflug
durchschwebend
die enge Passage
zwischen Freisitz
und Haus
Wurm im Schnabel
auffliegend zum Nest
wo
aufgesperrte Schnäbel
hungriger Jungen
Nahrung erwarten.
So: hin und her
und her und hin
erfüllt sich
der Amsel
Lebens-Sinn.
Und du
Mensch
auf dem Freisitz
Rentnersruh
zuschauend,
rückblickend –
hat sich das Leben
gelohnt?
Ja!

Ich bin

Ich bin die Amsel, die am Abend flötet,
und bin der Wurm, den sie am Morgen tötet.
Ich bin der Träumer und des Träumers Traum.
Ich bin die Vielfalt – und der leere Raum.
Ich bin das Wasser und der Fisch darin,
die Brücke auch und ihres Schöpfers Sinn.
Ich bin der Strand und auch das weite Meer,
bin jetzt und auch von Ewigkeiten her.
Ich bin die Straße, die ins Weite führt,
und bin die Hand, die liebend dich berührt.

Zur Besinnung

Ein Sommertag,
besonnter Weg am Waldesrand.
Vor hohem, dunklem Wald
ein junger Baum
in hellem Licht.
So voll Erwartung,
reich an Hoffnung,
zukunftsgläubig
reckt sich sein junges Leben
unbekannten, ungewissen Zielen zu.
Er strebt nach Selbstentfaltung,
nach Vollendung.
Gelingt sie ihm?
Im Hintergrund der dunkle Wald,
in dessen unbekannte Tiefen
nur hier und da
ein schwacher Lichtschein fällt,
steht schweigend, wissend
um des Lebens Abgründe und Rätsel.

Auf einen kleinen Schwimmring

Im kleinen Viereck
des zement'nen Beckens
fährst du umher,
von welcher Kraft bewegt?
So schwerelos von Rand zu Rand,
bald schnell, bald langsam,
gleitend, ruhend, gleitend,
vom kleinsten Hauch
der Luft schon angerührt.

Im grünen Wasser
spiegeln sich die Pflanzen,
und Rosen leuchten rot
vom Grunde auf,
indes' der Weltraum
durch das Blattgewirr
blau seine Tiefe ahnen läßt.

So ziehst du auch
im engumgrenzten Raum
vor der Unendlichkeit
den Zickzack deiner Bahn;
Gefangener deiner Welt
und dennoch frei – –
oder nur Spiel der Kräfte,
die dich treiben?

Versonnen schaute ich dir lange zu. –
Geht es dem Menschen
ähnlich nicht wie dir?

Später Sommer

Des Sommers hohe Tage sind vorbei,
der Abend dämmert früher in die Nacht.
Schon brennt die Hauslaterne, deren Schein
das Laub der Bäume wundersam erhellt.
Die Blätter hängen still und unbewegt,
hoch überm Hausdach steht die blaue Nacht.
Und alle Sinne öffnen sich dem Schweigen,
das übermächtig meine Seele füllt.

Bekenntnis

Meine Liebe zu dir ist wie ein Baum,
mit Wurzeln tief im Unbekannten,
ist meiner Seelen-Sehnsucht weiter Raum,
ist Wortgebilde aus dem Ungenannten,
zieht durch das Dunkel als ein heller Traum
und liegt bei dir als einem eng Verwandten.

Gruß

Ich komme zu dir wie nächtens der tauende Regen,
    nimm du freundlich wie durstende Erde mich auf.
Ich komme zu dir wie sommers die schattende Wolke,
    ruhe du friedlich in diesem Schatten dich aus.
Ich komme zu dir wie morgens die strahlende Sonne,
    gib du willig der spendenen Wärme dich hin.
Ich komme zu dir wie frühlings-froh säuselnde Winde,
    fühl, wie zärtlich ich spiele in der Birke Gezweig.
Ich komme zu dir wie nächtens die funkelnden Sterne,
    nimm du liebend in deine Träume mich auf.

Spaziergang

Welch sonniger Oktobertag ist heute!
Die Dahlien sind vom Frost der Nacht verdorrt,
doch blühen letzte Rosen hier und dort,
vergess'ne Äpfel sind der Vögel Beute.

Verblühtes wurde schon des Feuers Raub.
Mein Fuß streift raschelnd durch das erste Laub.
Ich schau und lausche, ob sich etwas rege.

Der Himmel ist so hoch und blau und weit, –
auf allen Koppeln liegt Verlassenheit.
Ich gehe einsam meine stillen Wege,

gesäumt von Knicks, die sich nun bunter färben
mit ihren Haseln, Birken, Eichen, Buchen,
Holunderbüschen, drin die Vögel suchen

nach letzten Beeren, eh die ganz verderben.
In Gärten stehen bunte Chrysanthemen,
und in mir ist ein stilles Abschiednehmen.

Herbstgedanken

Aus grauem Nebel tauchen schwarze Vögel,
die Schwingen lautlos wie ein Geisterflug.
Sie kreisen rastlos, ziehen unruhvoll
um einen Kreis, der keine Mitte hat.
So aus der Zeit gefallen in das Nichts.

Und glanzlos hängen nebelfeuchte Blätter,
die Leuchtkraft ihrer herbstesbunten Pracht
ist ausgewischt wie Kreide von der Tafel.

Doch glänzen dunkelbraun aus nassem Grase
Kastanien auf, der Kinder Spielgenossen.
Und an dem Baum im Garten leuchten rot
die letzten Äpfel, die das Jahr gebracht,
als Zeichen eines Lebens, das nie stirbt.

Doch diese Kühle des Novembertages
durchdringt wie Kälteschauer fröstelnd mich.
Ich spür den Tod in allen Übergängen,
der jedem Endlichen ein Ende setzt.

Immer haben die Menschen
Opfer dargebracht:
den Göttern und Herrschenden,
dem Erfolg und dem Fortschritt,
dem Glück und Behagen,
dem Krieg und dem Frieden.

Immer gab es Ziele –
wert der Opfer –
sie forderten Opfer,
man brachte sie.

Manches Leben erhielt erst Sinn,
indem es geopfert wurde.
Mitunter machte das Opfer
ein Leben sinnlos.

Immer sind Menschen bereit,
sich selbst zu opfern;
immer sind Menschen bereit,
andere zu opfern.
Wer andere opfert,
spielt Schicksal;
wer sich selber opfert,
ist ein Narr – oder ein Held.

Stiere und Lämmer
opfert man nicht mehr.
Menschen werden
noch immer geopfert.

Fortschritt – Fort-schritt

Vergast ist die Luft,
die wir atmen –
Vergiftet ist,
was wir essen –
Verseucht das Wasser,
das wir trinken.
Tote Fische treiben
in stinkenden Flüssen.
Baden verboten!

Vögel fallen tot
vom Himmel –
Verspritztes Gift
legt sich auf Baum und Strauch –
Gehetzte Menschen eilen
durch die verpestete Luft
großer Städte.
Spielen verboten!

Autos hemmen den Verkehr,
Asphalt deckt die Erde –
Hochhäuser
blockieren den Himmel,
der erfüllt ist vom Lärm
metallener Riesenvögel.
Schutthalden
decken grüne Wiesen.
Zelten verboten!

Autowracks
brauchen mehr Platz
als Friedhöfe.
Menschen
kann man verbrennen –
und Urnengräber sind sehr klein.
... und Friede auf Erden!

Einstmals
begann das Leben
auf diesem Stern.
Jetzt
breitet sich
Vernichtung aus.
Das Ende:
ein Baby
wimmernd
neben einem Autowrack
zwischen Abfall und Unrat
allein
im Weltall treibend
auf einem Stern,
der ERDE hieß.

An meine Söhne

Immer ist einer,
der träumt,
wie er die Welt
verändere
und den Menschen –

Mitternachtsandacht:
von der Kanzel wird
– bei Abwesenheit Gottes –
um den Menschen
diskutiert –

Polizei im sakralen Raum –
Kopfwunde, blutend, vorm Kreuz
– und Friede auf Erden –

Immer ist einer, der träumt:
man schlägt ihn
ans Kreuz –
oder über den Kopf –
man gibt Gift
oder: »Knüppel frei!«
Volk und Bild
schrein: »Schlagt tot!«

Aber sie
können nicht lassen,
die Welt
zu verändern ...

In einem alten Dom

Das schwere Eichentor
figurenüberdeckt
von Künstlerhand
fällt zu.

Aus hellem Licht
und lebenvoller Straße
der Schritt ins Dunkle
fällt leicht

dem Menschenbruder
dessen Lebensuhr
auf Mitternacht
nun geht.

Erst siebzig Jahre,
doch erinnerungsschwer
von Tat und Schuld
bedrückt

sitzend in Beters Bank
gekrümmten Rückens
in sich ruhend
still.

Und was die Steine rings
jahrhundertlang
aus Herzens Inbrunst
hörten

strömt gelassen nun
still tröstend,
Schmerzen lindernd,
vom Stein dem Herzen
zu.

Schattenspiele

Die Schattenfische ziehen ihre Kreise,
vom warmen Lufthauch leise angerührt.
Es ist ein endlos Spiel nach alter Weise,
doch hat es mein Besinnen sehr berührt.

Unsichtbar sind die Fäden, dran sie hängen.
Unspürbar ist der Hauch, der sie bewegt.
Sie schweben frei und folgen doch den Zwängen,
die fremde Kraft dem Schweben auferlegt.

Sind wir nicht auch wie diese Schattenbilder?
und meinen frei zu sein in unserem Tun
und ziehen unsere Bahn, bald sanft, bald wilder,
und wagen keinen Augenblick zu ruhn?

Unsichtbar sind die Fäden, dran wir hängen,
und rätselvoll die Kraft, die uns bewegt.
Unwissend folgen wir geheimen Zwängen
und sagen dennoch stolz: Ich hab gelebt.

Wer viel gelernt auf seinen eignen Kreisen,
der schaut zum Schluß voll Dank den Weg zurück
und findet so den alten Stein der Weisen:
Das Leben ist gelebter Augenblick.

Das Jahr versinkt, das voll geblüht.
Du gehst mit jedem Schritt
ein Stückchen Wegs dem Daseinsende zu.

Sei unverzagt!
An jedem Zweig ein Knösplein sprießt,
das auf den neuen Frühling weist.

Auch du kannst niemals ganz vergehn,
wenn nur dein Leben voll geblüht.
Auch deiner harrt ein Frühlingstag
selbst dann, wenn keiner dich mehr kennt.

Dies ist mein Glaube

Geburt eines Mythos

Versuch einer Deutung der Weltentstehung aus unitarischer Religion

Der Sommer war sehr heiß in jenem Jahr. Ich lag nachmittags im Liegestuhl im Schatten des Kastanienbaumes in meinem Garten. Die warme Luft umspülte gleich sanften Wellen meinen Körper. Ich gab mich ganz dem Träumen hin. Ringsum Stille. Ich begann zu spüren, wie ich langsam in den Baum versank, wie ich eins wurde mit der schönen Kastanie. Ich fühlte mich als Baum, ich drang mit den Wurzeln in die Erde ein und erlebte in mir, wie die Säfte aus den Kräften der Erde durch die Wurzeln in den Stamm emporsteigen, in die Äste und Zweige dringen und sich durch die Blätter der Luft mitteilen. – Dann fühlte ich nichts mehr.

Ich war mit dem, was wir »Bewußtsein« nennen, zu einem körperlosen Geistwesen geworden. Ich hatte immer noch das Gefühl, daß ich ich war, aber körperlos, schwerelos, ohne Gefühl für Raum und Zeit. Ich fühlte die unendliche Leere vor aller Zeit und vor allem Raum. Uralte Mythen der Menschen haben seltsame Rätselworte erdacht, um diese unendliche Leere vor aller Zeit und vor allem Raum zu benennen. Doch jedes Wort ist eine Täuschung, denn das, was unnennbar ist, kann nur geschaut werden, und das Schauen kann sich in Wortgebilden der Sprache nur unvollkommen ausdrücken.

Ich schaute, was nicht geschaut werden kann; ich erlebte, was nicht erlebt werden kann: eine unendliche Leere. Grenzenlos, weil keine Grenze gedacht werden kann; anfanglos, weil kein Anfang gedacht werden kann. Da war irgendwo in dieser Leere, die keine Mitte hat, weil sie sich ihre Mitte erst schaffen muß, ein seltsames Etwas: ohne Gestalt, und also auch ohne Eigenschaften; denn was keine Gestalt hat, kann keine Eigenschaft haben. Kraft war es, ungeheure Kraft, zusammengeballt zu einem Punkt. Keiner weiß es, und keiner wird es jemals wissen, wie dieser Funken Kraft in der Unendlichkeit entstand. Da Zeit noch nicht war, da Raum noch nicht war. Da war nur das Eine, diese ungeheure Kraft, diese zur Kugel geballte Materie, die randvoll, zum Bersten voll mit Energie gefüllt war. Aber so ist es schon wieder falsch gesagt. Was ich schaute, war nur dies Eine ohne Eigenschaften, darin noch alles ungeschieden Eines war: nur Materie oder nur Energie und doch weder das eine noch das andere, denn in dieser Raum-Zeitlosigkeit gab es noch keine Materie und keine Energie. Da war nur dieses unnennbare *Eine.* Keiner weiß und keiner wird jemals wissen, wie lange dieser Zustand währte; denn in der Zeitlosigkeit ist kein Maß, um etwas zu messen, was gar nicht da ist.

Irgendwann geschah etwas. In die unbewegte Ruhe kam plötzlich Unruhe. Keiner kann es erklären, wie so etwas möglich ist, daß aus der unbewegten Ruhe bewegte Unruhe wird. Denn Unruhe ist bereits erste Bewegung. Was keiner erklären kann, offenbarte sich mir in der Schau. Da sah ich, daß die in sich ruhende Kraft ganz allmählich eine wachsende Unruhe in sich spürte. Durch diese Unruhe kam sie zum Bewußtsein ihres Selbst. Und nun wußte sie, daß sie Kraft war und dies auch in der unbewußten Ruhe immer gespürt hatte. Aber jetzt war in ihr das Bewußtsein ihrer unermeßlichen Kraft erwacht, und sie empfand die ungeheuren Möglichkeiten, die darin verborgen sind und auf ihre Entfaltung warten. Als die wachsende Unruhe ihren höchsten Punkt erreicht hatte, zerbarst die Urkraft mit einem urgewaltigen Knall! – Da kam zum ersten Mal der Ton in die unendliche Leere. Zunächst wurde der Ton von der gähnenden Leere völlig verschluckt, er versank in ihr. Aber da im Nichts nichts versinken kann, entstand durch diesen Ton ein Etwas, das war der Hall, der nun als Gegenhall das Brausen des urgewaltigen Donnerhalls auffing, zurückwarf und nun nach allen Richtungen ausstrahlte. Ja, nach allen Richtungen. Denn mit dem Urknall zugleich wurde der Augenblick geboren, und von diesem Augenblick an gab es Zeit, Raum und Licht. Es war die Ur-Geburt des Lebens, das in diesem Augenblick seinen Anfang nahm.

Die Kraft gebar aus ihrem Ur-Grund wie aus einem unergründlichen Mutterschoß die drei großen Gottheiten: *»Zeit«* – *»Raum«* – *»Licht«.* Von diesem Augenblick an begann die Weltzeituhr zu ticken – und sie wird ticken, bis diese Welt, die soeben geboren wurde, wieder vergeht, zurückfällt in den Urgrund und das Licht erlischt und Raum und Zeit sich in die unendliche Leere auflösen. – Vorerst aber schaute ich die Geburt des Alls. In eben diesem selben Augenblick gebar die Zeit aus ihrer Vereinigung mit dem Raum ihre drei Kinder: *Vergangenheit, Gegenwart* und *Zukunft* – und der Augenblick wurde eins mit der Gegenwart und bildete die Grenzscheide zwischen Vergangenheit und Zukunft. Die Urkraft aber, die vor allem war und aus der alles hervorging, sie blieb und bleibt vor allem Geschehen als das ewige *Sein,* das von Zeit und Raum nicht berührt wird. Der Raum aber zeugte aus seiner Vereinigung mit der Zeit die Kinder: *Ausdehnung* und *Richtung.* Jetzt gab es im Raum das Oben und das Unten, die Höhe und die Tiefe, die Länge und die Breite. Sie sind es, die nun allem Künftigen Form und Gestalt geben werden. Die Richtung aber eröffnet ihrer Schwester, der Ausdehnung, eine Vielfalt an Möglichkeiten.

Die dritte große Gottheit, das Licht, paarte sich mit der vierten großen Gottheit, die als letzte dem mütterlichen Urgrund entstiegen war. Es war die *»Wirkkraft«.* Durch diese vierte Gottheit, ihre Lieblingstochter, wollte die unbewegte Ur-Kraft, die selber nichts bewirken kann, sich verwirklichen in die Zukunft hinein. So also gebar nun das Licht in der Vereinigung mit der Wirkkraft das Zwillingspaar: *Energie* und *Materie.* Es sind eineiige Zwillinge, von denen stets der eine Zwilling für den andern eintreten kann, denn es ist kein Unterschied zwischen ihnen. Getrieben von der mütterlichen Wirkkraft und beschleunigt durch das mütterliche Licht begannen die Zwillinge, den Raum, der die Leere verdrängt hatte, zu füllen.

Wodurch aber konnte das alles, was nun seinen Anfang nahm, in Gang kommen? – Diese Frage nach dem letzten Geheimnis trieb mich, tiefer und tiefer zu schauen. Als ich so ganz in der tiefsten Tiefe versunken war, erkannte ich durch alle verhüllenden Schleier hindurch dieses letzte Geheimnis: Es war die Liebe! Es war die Liebe, die in der unbewegten Ruhe der Urkraft die Unruhe hervorrief. Es war die Liebe zum Ungeborenen, die Liebe zu etwas, das nicht da war, aber werden sollte. Es war die Liebe zur Gestalt, die Liebe zum Leben. In aller Unruhe ist Liebe. In jeder Bewegung treibt Liebe. Liebe ist die Urmutter und Urgottheit. In der Urkraft geborgen und verborgen, hat sie, als der Drang zum Leben in ihr erwachte, mit der Urkraft die Gottheiten gezeugt. Alles Werden ist Zeugung aus Liebe zum Werden. Das ganze ungeheure kosmische Geschehen ist ein gewaltiges »Mysterium der Geschlechtlichkeit«, der Fruchtbarkeit aus Zeugung durch Liebe. So, von der Liebe getrieben, begann das göttliche Zwillingspaar Energie und Materie sich zu verwirklichen. Der Urgrund stieß immer und immer in unfaßbarer Fülle seinen

Samen aus und entließ ihn in den unendlichen Raum. In jedem Samen waren die Zwillinge Energie und Materie vereint. Und wenn die Energie sich stets und ständig in der Materie verdichtete, so blieb sie doch unaufhebbar in ihr enthalten und erhalten. Zuerst entstanden die allerwinzigsten Elementarteilchen und füllten als Milliarden und Milliarden göttlicher Funken den Raum. Das war ein Glitzern und Funkeln, ein Glänzen und Strahlen in sausenden Wirbeln seligen Tanzes zu den urgewaltigen Klängen des Brausens und Dröhnens, des Sausens und Donnerns – Töne jener Sphärenmusik, die mit dem Urknall begonnen hatte. Doch keine kosmische Sinfonie in gebändigter Harmonie. Nein, ach nein, sondern für unvorstellbar lange Zeit ein tosender Lärm in grellen Dissonanzen und wilden Rhythmen. Und in all dem Geräusch-Chaos ständig und ständig durch Milliarden Jahre hin die zuckenden Blitze des Lichtes als urgewaltige Entladungen seiner Kraft. Der Raum füllte sich mehr und mehr mit dem feinen Staub der Elementarteilchen. Sie waren nun eine so unzählbare Menge, daß sie in ihrem wirbelnden Tanz ständig zusammenstießen. Das kaum Glaubliche war geschehen: Die gewaltige Dimension des Tanzsaales war zu klein geworden. Die Elementarteilchen rieben sich, stießen sich und vereinten sich. So wurde wieder Platz zu neuen wirbelnden Tänzen, aber die Lust zur Vereinigung war erwacht. Mehr und mehr schlossen sie sich zu immer größeren Gebilden zusammen. Die Liebe wirkte durch die Anziehungskraft und bediente sich verschiedener Hilfsmittel, um zum Beispiel durch Plus und Minus die nötigen Spannungen zu erzeugen. Da die Zusammensetzungen aus unterschiedlichen Elementen erfolgten, erhielten die so entstehenden Gebilde auch ganz verschiedene Eigenschaften. Dieser Vorgang, der sich ganz von selbst vollzog, wurde eine wichtige Voraussetzung für die ganze weitere Entwicklung.

In dem wirbelnden Tanz durch den Weltenraum bildeten sich aus der Kraft der Spannungen *und* aus der Verschiedenheit der Zusammensetzungen nun erstmals neue Kräfte, die regelnd und bestimmend in das Geschehen eingriffen. Es sind dies jene vier Grundkräfte, die gleichsam als vier weitere Kinder im großen Zeugungsprozeß des Werdens geboren wurden. Diese vier Kinder oder Grundkräfte sind: die Schwerkraft, die elektromagnetische Kraft, die großen Wechselwirkungen und die kleinen Wechselwirkungen.

Da alles im ständigen Wirbel kreist, verhindert die Rotation, daß sich durch die Schwerkraft alles in einem Punkt zusammenballt. Es bilden sich nach und nach viele Schwerpunkte, die durch ihre wachsende Masse kleinere Massen an sich ziehen. Aber was da geschieht, ist kein mechanisches Geschehen. Die Urkraft der Liebe, aus der alles hervorging, wirkt in allem Geschehen weiter nach dem Gesetz von Anziehung und Abstoßung. Es sind alles Lebensvorgänge; lange, lange bevor es einmal Leben im engeren Sinne des Organischen geben wird. In der großen Schau eines lebenden Kosmos erweisen sich alle diese Unterschiede als künstlich und somit als falsch. Es ist das allgewaltige Leben selber, das man später einmal als göttlich preisen wird, das sich unaufhörlich weiter und weiter entfaltet. Ein wichtiger Vorgang in diesem Entwicklungsprozeß ist die Geburt der Sterne. Diese neuen großen Lebewesen verteilen sich nun im Wirbeltanz durch den Weltraum, fliehen voreinander im erwachten Bewußtsein ihrer Selbständigkeit, ohne daß der Kontakt zwischen ihnen jemals ganz verlorengeht. Durch die elektromagnetische Kraft wird das Weltall durchpulst von Schwingungen, die sich wellenförmig nach allen Richtungen ausbreiten und die auch die größten Entfernungen durchmessen. Sterne kreisen umeinander und verbinden sich zu größeren Gemeinschaften, die als Folge der Rotation die Gestalt von Scheiben und Spiralen annehmen. Dies alles: die Größen, die Entfernungen, die Lebensdauer ist von kosmischen Ausmaßen. In diesen ungeheuren Zeitmaßen altern auch Sterne und sterben, und neue Sterne werden geboren. Das göttliche Zwillingspaar Energie und Materie schleudert unaufhörlich neue Elementarteilchen ins Weltall, vermehrt so ständig den kosmischen Staub, diesen unerschöpflichen Nährboden für neue Sterne. Gewaltige Ausmaße hat nun der Wirbeltanz der Scheiben und Spiralen, von denen jede aus Millionen und Millionen von Sternen besteht, die alle mittanzen im großen Reigen.

Während ich dieses allgewaltige Geschehen mit inneren Augen schaute, wurde mir plötzlich bewußt, daß ich ja dies alles miterlebt habe! Ich war ja dabei! Als im Urknall unser Weltall geboren wurde, da war das auch der Augenblick meiner Geburt! Ich nahm von Anfang an teil an diesem großen göttlichen Geschehen, das eine neue Welt entstehen ließ. Der göttliche Funke in den Milliarden und Milliarden Elementarteilchen, er ist auch in mir. Diese Elementarteilchen, aus denen das Weltall aufgebaut wurde, diese Elementarteilchen haben auch meinen Körper entstehen lassen. Die Mineralien, aus denen Sterne bestehen, aus diesen Mineralien sind auch meine Knochen aufgebaut, und das Salz in meinem Blut ist Salz aus dem Urmeer. *Das* ist meine vollständige Teilhabe am Sein! Beglückt durch diese Erkenntnis, wiederhole ich mir immer wieder: »Als die Welt wurde, da wurde auch ich!« Im Urknall waren alle Möglichkeiten künftiger Entfaltungen angelegt: Die Sternhaufen und Spiralnebel, die Milliarden von Planetensystemen mit ihren Sonnen – und ganz spät, in irgendeinem Winkel des Weltalls schließlich auch unsere Erde, und auf ihr, ganz, ganz spät, schließlich »ich«. – Alles, was ist, war potentiell, also als Möglichkeit, bereits angelegt im Urknall. Nichts, aber auch gar nichts konnte später von irgendwoher dazu kommen.

Meine Schau drang noch einmal tief in das Geheimnis des Werdens ein, und ich sah und erkannte, daß mit der Geburt des Weltalls zugleich auch geistiges Geschehen geboren wurde. Das göttliche Zwillingspaar Energie und Materie heißt in deutscher Sprache »Geist und Stoff«, aus deren immerwährender Zeugung in Geschwisterliebe alles entsteht. Ich erkannte nun, daß in diesem Weltprozeß als einem »Mysterium der Geschlechtlichkeit« zugleich mit der Liebe zum Dasein auch das Ja zum Dasein geboren war und daß von Anfang an der Tanz zum Ausdruck der Lebensfreude gehörte. Und ich war immer inmitten des Geschehens. Tief durchdrang mich das Gefühl einer Geborgenheit in der Allverbundenheit, die meine Geburt unlösbar verbindet mit der Geburt des Alls.

Plötzlich verdunkelte sich das Bild vor meinem inneren Auge. Rabenschwarze Finsternis umgab mich, und es kam mir vor, als steckte ich endlose Zeiten in dieser Dunkelheit. Ungeheure Wolkenmassen hatten alles verhüllt. Ich konnte die Wolken nicht mit meiner Schau durchdringen. Erfüllten sie den ganzen Weltenraum? Oder hatten sie sich nur in dem Teil des Alls zusammengeballt, in dem ich mich befand als Teilhaber am Geschehen? Ich konnte es nicht ergründen, aber von nun an, das heißt mit dem Einbruch der Finsternis, konnte ich nur noch schauen, was sich in *diesem* Teilbereich vollzog. Es war schreckenerregend, furchtbar und entsetzlich, was geschah! Zugleich mit dem Einbruch der Finsternis begann ein Donnern und Dröhnen, ein Tosen und Brausen von unheimlicher Urgewalt. – Kein menschliches Wort würde später einmal diesen kosmischen Krach auch nur annähernd beschreiben können. – Mit dem Donnern und Tosen verband sich das unaufhörliche grelle Aufflammen zuckender Blitze. Ein Urgewitter von kosmischem Ausmaß. Unter diesen ungeheuren, pausenlosen Bedrohungen wurde etwas in mir geboren, das man später als »Urangst« benennen wird. Und dann geschah wieder etwas völlig Neues, seitdem der Kosmos entstanden war: Erstmals stürzten aus dem Wolkenmeer gewaltige Wassermassen in den Weltraum. Ein großer Teil verging in der Tiefe, aber wo die Fluten auf Festes trafen, da überfluteten sie das Feste vollständig. Das Urmeer war entstanden. In jenem Urgewitter aber waren Elementarteilchen aus dem Weltall, Teile aus zertrümmerten Sternen, umgebildet, umgeschmolzen worden zu Bausteinen des organischen Lebens. Die Wolkenmassen, ledig der Wassermassen, lösten sich auf. Aus der Tiefe des Raumes leuchteten »die heiteren Sterne«. Ein gewaltiger Glutball strahlte seine ungeheure Hitze ringsum in den Raum. In diesem Flammenmeer wurde in brennender Liebe fortwährend durch Milliarden Jahre hin aus dem Wasserstoff das Helium geboren. Durch diese Geburtswehen wurden und werden gewaltige Wärme-Energien freigesetzt, die sich in den Weltraum ergossen und ergießen. Es waren alles Strahlen der Liebe, die Leben, ganz neues Leben, wie es dergleichen noch nie gegeben hatte, erwecken wollten. Wo aber war das Brautbett bereitet, auf dessen Lager das neue Leben gezeugt werden konnte? – Die durch keine Wolkenmassen mehr gehinderten Strahlen des Glutballs »Sonne« trafen neben anderen Gebilden auch auf einen an der Oberfläche schon erkalteten Stern, dessen Masse noch völlig von Wasser überflutet war. Damit nun die Strahlen einer heißen Liebe auf dem kalten Stern Leben erwecken konnten, mußte zunächst die Überflutung beseitigt werden. Das war sehr einfach! Unter der Gluthitze der Sonne begannen die Wassermassen zu kochen, dann zu verdampfen. Der Dampf stieg rundum auf und bildete hoch über der Kugel einen schützenden Wolkenmantel, der die Sonnenglut dämpfte und so zu erträglichen Temperaturen auf dem Stern führte, den man später »Erde« nennen wird. So sammelte sich das Wasser in den tiefen Stellen und bildete die Ozeane und Meere, und Land tauchte aus den Fluten auf und wurde fest.

Keime des Lebens, im Weltall geboren, sausten Milliarden Jahre lang – einst und jetzt und immer – durch den Weltraum und fielen und fallen auf alles, was sich ihnen in den Weg stellt. So fielen sie nun auch auf die Erde. Auf dem festen Land fanden sie noch keine Möglichkeiten, sich zu entwickeln. Das Wasser aber bot sich ihnen als fruchtbarer Mutterschoß an. So entfalteten sich die Keime des Lebens, die aus dem Weltall gekommen waren, zunächst im Wasser zu den einfachen Gestalten der unsterblichen Einzeller.

Ich hatte Milliarden Jahre vorher in den gewaltigen kosmischen Vorgängen im Weltenraum das Werden und Vergehen als den Prozeß des Lebens geschaut. Ich hatte die Geburt der Sterne erlebt und ihren Untergang und Tod erschüttert betrachtet. So waren mir Geburt und Tod als die beiden Pole des Lebens von Anbeginn bewußt geworden.

Nun trat neben die Unvergänglichkeit der Elementarteilchen die Unsterblichkeit der Zellen. Jetzt wiederholte sich in winzig, winzig kleinem Maße, was einst im Uranfang in der Urkraft sich vollzogen hatte. In jeder Zelle war und ist ja das Zwillingspaar Energie und Materie vereint. So kam es dann unvermeidlich dazu, daß Energie nach und nach immer unruhiger wurde und Materie bedrängte. In dieser Enge gleichsam eingesperrt, vom Ursprung her den Drang nach Entfaltung in sich tragend, ging aus der liebenden Vereinigung die Zellteilung hervor. Dadurch aber wurde zugleich aus der Liebe zum Leben auch der Tod geboren. Die Mehrzeller, die so auf dem Wege der eingeschlechtlichen Vermehrung entstanden, wuchsen im Verlauf langer Zeiträume zu immer größeren Verbänden heran. Es entstanden sehr unterschiedliche Gebilde, die Form und Gestalt annahmen. Die einzelnen Zellen in diesen Gebilden begannen, sich zu spezialisieren, indem sie all die verschiedenen Aufgaben übernahmen, die zur Erhaltung der neuen Lebewesen nötig waren – und immer noch sind. Mit dieser Arbeitsteilung verbunden war die Sterblichkeit der einzelnen Zelle. Die Zellen begannen nun zu altern, und wenn sie ihre Arbeit nicht mehr zur Zufriedenheit leisten konnten, wurden sie vom Körper des Lebewesens abgestoßen: Sie starben! Ich schaute und staunte! Die brutale Wirklichkeit im Wirtschaftsleben unserer Tage, von der ich ja täglich lese, liegt also schon dem Anfang des organischen Lebens zugrunde. – Die Übergänge vom Anorganischen der Minerale und Kristalle zum Organischen der Zellen und Hormone waren so fließend, vollzogen sich so allmählich, daß ich es in meiner inneren Schau kaum wahrnehmen konnte. Es tauchten immer häufiger winzige Gebilde auf, bei denen ich nicht erkennen konnte, ob es *noch* anorganische Formen oder *schon* organische Wesen waren. Aber die Organismen, einmal entstanden, vermehrten sich mit wachsender Beschleunigung. Und dies war wieder etwas großartig Neues, das dabei entstanden war. Als die großen Gebilde sich nicht mehr durch eingeschlechtliche Zellteilung vermehren konnten, entwickelten sie im Rahmen der Aufgabenverteilung einzelne Zellen zu Organen der Fortpflanzung. Das große kosmische »Mysterium der Geschlechtlichkeit« begann nun seine alles durchdringende Entfaltung im irdischen Geschehen auf der Erde.

Was sich in der Schau vor meinem inneren Auge vollzog, war so überwältigend, daß ich gar nicht alles Geschehen sofort erfassen konnte. Ich merkte erst nach und nach, daß der kleine Stern »Erde«, auf dem ich gelandet war, nachdem die Sonnenglut ihn von seinen Wassermassen befreit hatte und nun eine schützende Wolkenhülle ihn umgab, seine gleichmäßige Rotation begonnen hatte. Auf jenem Teil, welcher bei der Umdrehung der Sonne zugewandt war, war es hell und freundlich; der andere Teil, von der Sonne abgekehrt, war dunkel, unheimlich und bedrohlich. Das Licht der Sterne, dieser fernen Sonnen, das aus dem Weltraum zur Erde drang, war zu schwach, um die Finsternis zu erhellen. Und jenes kalte Gebilde, den Mond, gab es noch lange nicht. Dem großen Gesetz der Schwerkraft, der Massenanziehung, folgend, hatte der Stern »Erde« seine große elliptische Bahn um die Sonne begonnen. Eine Folge davon war, daß einige Bereiche extrem heiß, andere extrem kalt waren. In den Zwischenzonen gemäßigter Temperatur konnten nun die Lebenskeime auf dem Festland sich entfalten und vermehren. Der Boden der Erde wurde grün. Und nun geschah etwas Wunderbares und Großartiges. Diese grünen Lebenskeime entwickelten in sich eine neue Fähigkeit, durch die überhaupt erst weiteres Leben auf Erden möglich wurde. Der Boden der Erde war von der Entstehung des Sterns her mit Mineralien als Nährstoffen überreichlich versorgt. Mit ihren Wurzeln holten sich die neuen Lebewesen, die Pflanzen, die Nährstoffe, die sie zu ihrem Aufbau brauchten. Die großartige Fähigkeit der Pflanzen bestand darin, daß es ihnen auf eine wunderbare Weise gelang, die in der Luft vorhandenen Nährstoffe mit Hilfe des Sonnenlichtes aufzuspalten und daraus das zu entnehmen, was sie für ihren eigenen Aufbau brauchten. Was die Pflanzen nicht brauchten, war und ist der Sauerstoff. Er wurde ausgeschieden und an die Luft zurückgegeben, die so in Millionen Jahren mit Sauerstoff angereichert wurde. Auf diese Weise schufen die Pflanzen in jenem geheimen Wissen, das alles mit allem verbindet, die Voraussetzungen zum Existieren für jene Lebewesen, die nach ihnen kamen: für die Tiere. Aus Erde, Luft und Wasser gewannen die Pflanzen ihre Nähr- und Aufbaustoffe, und da dies ohne die Mithilfe des Sonnenlichtes nicht geschehen konnte, so war auch das Feuer daran beteiligt. Aus diesen vier Ur-Elementen: Erde – Wasser – Feuer – Luft baute sich alles Leben auf dem Stern »Erde« auf; aus diesen Grundkräften entwickelte es sich weiter. Die Pflanzen hatten aber nicht nur durch die Abgabe des Sauerstoffs das atmende Leben der Tiere ermöglicht, sie leisteten noch sehr viel mehr. Da sie ja alle Nährstoffe in sich gespeichert hatten, dienten sie den Tieren zur Nahrung, weil diese Lebewesen sich die Nährstoffe nicht selber herstellen konnten. Dieser Prozeß der Weitergabe der Nährstoffe war so lebenswichtig – und ist es heute noch –, daß Tiere, die keine Pflanzenfresser sind, also ihre Nährstoffe nicht unmittelbar aufnehmen, ihrerseits nur von pflanzenfressenden Tieren leben konnten. In dieser Kette der Nahrungsweitergabe gab und gibt es nirgends eine Unterbrechung.

Ich schaute und erkannte, daß jede höhere Form in der Entwicklung des Lebens alle vorangegangenen Formen – oder Stufen – in sich aufgenommen hatte. Alles einfache Leben wirkte und wirkt in höherem, komplizierterem Leben weiter. – Ich schaute und erkannte, wie alles von allem lebt, und ich sah in tiefer Erschütterung, daß neben dem gewaltigen »Mysterium der Geschlechtlichkeit« das ebenso gewaltige »Mysterium des Opferganges« stand. Ich erkannte in innerer Schau, daß Geburt *und* Tod, Liebe *und* Opfer *die* großen Pole allen Lebens sind.

Ich hatte geschaut, wie die ersten Keime des Lebens sich im Wasser entfalteten. Es entstanden die Algen als Vorstufe pflanzlichen Lebens; es entstanden Einzeller, Infusorien, Geißeltierchen als Vorstufen tierischen Lebens. Eine Vielzahl an Gestalten entstand. Die Erde bedeckte sich mit Grün. Über Moose und Farne erhoben sich Büsche, wuchsen Bäume. Wie aber kam nun tierisches Leben aus dem Wasser auf das Land? Wie geschah der Landgang der Fische? – Hans Erich Nossack hat es lange vor mir erschaut, jetzt erlebte ich es auch in der Schau meines inneren Auges. Urzeit war es; Urzeit der Erde, da geschah es! Aus der Tiefe des Weltmeeres wurde einmal ein Fisch, von hoher Welle getragen, aufs Ufer geworfen. Als die Welle wieder ins Meer floß, blieb der Fisch am Lande zurück. Er raffte sich auf. Die Heimat des Meeres im Rücken, schleppte er sich, auf Stummelflossen sich quälend, den mühsamen Weg ins Unbekannte, noch nie Betretene. Fast verdurstend, oft erschöpft liegen bleibend, doch immer wieder getrieben von geheimer Kraft, erreichte er – sterbend fast – einen See.

Seine Schleifspur im Sand:
unvergängliches Zeichen
erster, tastender Schritte des Lebens
auf unserer Erde.

Es war geschafft! Tierisches Leben war aus dem Wasser an Land gegangen, und nun begann das Leben sich in tierischen Gestalten in mannigfacher Vielfalt zu entwickeln. Und wieder geschah es, daß das Leben in einem Tier den Sprung wagte in die Luft hinauf! Wie oft durch Jahrhunderte hin es vergeblich war, niemand weiß es. Einmal aber gelang auch dies: Der erste Vogel flog auf und zog seine Kreise durch die Luft. – In Wäldern riesengroßer Bäume lebten riesige, urgewaltige Tiere: die Drachen. Spielerisch versuchte die Entwicklung des Lebens immer neue Entwürfe der Gestaltung. Doch das Leben mußte erfahren, daß es nicht gegen seine eigenen, von ihm selbst geschaffenen Voraussetzungen wirken konnte. Was schon geschaffen war, engte die Möglichkeiten neuen Schaffens ein. Was neu entstand, mußte sich dem anpassen, was schon als Umwelt vorhanden war. Ein großartiger Entwurf waren die Saurier, diese Drachen einer Urwelt. Aber dieser Entwurf war wegen der ungeheuren Größe der Gestalten nicht entwicklungsfähig. So zog das Leben diesen Entwurf wieder zurück. Aber die andern, die kleinen Lebewesen, die sozusagen zwischen den kolossalen Beinen jener Urweltriesen in vielerlei Gestalten den Erdboden belebten und sich von Pflanzen und Kleintieren ernährten, sie hatten sich – gewissermaßen in aller Stille – gewaltig vermehrt. Als nun die Saurier verschwanden, waren es diese kleinen Tiere, durch welche die Entwicklung der Arten ihren Fortgang nahm. Vor meinem inneren Auge geriet alles, was ich sah, in Verwirrung. Unübersehbar wurde die Fülle der Formen, in denen das Leben Gestalt annahm. Gebirge wuchsen empor; in großen Flächen oder riesigen Rissen brach die Erde ein; immer wieder loderte an verschiedenen Stellen der Erde gewaltiges Feuer hervor. Meer überflutete Land, Land stieg aus dem Meer und erhob sich zu Gebirgen – und in all diesem wechselvollen Geschehen durch Milliarden und Milliarden Jahre hin lebten in immer reicherer Mannigfaltigkeit Tiere aller Kleinheiten und Größe in immer größerem Artenreichtum.

Ich schaute lange; es müssen gewaltige Zeiträume vor meinem inneren Auge vorübergezogen sein, da tauchten einige wenige Lebewesen klarer aus dem bunten Flimmern vor mir auf. Ich sah in Urwäldern zottige Wesen in den Bäumen klettern, schwingend von Ast zu Ast sich fortbewegend, von den Bäumen steigend, auf dem Erdboden hin und her laufend – und es war mir, als wäre ich dabei: kletterte mit, schwang mich mit, lief mit ihnen auf dem Boden umher. Dann waren da weite Ebenen. Wir verließen den dunklen, den schützenden Wald und traten hinaus ins Freie! – Wir spürten nach und nach, daß unsere hinteren Gliedmaßen kräftig genug waren, den Körper zu tragen. Wir richteten uns auf. Wir sahen in die Ferne, in die Weite. Wir standen und schauten nach oben. Da war eine Zeitlang heller Schein, in dessen Licht alles erkennbar wurde. Da war eine Zeitlang Dunkelheit, in der unzählige kleine Lichter funkelten, und oft war da noch ein mildes Licht, dessen sanfter Schein alles verzauberte. Wir spürten, daß wir uns nach Helle und Dunkel richten mußten. Wir spürten, daß wir uns gegen Wind und Nässe und vor Kälte und Hitze schützen mußten. Wir entdeckten, daß wir unsere vorderen Gliedmaßen, die wir nicht mehr als Stütze beim Gehen benötigten, nun auf eine ganz neue Weise gebrauchen konnten. Wir lernten das Greifen, wir begannen zu begreifen. Wir begriffen, daß wir ein Schutzdach brauchten, daß wir mit all dem und aus all dem, was wir ergreifen konnten, etwas machen konnten. Wir begriffen, daß unsere Gliedmaßen allein nicht ausreichten. So schufen wir Hilfsmittel für die Fertigung von Geräten und Waffen und später auch Kleidung. Wir begriffen, daß wir im Rudel zusammenbleiben mußten, um die nötige Nahrung zu sammeln, die nötige Beute zu erjagen, um unsere Jungen zu schützen und um uns gegen Tiere zu wehren, die uns als Beute haben wollten. Lange Zeiten hatten wir nur von Pflanzen gelebt. Aber es gab Notzeiten, und so hatten wir in der Not von einem toten Tier gegessen. Es war widerlich!

Doch die Notzeiten lehrten uns, Tiere zu jagen und auch von ihrem Fleisch zu leben.

In meiner inneren Schau wurden wieder all die Ängste lebendig, die uns damals erfaßt hatten. Die Angst vor der Dunkelheit, die Angst vor Blitz und Donner, die Angst vor den großen Tieren, die Angst vor allem Unbekannten und Unheimlichen. Wir nahmen unsere Zuflucht zu den freundlichen Erscheinungen um uns: zum Baum und zum Wald, zu Quelle, Bach und See, zu den freundlichen Lichtern über uns. Wir schauten in Ehrfurcht auf zu den hohen Bergen und bewunderten in Ehrfurcht die mächtigen Tiere, und wir baten die Tiere um Verzeihung, wenn wir sie töten mußten.

Einmal geschah es, als unser Rudel bei einem einsamen Baum das Lager errichtet hatte, daß ein Gewitter kam. Ein Blitz traf den Baum und setzte ihn in Brand. Entsetzt flohen wir alle in den Regen. Als das Gewitter vorbei war und wir zum Lagerplatz zurückkehrten, brannte und glühte der Stamm noch, und viele brennende Äste waren auf unser Fleisch gefallen. Ein ganz neuer Geruch lag in der Luft. Wir mußten das vom Feuer versehrte Fleisch essen, denn wir hatten nichts anderes. Es schmeckte sehr viel besser als rohes Fleisch. Von da an hüteten und verehrten wir das Feuer und übten uns darin, selber Feuer zu erzeugen. – Einmal trafen wir ein anderes Rudel. Die hatten noch kein Feuer. Da sie an dem Tag nichts erlegt hatten, wollten sie von unserer Beute haben. Wir verweigerten es. So kam es zum ersten Kampf zwischen Artgenossen. Da wir mehr und kräftiger waren, erschlugen wir die Männer und nahmen die Weibchen und die Jungen in unser Rudel.

Als an diesem Tag die Sonne unterging, erkannten wir plötzlich, daß wir die Tierheit verlassen hatten, daß wir Menschen geworden waren.

Es war kühl geworden im Garten. Die Sonne stand nun hinter dem Nachbarhaus. Ich kehrte aus meiner inneren Schau zurück in die Alltagswirklichkeit. Ich schaute hinauf in das Laubdach der Kastanie. Ein tiefes Glücksgefühl durchströmte mich. Ich hatte das Wesen der All-Einheit erlebt! Ich hatte den Schleier gehoben, den viele den »Schleier der Maya« nennen, und was ich dahinter erschaut hatte, war so großartig und so wundervoll, daß in der Erinnerung daran mein Herz vor Glück erzitterte.

Ja, ich war dabei vom Anbeginn durch alle Entfaltungen des Lebens hindurch. Das ist die Wirklichkeit unitarischer Religion! Eine vielfach verschlungene Kette verbindet mich mit allem, was war und was ist. Alles, was heute lebt, ist mit diesem Urgrund verbunden. Von dort her sind wir geschwisterlich allem zugesellt: Stein, Pflanze, Tier und allen Menschen!

So erkenne ich als Unitarier den tiefen Sinn des Liedes:

»Wo immer das Leben erglommen,
da will es als Flamme stehn.
Wir wissen, woher wir kommen,
wir wissen, wohin wir gehn.«

Über Eberhard Achterberg

Eberhard Achterberg wurde am 9. Januar 1910 als erster von drei Söhnen in Oliva bei Danzig geboren. In die sonst glückliche und behütete Kindheit traten einige wenige, aber sehr intensive Begegnungen mit dem Krieg. Eine chronische Krankheit – Eberhard Achterberg war seit seinem fünften Lebensjahr asthmaleidend – wurde zur ständigen Belastung für den Schulbesuch. Mit 18 Jahren verlor er seinen Vater, zugleich geriet der Betrieb des Vaters, ein Hammerwerk, in große wirtschaftliche Schwierigkeiten. Dementsprechend war der Weg durch Abendschule und Studium von ständigen Belastungen – dem Zwang, nebenher zu arbeiten, und häufigen Anfällen der Krankheit – gekennzeichnet.

1929/30 schloß er sich den Nationalsozialisten an. Er hat sich in den späteren Jahrzehnten immer wieder offen der Auseinandersetzung um diesen, auch für sein weiteres Leben entscheidenden Schritt gestellt.

Durch die Kriegsereignisse kamen er und seine Familie nach Schleswig-Holstein, das ihm zur zweiten Heimat wurde. Er gehörte zu denen, die nach dem Kriege das gemeinsame Gespräch zwischen den ehemals verfeindeten Gruppen – Nationalsozialisten, Kommunisten, Sozialisten und anderen – suchten.

Aus derselben Geisteshaltung heraus beteiligte er sich an der Gründung der Religionsgemeinschaft Deutsche Unitarier. Der Einsatz für diese Gemeinschaft prägte seine späteren Lebensjahrzehnte wohl stärker als jedes andere Tätigkeitsfeld. Er war zeitweilig von der Gemeinschaft als Sprecher angestellt und war insgesamt neun Jahre Schriftleiter ihrer Zeitschrift. Seinen wissenschaftlichen Neigungen entsprechend war er auch Gründungsmitglied der Freien Akademie, in der er vor allem mit Vorträgen, Beiträgen, Moderationen aktiv wurde, sowie in der Internationalen Gesellschaft für Religionsgeschichte.

Ein überraschender Herzinfarkt zwang ihn 1970, die Fülle der Aktivitäten sorgsam zu überdenken und sich aus sehr vielen Bereichen zurückzuziehen. Viel Freude machte es ihm, noch in den siebziger Jahren an Fachgymnasien zu unterrichten (Philosophie und Deutsch). In den letzten Jahren seines Lebens fand er Gelegenheit, sein Engagement für die

Deutschen Unitarier wieder zu intensivieren. Wenige Monate vor seinem Tode wurde er gebeten, sich als Kandidat für das Amt des Leiters des Geistigen Rates zur Verfügung zu stellen, und wurde in dieses Amt gewählt.

Seit 1937 war Eberhard Achterberg verheiratet mit Elisabeth, geborene von Pusch, die er 1934 als Kommilitonin kennengelernt hatte. Der Wert, den die geistige und menschliche Beziehung für beide durch all die Jahrzehnte gehabt hat – Elisabeth starb 1980, etwas über drei Jahre vor ihrem Mann –, läßt sich für Außenstehende kaum ermessen. Aus der Ehe gingen fünf Kinder hervor, zu denen 1957 noch ein Pflegekind kam, die damals 12jährige Freundin der einzigen Tochter.

1975 beendete Eberhard Achterberg einen selbstverfaßten Lebenslauf mit den folgenden Worten, die bis zum Schluß Gültigkeit behielten:

»Wir haben unsere Kinder auf eine Art erzogen, die man sehr viel später 'antiautoritär' nannte, aber es ist aus allen etwas geworden. Ihr Elternhaus ist oft genug Zufluchtsstätte gewesen für junge Menschen, die Schwierigkeiten mit ihren Eltern hatten.

Ich lebe gern, ich habe gern gelebt! Ich habe viel erlebt und viel Glück erfahren, mir ist viel Liebe entgegengebracht worden.

Ich werde scheiden mit Dank für alles, was mir gegeben wurde.«

Bernhard Achterberg

Anmerkungen

1) C.G. Jung bezeichnet die Religion als »Ort der höchsten Wertschätzungen«.

2) *R. Jungk:* Heller als tausend Sonnen. Das Schicksal der Atomforscher. Bern/Stuttgart/Wien 1960, Scherz, S. 16

3) R. Jungk, a.a.O.

4) *G. Bornkamm:* Jesus von Nazareth. Stuttgart 1956, Kohlhammer (Urban Bücher Nr. 19)

5) *H. Kühn:* Das Erwachen der Menschheit. Frankfurt am Main/Hamburg 1954, Fischer-Bücherei Nr. 53

6) Siehe dazu *L. Mumford:* Die Verwandlungen des Menschen. Frankfurt am Main 1960, Ullstein Buch Nr. 303

7) *A. Peters:* Synchronoptische Weltgeschichte. München/Hamburg 1965, Universum

8) *K. Sälzle:* Tier und Mensch – Gottheit und Dämon. München 1965, BLV

9) *O.G. v. Wesendonk:* Das Wesen der Lehre Zarathustras. Eine religionsgeschichtliche Untersuchung. Leipzig 1927, Harrassowitz

10) Weitere Proben aus dem Avesta in:
E. Achterberg (Hg.): Unser Glaube. Eine Sammlung religiöser Stimmen aus Zeiten und Völkern. Sülfeld 1951, Selbstverlag

11) Eschatologie = die Lehre von den letzten Dingen

12) *F. Heer (Hg.):* Meister Eckhart. Predigten und Schriften. Frankfurt am Main/Hamburg 1956 (Fischer-Bücherei Nr. 124)

13) *H. Büttner (Hg.):* Meister Eckehart. Schriften. Jena o.J. (1934), Diederichs

14) *Meister Eckhart:* Die deutschen und lateinischen Werke, hg. im Auftrage der Deutschen Forschungsgemeinschaft Stuttgart 1936 ff., Kohlhammer

15) *O. Schaumann:* Der Unitarismus als religiöse Gemeinschaft. Entstehung, Lehre und Geschichte. Ladenburg 1956, Selbstverlag der Religionsgemeinschaft Deutsche Unitarier (Deutschunitarische Schriftenreihe, Heft 2)

16) Quellen:
K. Schlechta (Hg.): Friedrich Nietzsche. Werke in drei Bänden. München 1956, Hanser; hier: Band III, S. 271

17) Vorrede zu »Zur Genealogie der Moral«, a.a.O., Band II, S. 765

18) a.a.O., Band I, S. 9 f.

19) Vorrede zu »Zur Genealogie der Moral«, a.a.O., Band II, S. 766 f.

20) Siehe Zeit- und Lebenstafel, a.a.O., Band III, S. 1359 ff.

21) *J.-P. Sartre:* Drei Essays. Ist der Existentialismus ein Humanismus? Materialismus und Revolution. Betrachtungen zur Judenfrage. Mit einem Nachwort von W. Schmiele. Frankfurt am Main 1960, Ullstein Buch Nr. 304, S. 34

22) »Jenseits von Gut und Böse«, siehe 16), Band II, S. 567 ff.

23) »Also sprach Zarathustra«, a.a.O., Band II, S. 323

24) »Zur Genealogie der Moral«, a.a.O., Band II, S. 768

25) »Fröhliche Wissenschaft«, a.a.O., Band II, S. 51

26) »Zur Genealogie der Moral«, a.a.O., Band II, S. 774 f.

27) »Jenseits von Gut und Böse«, a.a.O., Band II, S. 583

28) *J.H. Breastedt:* Die Geburt des Gewissens. Zürich 1950, Conzett und Huber

29) *B. Bettelheim:* Liebe allein genügt nicht. Die Erziehung emotional gestörter Kinder. Stuttgart 1970, Klett

30) So der »Sexualkunde-Atlas« im Untertitel (Opladen 1969, Leske)

31) *W. Capelle (Hg.):* Die Vorsokratiker. Fragmente und Quellenberichte. Leipzig 1935, Kröners Taschenausgaben, Band 119

32) *S. Hunke:* Das Ende des Zweispalts. Zur Diagnose und Therapie einer kranken Gesellschaft. Bergisch Gladbach 1971, Lübbe

33) *S. Hunke:* Europas andere Religion. Die Überwindung der religiösen Krise. Düsseldorf/Wien 1969, Econ

34) *P. Hewett:* Koexistenz der Gegensätze. Aufgabe freier Religion. Neumünster 1971, Deutsch-Unitarischer Verlag

35) Zitate aus: *F. Heer:* Offener Humanismus. Bern/Stuttgart/Wien 1962, Scherz

Quellenverzeichnis

Religion als das geistige Reich der höchsten Wertschätzung
Manuskript vom 8. Oktober 1979

Gedanken zur All-Einheit
»Glaube und Tat«, Heft 6 – 1971

Des Menschen Weg zu Gott ist der Weg in seine eigene Mitte
Festvortrag auf dem Unitariertag 1965 in Bonn, veröffentlicht unter dem Titel »Vom Wandel der Gottesvorstellungen«, o.O. (Neumünster) o.J. (1965), Selbstverlag der Religionsgemeinschaft Deutsche Unitarier

Glaube im Atomzeitalter
»Glaube und Tat«, Heft 6 – 1962

Gedanken über Religion
»Wirklichkeit und Wahrheit«, Heft 2 – 1978

Freiheit und Bindung
»Glaube und Tat«, Heft 8/9 – 1961

Einfachaussage: Was ist unitarische Religion?
Manuskript vom August 1983 für die Sitzung des Geistigen Rates der Religionsgemeinschaft Deutsche Unitarier am 1./2. Oktober 1983

Das Tier im Glauben der Menschen
»unitarische blätter«, Heft 10 – 1979

Die Bedeutung des Feuers in den Religionen
»unitarische blätter«, Heft 11/12 – 1982

Zarathustra
»Glaube und Tat«, Heft 3 – 1952

Meister Eckhart
»Glaube und Tat«, Heft 7 – 1960

Zur geschichtlichen Entwicklung des unitarischen Glaubens
Vortrag auf dem Unitariertag 1957 in Hameln (dort unter dem Titel »Die Idee der Einheit in den Religionen«), veröffentlicht in »Glaube und Tat«, Heft 7 – 1957 (gekürzt)

Wenn ich in das Licht einer Kerze schaue
»Glaube und Tat«, Heft 12 – 1964

Nichts taugt ohne Freude
»Glaube und Tat«, Heft 2 – 1968

Frei sein zur Freude
»Glaube und Tat«, Heft 4 – 1973

Sehnsucht nach Geborgenheit
»Glaube und Tat«, Heft 1 – 1973

Mittsommernacht! – Sommersonnenwende!
»Glaube und Tat«, Heft 3 – 1952

Trauer / Anklage
Manuskript für eine Ansprache zum Totengedenken 1979

Licht in dunkler Zeit
Manuskript einer Ansprache zur Weihnacht 1972

Das Problem der Werte bei Friedrich Nietzsche
Vortrag auf der Jahrestagung 1965 der Freien Akademie, veröffentlicht in »Wirklichkeit und Wahrheit«, Heft 4–1965 (gekürzt)

Albert Schweitzer – ein religiöser Denker unserer Zeit
»Glaube und Tat«, Heft 6–1976, ergänzt um einige Absätze aus dem Vortrag »Den Dom unvollendet lassen. Betrachtungen zur Religionsphilosophie Albert Schweitzers« vom 11. April 1976 in Kassel

Gedanken zu einer evolutionären Ethik
»unitarische blätter«, Heft 7/8–1979

Wertvorstellungen als Orientierungshilfe im menschlichen Miteinander
Vortrag auf dem Wochenendseminar in Kassel am 22./23. März 1980 zum Thema »Wertverhalten und Gewissensbildung«, veröffentlicht in »unitarische blätter«, Heft 6–1980 (gekürzt)

Zur Frage des Gewissens
Manuskript vom 22. Dezember 1982

Partnerschaft – nur ein neues Wort?
Vortrag im Norddeutschen Rundfunk am 12. August 1974

Liebe allein genügt nicht
»Glaube und Tat«, Heft 5–1973

Erziehung zur Zärtlichkeit
»Wirklichkeit und Wahrheit«, Heft 2–1977

Meine Meinung zur Toleranz
»NACHRICHTEN für die Mitglieder der Religionsgemeinschaft Deutsche Unitarier«, Nr. 28 vom Februar 1983

Arbeit für den Frieden als religiöser Auftrag
»Glaube und Tat«, Heft 12–1971

Größe und Grenzen eines religiösen Humanismus
Vortrag auf dem Wochenendseminar in Kassel am 27./28. März 1982 zum Thema »Humanismus: Utopie – Hoffnung – Herausforderung«, veröffentlicht in »Der Humanist«, Folge 8–1982

Erntedank eines Lebens
Manuskript einer Ansprache zum Erntedankfest 1970 in Heide

Geburt eines Mythos
Manuskript einer Ansprache zur Morgenfeier der Gemeinde Kassel am 10. April 1983

Der Verlag Deutsche Unitarier und die Herausgeber dieses Buches danken
dem Präsidenten der FREIEN AKADEMIE e.V., Herrn Professor Dr. Jörg Albertz, für die freundliche Erlaubnis zum Abdruck der Beiträge, die in der Zeitschrift »Wirklichkeit und Wahrheit«, Vierteljahreszeitschrift für Forschung, Kultur und Bildung, erschienen sind, sowie
dem Verantwortlichen Redakteur der Zeitschrift »Der Humanist«, Herrn Hartmut Heyder, für die freundliche Erlaubnis zum Abdruck des Vortrags »Größe und Grenzen eines religiösen Humanismus«.